Theresa Bäuerlein
Shai Tubali

Denken wie Einstein

*Was wir von den klügsten Köpfen
der Geschichte lernen können*

Hoffmann und Campe

1. Auflage 2015
Copyright © 2015 by Hoffmann und Campe Verlag, Hamburg
www.hoca.de
Satz: pagina GmbH, Tübingen
Gesetzt aus der Minion
Druck und Bindung: CPI books GmbH, Leck
Printed in Germany
ISBN 978-3-455-50366-1

Ein Unternehmen der
GANSKE VERLAGSGRUPPE

Inhalt

Einleitung 7

Albert Einstein
Denken ohne Worte – oder
Wie der blinde Käfer sehen lernte 17

Friedrich Nietzsche
Denken, das nicht bequem sein will – oder
Durch die stürmische See der Zweifel 43

Barbara McClintock
Organisches Denken – oder
Das Maiskorn, das anders war als die anderen 69

Sigmund Freud
Der Ausgräber – oder
Das Geheimnis des verbrannten Puddings 95

Leonardo da Vinci
Denken aus jeder Perspektive – oder
Das Leben als unvollendetes Kunstwerk 119

Sokrates
Der philosophische Liebhaber – oder
Keine Angst vor dem Nichts 139

Hannah Arendt
Aktives Denken – oder
Eichmann als Metapher 165

Charles Darwin
Dynamisches Denken – oder
Eine Kraft wie hunderttausend Keile 189

Jiddu Krishnamurti
Negatives Denken – oder
Ein Eimer voller Löcher 213

Giordano Bruno
Denken im Kontext – oder
Warum in jedem Haar ein Universum steckt 237

Epilog 263

Nachweise 277

Einleitung

Jeder kennt die Legenden, die man sich über die Erkenntnismomente großer Denker erzählt: Archimedes, wie er aus der Badewanne springt, »Heureka!« ruft und nackt nach Hause rennt, so begeistert vom eigenen Geistesblitz, dass er seine Kleider vergisst. Der fallende Apfel, der Isaac Newton zu seinem Gravitationsgesetz inspiriert hat (und der ihm in den alberneren Versionen der Geschichte dafür erst auf den Kopf plumpst). Albert Einstein, der von seiner Wohnung in Berlin aus sieht, wie ein Mann vom Dach des Nachbarhauses fällt. Wir wissen nicht, ob diese Szenen wirklich genau so passiert sind, aber wir erzählen sie immer wieder: Denn wir versuchen, Momente einzufangen, in denen der menschliche Geist auf einmal unerklärliche, schwindelnde Höhen erreicht. Sie haben sich uns als Symbole eingeprägt – für Genialität, für etwas Unerklärliches.

Manchmal geht dabei eine sehr wichtige Frage verloren: Was ist *vor* diesen Momenten passiert? Sicher müssen doch in den Köpfen der Entdecker vorher intensive Denkprozesse abgelaufen sein – Abläufe, derer sie sich selbst vielleicht gar nicht immer bewusst waren. Etwas hat langsam in der Tiefe Form angenommen, wortlos vielleicht, flüchtig. Was war am Denken dieser Menschen so einmalig, dass ausgerechnet sie auf fundamentale Erkenntnisse stoßen konnten?

Wir normal begabten Menschen versuchen oft gar nicht erst zu begreifen, wie Genies gedacht und woher sie ihre Inspirationen bekommen haben. Wir sehen sie an wie seltene Naturereignisse, die man bestaunen, aber nie verstehen kann. Genau diese Unerreichbarkeit macht große Denker schließlich aus. Oder?

Ja – und Nein. Große Denker hatten immer Zeitgenossen, die sich mit ähnlichen Fragen beschäftigt und sich dabei auch alles andere als dumm angestellt haben. Zu Einsteins Zeiten etwa waren einige Physiker und Mathematiker sehr nah dran, die Prinzipien seiner allgemeinen Relativitätstheorie zu entdecken. Sie schauten sich dieselben Formeln an, sammelten ähnliche Daten, hatten manchmal sogar die gleichen Ansätze – und dennoch haben sie es nicht geschafft, den letzten Sprung zu machen, der zur entscheidenden Entdeckung geführt hätte. Einstein wiederum sagte, er besäße überhaupt keine übermenschlichen Geisteskräfte. Er habe die Relativitätstheorie einfach deshalb erfunden, weil er über Alltagsphänomene staunte, die normalerweise nur Kinder fesselten. Genau das ist der entscheidende Punkt: Viel spricht dafür, dass die größten Denker einfach *anders* gedacht haben als die meisten Menschen. Die gleichen Informationen durchliefen in ihren Köpfen andere Prozesse. Diese aber kann der normale Mensch sehr wohl verstehen – und sie sich vielleicht sogar aneignen.

Wir wollten also herausfinden, mit welchen Strategien die großen Philosophen, Wissenschaftler und Denker es geschafft haben, Theorien aufzustellen. Wie sie Erkenntnisse gewinnen und Gesetzmäßigkeiten aufdecken konnten, die unsere Welt entscheidend geprägt und verändert haben. Das ist natürlich eine ziemlich komplexe Aufgabe. Das schiere Ausmaß der Entdeckung eines Genies ist oft so blendend, dass es schwierig ist, sich auf den besonderen geistigen Faktor zu konzentrieren, der sie ermöglicht hat. Wir mussten uns selbst bei unseren Überlegungen immer wieder gegenseitig daran erinnern, dass wir nach den *Eigenschaften* eines Entdeckergeistes suchten und eben nicht die Entdeckungen selbst betrachten wollten. Man kann sich leicht in Sigmund Freuds Erläuterungen über sein Modell des Unterbewusstseins verlieren oder so sehr über die sokratischen Dialoge staunen, dass man sein eigentliches

Ziel vergisst. Uns ist das bei der Vorbereitung dieses Buchs oft passiert. Wir haben uns aber schließlich darauf konzentriert, die Denkarten zu beleuchten und nicht ihr Produkt. Natürlich, jedes Werk reflektiert das Denken seines Schöpfers, aber es ist immer noch das Endresultat eines besonderen Denkprozesses – und eben dem möchten wir uns widmen.

Wir wollen dabei nicht nur großartige Denkmuster beschreiben, sondern die Lücke zwischen dem Denken des Genies und dem Denken des Lesers kleiner werden lassen. Mit anderen Worten: Wir wollen zeigen, wie man sich die Struktur eines solchen Denkens zumindest teilweise selbst aneignen kann. Dieser Aspekt war sehr wichtig für uns. Sonst wäre das Lesen dieses Buches, als würde man einen wunderschönen Menschen betrachten, dessen Aussehen man bewundert oder beneidet, aber gleichzeitig weiß, dass man dem nie auch nur annähernd nahe kommen kann. Wahrscheinlich wird keiner von uns in näherer Zukunft eine weltbewegende Entdeckung wie Charles Darwin machen, aber sicher kann uns ein Abgleich mit seiner Denkstruktur Hinweise darauf liefern, welche Fehler wir selbst beim Denken machen – und wie wir es besser machen können.

Dabei sind wir davon abgekommen, uns nur die bekanntesten Figuren auf der Liste historischer Genies anzusehen. Dem Renaissance-Philosophen und Astronomen Giordano Bruno wird in der Geschichte nie der gleiche Stellenwert eingeräumt werden wie Galileo Galilei. Für uns aber war gerade die Tatsache spannend, dass er auch ohne intensivste astronomische Forschungen das Universum als unendlichen und zentrumslosen Raum begreifen konnte. Neben bekannten Kandidaten wie Einstein und Sokrates haben wir uns also gestattet, ab und zu von den bekannten Wegen abzuweichen und ein paar weniger offensichtliche Figuren zu betrachten. Wir haben nicht einfach allgemein nach ›Genies‹ gesucht, die als solche hinlänglich bekannt sind, sondern nach originellen und innovativen Denkern, die auf mehr als nur ihrem eigenen Fachgebiet Kreativität und Scharfsinn bewiesen haben. Wir haben nach Menschen mit üppigen, komplexen, ja sogar poetischen Gedankenwelten gesucht, die gleichzeitig ausgesprochen tief- und scharfsinnig denken konnten. Dieser Typ Denker scheint oft einen besonderen Weitblick zu haben und denkt größer als andere. Dank dieser großen Perspektive hat er in der Geschichte häufig völlig neu die Art und Weise definiert, in der sich die Menschheit selbst wahrnahm – und wie sie die Welt sah.

Herausgekommen ist dabei letztlich eine Liste, die natürlich auch von unserer persönlichen Neugier geprägt ist – was sich nicht ganz vermeiden lässt, wenn man aus Hunderten großer Denker eine Auswahl treffen will. Wir haben uns aber nie jemanden ausgesucht, auf den wir nicht wirklich von Kopf bis Fuß gespannt waren. Deshalb werden Sie in unserer Liste auch Figuren finden, die vielleicht außerhalb ihres spezifischen Fachgebiets weniger bekannt sind. Jiddu Krishnamurti zum Beispiel ist im Bereich spiritueller Philosophie sehr bekannt, in der allgemeinen Öffentlichkeit hat man von ihm jedoch fast nie gehört. Barbara McClintock wiederum ist viel weniger berühmt als, sagen wir, Marie Curie. Trotzdem haben die Denkweisen dieser Menschen uns so sehr eingenommen, dass sie für uns ein wichtiger Teil dieses Buchs sind.

Ist das fair, wenn man bedenkt, dass dafür bekannte Größen wie Isaac Newton oder Immanuel Kant weichen mussten? Natürlich nicht. Man muss es hinnehmen, eine wirklich repräsentative oder sogar vollständige Liste kann es nicht geben.

Auf unserer Liste stehen am Ende ein Naturforscher, eine Genetikerin, ein Physiker, ein Psychologe sowie ein Künstler und Erfinder. Die übrigen fünf sind Philosophen verschiedener Art: Ein materialistischer und ein spiritueller Philosoph, ein Wissenschaftsphilosoph, ein klassischer Philosoph und eine politische Philosophin. Interessanterweise und völlig ohne Absicht von unserer Seite aus stammen vier von ihnen – Sigmund Freud, Albert Einstein, Friedrich Nietzsche und Hannah Arendt – aus deutschsprachigen Ländern. Und aus Gründen, auf die wir noch eingehen werden, haben sieben unserer Denker entweder im 19. oder im 20. Jahrhundert gelebt. Nur drei – Sokrates, Giordano Bruno und Leonardo da Vinci – lebten in früheren Zeiten.

Manchmal war es der Wunsch danach, eine größere Breite an Persönlichkeitstypen und Fachgebieten abzubilden, der uns letztlich dazu gebracht hat, einen großen Kopf nicht mit auf die Liste zu nehmen. So sahen wir Isaac Newton etwa in zu großer geistiger Nähe zu seinem ›Nachfolger‹ Einstein. Aber in mehr als einem Fall waren wir gezwungen, einen faszinierenden Kandidaten aufzugeben, weil wir einfach nicht ausreichend Materialien finden konnten, anhand derer wir ihre Gedankengänge hätten untersuchen können. Deshalb ist die Liste unserer Protagonisten nicht chronologisch, und sie ist auch nicht ganz fair den großen Denkern der Geschichte gegenüber. Aus offensichtlichen Gründen sind die inneren Welten der Denker des 19. und 20. Jahrhunderts viel besser dokumentiert und überliefert als bei früheren Figuren. Auf dieses Material waren wir aber angewiesen, wenn wir ihre Denkprozesse untersuchen wollten.

Besonders groß war dieses Problem bei den Frauen. Hier wurden wir mit einem der traurigsten Teile der menschlichen Geschichte konfrontiert: mit der Tatsache, dass man Frauen über die längste Zeit überhaupt nicht zum Denken ermutigt hat. Dass sich im Laufe der Jahrhunderte immer wieder mutige Frauen gegen diesen Status quo gewehrt haben, wie Hypatia oder Anne Conway, Émilie du Châtelet oder Mary Somerville, dass sie sich trotzdem am geistigen Leben patriarchalischer Gesellschaften beteiligt haben, ist bewundernswert. Sogar noch im 20. Jahrhundert, besonders in seiner ersten Hälfte, mussten Frauen hier mit großen Widerständen kämpfen. Man hat ihnen kaum erlaubt, wichtige Positionen einzunehmen, oft wurden ihre Entdeckungen von Männern in ihrer Umgebung gestohlen. Biographen und Historiker bemühen sich heute, diesen Frauen den historischen Status zu verschaffen, der ihnen wirklich gebührt. Angesichts dieser Tatsachen haben wir uns für dieses Buch auf zwei Protagonistinnen des 20. Jahrhunderts beschränken müssen, deren Leben und Werke wirklich gut dokumentiert sind.

Wie genau haben wir versucht, uns in die Köpfe der großen Denker zu begeben? Das Material allein, das wir studiert haben, konnte uns die Antwort nicht geben, egal, wie umfassend es war. Die Denkstruktur versteckt sich meistens eher zwischen den Zeilen, man findet Andeutungen und Echos im biographischen Material. Im Laufe der Zeit haben wir verschiedene Möglichkeiten entwickelt, um der Denkart auf die Spur zu kommen:

1. Wir haben die Denkweise der Person mit dem Denken von Zeitgenossen verglichen, die auch brillant waren, aber nicht die gleichen Entdeckungen gemacht haben. Was war der Faktor, welcher der einen Person ermöglicht hat, woran die andere gescheitert ist? Einfach gesagt: Warum Einstein und nicht Planck? Warum Bruno und nicht ein ›echter‹ Astronom seiner Zeit?

2. Wie hat die Person selbst ihren Erkenntnisprozess beschrieben? Ihre brodelnde innere Dynamik verraten die Denker häufig in Briefen an Freunde und Kollegen sowie in Tagebüchern. Diese Freunde und Kollegen haben dazu ebenfalls teilweise ihre Beobachtungen geäußert.

3. Wir haben nach der gemeinsamen Grundlage gesucht, welche die verschiedenen Entdeckungen und Leistungen einer Person miteinander verbindet. Manchmal scheint die Werke nicht viel miteinander zu verbinden, Leonardo da Vincis *Abendmahl* etwa und die Zeichnungen seiner Landkarten. Und trotzdem sind sie demselben Kopf entsprungen. Den feinen Faden zu finden, der alles verbindet, war für uns sehr wichtig. Es war auch das Mittel, mit dem wir später getestet haben, ob die von uns ausgearbeitete Denkweise tatsächlich stimmte: Funktionierte sie nur für einige der Erfindungen und Erkenntnisse – oder passte sie zu allen?

4. Auch Hobbys und Leidenschaften eines Denkers konnten Aufschluss geben – etwa die Musik, die er liebte, oder was er in

seiner Freizeit machte. Einstein zum Beispiel liebte Mozart, und auch Freuds Antiquitätensammlung war für uns ein aufschlussreicher Hinweis.

5. In manchen Fällen haben die Denker netterweise selbst beschrieben, wie sich ihr Denkprozess unmittelbar anfühlte und abspielte. Oft steckte hinter diesen Aussagen ein eifriger Forscher, der nachfragte. In dem Bemühen, ihr eigenes Erleben zu beschreiben, griffen die Befragten gerne auf Metaphern zurück, die für unser Verstehen sehr nützlich waren. So sehr, dass wir sie selbst für unsere Kapitelüberschriften verwendet haben.

6. Gelegentlich haben wir versucht, durch die Augen unserer Denker zu blicken, die Welt so zu sehen, wie sie es getan haben. Wir haben unsere Phantasie eingesetzt (eine Herangehensweise, die viele unserer Figuren stark befürwortet haben), um uns ihrem Denken persönlich zu nähern, um auszuprobieren, wie das Leben aus ihrer Sicht ausgesehen haben mag.

Jedes Mal, wenn wir uns mit dem Verstand eines großen Denkers beschäftigt haben, war das wie eine Reise in eine ganz neue Welt, deren Horizont nicht abzusehen war. Wir hätten dem Denken jeder einzelnen unserer Figuren leicht ein eigenes Buch widmen können, um deren ganze Welt kennenzulernen und zu beschreiben. Dass dies nicht geht, ist ein weiterer Grund dafür, warum wir die Biographien und die Werke unserer Protagonisten nicht bis ins Detail auffächern. All diese Dinge sind nur die Bühne für das eigentliche Schauspiel: der einzigartige Denkmechanismus, der diesen Menschen ermöglicht hat, so zu denken, wie sie es getan haben.

Können wir mit Sicherheit sagen, dass der jeweilige Faktor, den wir identifiziert haben, für die Leistungen dieser Menschen allein verantwortlich ist? Sehr wahrscheinlich nicht. Es scheint eine weitere geheime ›Zutat‹ zu geben, die aus einem Menschen ein Genie macht – etwas, das angeboren ist. Trotz Simone de Beauvoirs berühmter Aussage »Man wird nicht als Genie geboren, man wird zum Genie« und trotz mancher Bücher, die tatsächlich behaupten, dass jeder ein Genie wie Leonardo werden kann, halten wir es für mindestens fraglich, ob jener zusätzliche Faktor nicht doch eine Frage der Veranlagung ist.

Gleichzeitig sind die wahren Helden dieses Buchs nicht die Protagonisten der einzelnen Kapitel. Der Held dieses Werks ist das menschliche Denken an sich – Ihr persönliches und unser aller Denken – und sein Potenzial. Es geht darum, dass unser Denken, wenn es optimal arbeitet, enorm kreativ sein und erstaunliche Entdeckungen machen kann. Aber auch darum, wie unser Denken, wenn es nicht gut funktioniert, wie ein Käfig sein kann, aus dem man nicht herausfindet. So gesehen war der Grund, aus dem wir uns diese Denker angesehen haben, auch das Interesse an uns selbst. Wir sind davon ausgegangen, dass sie zumindest in ihrem Fachgebiet ihr Denkpotenzial voll ausschöpfen konnten, und wir haben gehofft, daraus Hinweise ziehen zu können, wie auch der Verstand Normalsterblicher besser arbeiten kann. Es ging uns also nicht nur darum, ihre Denkweise zu verstehen, sondern auch darum, diese Denkweisen (zumindest teilweise) kopieren zu können.

Wir haben deshalb absichtlich die Denkmuster von der jeweiligen Person gelöst und ihnen einen eigenen Titel gegeben (wie das *paradoxe Denken* oder das *organische Denken*). Dann haben wir es einem anderen Denkprinzip gegenübergestellt, das Einschränkungen schafft oder Fehler produziert (wie das *Entweder-oder-Denken* oder das *distanzierte Denken*). Diese Gegenüberstellung, so hoffen wir, macht für den Leser eine Selbstreflexion einfacher. Wir haben diese Denkprinzipien außerdem mit aufschlussreichen Forschungsergebnissen zu kognitiven Fehlern verknüpft. Und in jedem Kapitel finden Sie einen Teil, der Ihre eigenen oder typische gesellschaftliche Denkmuster deutlicher machen soll – wie also »bessere« Denkweisen ein Schlaglicht auf unsere typischen Denkfehler werfen und wie sie diese korrigieren können.

Dieses Buch ist zwar nicht als praktischer Ratgeber konzipiert, dennoch werden Sie hier und da Vorschläge und Gedankenexperimente finden, mit denen Sie während oder nach der Lektüre spielen und arbeiten können. Natürlich kann auch mit Hilfe dieses Buches nicht jeder von uns zum nächsten Einstein werden. Es geht nicht um die Idee, dass in jedem von uns ein kleiner Nobelpreisträger steckt. Und auch nicht darum, unglaubliche geistige Spezialbegabungen zu entwickeln, um die Zahl Pi bis auf 22 500 Stellen hinter dem Komma aufsagen zu können. Es geht darum, was wir Normalsterblichen von den größten Denkern für unser eigenes Denken und Leben lernen können. Wir können nicht alle brillante Erfinder sein, aber wir können uns bestimmte mentale Fähigkeiten, Strategien und Techniken aneignen, die unseren Blick auf die Welt und uns selbst entscheidend verändern.

Mit anderen Worten: Man muss kein Genie sein, um wie eines denken zu können.

Theresa Bäuerlein & Shai Tubali

Albert Einstein

Denken ohne Worte
oder
Wie der blinde Käfer sehen lernte

Wir sind nicht die Ersten, die Albert Einsteins Denkweise verstehen wollen. Er, dessen Namen sogar Kinder schon mit dem Begriff ›Genie‹ assoziieren, war für Wissenschaftler und Denker ein begehrtes Studienobjekt. Manche haben sogar den Wunsch, in Einsteins Kopf gucken zu wollen, sehr wörtlich genommen: Nach seinem Tod im Jahr 1955 wurde sein Körper eingeäschert und die Asche verstreut, sein Gehirn aber trat eine seltsame Reise als wanderndes Relikt an. Es stellte sich heraus, dass der Pathologe des Princeton Hospitals, Thomas Harvey, das Gehirn heimlich behalten und konserviert hatte. Obwohl Einsteins entsetzte Familie sich dagegen wehrte, bestand Harvey darauf, dass man das Gehirn im Interesse der Wissenschaft untersuchen müsse. Die Familie wusste nicht recht, was sie tun sollte, ließ die Sache also auf sich beruhen, und so wurde Harvey zum Besitzer des Gehirns und schickte gelegentlich nach Gutdünken Scheiben und Stücke davon weg, um sie untersuchen zu lassen.

Dutzende Wissenschaftler bekamen das Privileg, das Gehirn untersuchen zu dürfen, nur drei veröffentlichten daraufhin beachtenswerte Studien. Die erste kam 1985 von einem Team aus Berkeley unter der Leitung von Marian Diamond, das vier würfelzuckergroße Stücke von Einsteins Gehirn untersucht hatte und dem aufgefallen war, dass die Zahl der Gliazellen in einem Bereich von Einsteins Kortex, der für höhere Denkprozesse zuständig ist, im Verhältnis zu den vorhandenen Neuronen überdurchschnittlich hoch war. Gliazellen sind Zellen, die Nervenfasern schützen, voneinander isolieren und mit energiereichen Stoffwechselprodukten versorgen. Dies konnte bedeuten, dass Einsteins »Neuronen mehr Energie brauchten und verbrauchten«.[1]

Es gab jedoch keine weiteren Gehirne von außerordentlichen Wissenschaftlern, mit denen man Vergleiche hätte anstellen können; man wusste also nicht, ob diese Tatsache irgendeine Aussagekraft in Bezug auf Einsteins Denkvermögen hatte. Zudem konnte niemand sagen, ob diese Besonderheit der Grund für Einsteins Intelligenz war oder ob sie einfach daher kam, dass Einstein bestimmte Teile des Gehirns jahrelang trainiert hatte.

Eine zweite Studie verkündete 1996, dass Einsteins Hirnrinde dünner als gewöhnlich und die Neuronendichte größer gewesen sei. Am häufigsten aber wird heute die dritte und letzte Studie von 1999 zitiert. Laut der Forscher, einem Team um Professor Sandra Witelson an der McMaster University in Ontario, hatte Einsteins Gehirn ungewöhnlich breite untere Scheitellappen – ein Bereich, der vermutlich für mathematisches und räumliches Denken zuständig ist. Außerdem, hieß es, sei eine bestimmte Furche, die diesen Lappen etwa auf Höhe des Ohrs durchläuft, verkürzt. Dies könnte, glaubten die Forscher, zu zusätzlichen Nervenverknüpfungen geführt haben.

Aber, wie Walter Isaacson in einer der neuesten Einstein-Biographien schreibt, man kann »Einsteins Vorstellungskraft und Intuition nicht begreifen, indem man die Muster seiner Gliazellen und Hirnfurchen durchstöbert«.[2]

Angeregt von anderen Denkern und Forschern hat Einstein selbst verschiedene Male versucht, die Arbeitsweise seines eigenen Denkapparats zu verstehen. Eine besonders bildhafte und lebendige Erklärung lieferte er seinem jungen Sohn Eduard, der fragte, warum sein Vater so berühmt geworden sei. Sein Vater gab folgende Antwort: »Schau, wenn ein blinder Käfer auf der Oberfläche einer Kugel kriecht, merkt er nicht, dass sein Weg gekrümmt ist, mir aber gelang es, dies zu bemerken.«[3] Das mag zunächst verwirrend klingen, aber dieses simple Bild wird im folgenden Kapitel tatsächlich der Schlüssel sein, der die Tür zu Einsteins Denken öffnet. Folgen wir also den Spuren dieses blinden Käfers, versuchen wir, durch seine Augen zu blicken und zu begreifen, was genau er sehen konnte – und warum.

Das Licht und seine zwei Gesichter

Es war das Jahr 1900, und während Einstein in Bern Patente prüfte (und heimlich nebenbei über Gedankenexperimenten grübelte), saß Professor Max Planck in Berlin an einem Experiment, das zu Einsteins erstem großen Durchbruch führen würde.

Planck muss sich sehr unwohl gefühlt haben. Er suchte nach einer Formel, die das Verhalten eines schwarzen Körpers beschreiben sollte, wenn dieser Licht absorbierte und abstrahlte. Damit er die experimentellen Daten richtig beschreiben konnte, kam er nicht darum herum, eine Konstante in seine Formel einzufügen. Später würde man sie die Planck'sche Konstante nennen, die dritte fundamentale Naturkonstante der Physik. In diesem Moment aber mag Planck sich verlegen den Kopf gekratzt haben: Was war das für ein geheimnisvoller Faktor, der sich in seine Formel schleichen wollte? Hatte er überhaupt eine physikalische Bedeutung? Er hatte einen Beweis vor sich, dass der schwarze Körper das Licht nicht, wie die Physik seiner Zeit annahm, gleichmäßig in Wellen abstrahlte. Sein Ergebnis *konnte* bedeuten, dass Licht sich unter bestimmten Umständen völlig anders verhielt, nämlich als einzeln abgegebene Energiebündel.

Planck war ein herausragender Wissenschaftler. Man kann sich vorstellen, dass an diesem Punkt allerlei Gedanken über die Konsequenzen seiner Erkenntnisse durch seinen Kopf rasten. Wenn diese Anomalie etwas über die grundsätzliche Beschaffenheit von Licht aussagte, würde das ein wahres Erdbeben in der Fachwelt der Physik verursachen. Mehr noch, wahrscheinlich würde es nicht bei einem bloßen Beben bleiben, ein Zusammenbruch der klassischen Physik, die Planck so sehr bewunderte, schien möglich. Ah, die gute alte Physik des 19. Jahrhunderts, in der Licht stets vollkommen kontinuierlich strahlte ... Was sollte er nun mit seiner beunruhigenden Entdeckung anfangen, die eine Abweichung von den perfekten Gesetzen der Natur bedeutete, ja sie zu untergraben schien? Planck mochte die Erde unter seinen Füßen wanken gespürt haben – diesen Widerspruch konnte und wollte er nicht akzeptieren. Schnell fand er einen Weg aus seiner verstörenden Lage. Er behandelte seine Entdeckung nicht wie ein Erdbeben, sondern als würde die Erde nur kurz zittern, weil ein Zug vorbeifuhr. Dann schloss er die Sache ab, indem er davon ausging, dass der schwarze Körper schuld am Verhalten des Lichts war. Seine Formel beschrieb also nicht die Natur des Lichts an sich, sondern nur sein Verhalten unter diesen bestimmten Umständen. Die verstörende Konstante in der Formel, beschloss Planck, war nur ein mathematischer Trick, um dieses Verhalten vorherzusagen.

Wer hätte gedacht, dass sich aus dieser für Planck so ungemütlichen Entdeckung eines Tages die Quantenmechanik entwickeln würde, eine revolutionäre Neuerung in der Physik? Planck hat sicher nicht daran geglaubt. Er liebte die Vorstellung einer »kontinuierlichen Materie«, er *wollte* denken, dass die neu entdeckten »vibrierenden Moleküle« oder »harmonischen Oszillatoren«[4] (wie er die Energiebündel nannte), schlicht Phänomene waren, die nichts mit der physikalischen Wirklichkeit zu tun hatten.

Was Planck davon abgehalten hat, an diesem Punkt einen großen Vorwärtssprung zu machen, ist durchaus nachvollziehbar. Es ging ihm nicht einfach nur darum, seine respektable Position an der Universität zu wahren. Wie viele große Wissenschaftler liebte er die alten Denkstrukturen, die sich stabil und sicher anfühlten. Newton und die Physiker des 19. Jahrhunderts hatten die Vorstellung eines mechanischen, vernünftigen Universums geprägt.

In dieser sicheren und verlässlichen Weltordnung konnte alles erklärt, bestimmt und vorhergesagt werden. Wer diese Ordnung erschütterte, musste sich ins Dunkle, Unbekannte vortasten, musste die ganze Menschheit in eine neue Welt zwingen, die viel weniger verständlich und kontrollierbar war.

Weit entfernt von den sicheren Armen der akademischen Welt wagte ein Beamter im Berner Patentamt diesen Sprung: Albert Einstein begriff die Konsequenzen von Plancks Arbeit schnell: »All meine Versuche, das theoretische Fundament der Physik diesen Erkenntnissen anzupassen, scheiterten völlig. Es war, wie wenn einem der Boden unter den Füßen weggezogen worden wäre, ohne daß sich irgendwo fester Grund zeigte, auf dem man hätte bauen können.«[5] In einem 1905 veröffentlichten Artikel machte Einstein einen radikalen Schritt, den manche später für seine größte Entdeckung überhaupt hielten. Er nahm Plancks mathematische Konstruktion wörtlich und zog den Schluss, dass Licht tatsächlich als Energiequanten strahlen musste und dass der schwarze Körper dabei keine Rolle spielte. Er wagte also zu behaupten, dass dieses Verhalten des Lichts nicht abnorm, sondern seine Natur war. Gleichzeitig betonte er, dass die Wellentheorie trotzdem weiterhin galt. Man konnte Licht nur vollständig beschreiben, wenn man beide Prinzipien kombinierte. So blies er in die schwelenden Kohlen, die Planck erzeugt hatte, und machte daraus ein Feuer, das die klassische Physik aufzehren sollte – und aus Planck einen Revolutionär wider Willen werden ließ. Planck widersetzte sich für den Rest seines Lebens seiner eigenen Erkenntnis. Kurz vor seinem Tod erklärte er: »Meine vergeblichen Versuche, das Wirkungsquantum irgendwie der klassischen Theorie einzugliedern, erstreckten sich auf eine Reihe von Jahren und kosteten mich viel Arbeit. Manche Fachgenossen haben darin eine Art Tragik erblickt.«[6]

Planck hatte sich von ganzem Herzen gewünscht, das neue Wissen, das sich ihm auftat, in alte, bewährte Denkstrukturen einfügen zu können. Einstein hingegen akzeptierte bereitwillig, dass die alten Strukturen zerfallen mussten. Wenn ihm auch das Herz dabei wehtat, schließlich bewunderte auch er das Newton'sche Universum. Doch anscheinend gehört es zu den charakteristischen Eigenschaften von Genies, dass sie sich vom Wissen der Vergangenheit lösen können, so großartig dieses Wissen auch sein mag. Epochale Entdeckungen setzen die Bereitschaft voraus, dass der Entdecker eine Wahrheit akzeptieren kann, die außerhalb des bereits bekannten und vertrauten Wissens liegt. Folgt er ihr, muss er in unerforschtes Gebiet vordringen, was meistens mit einer gewissen Furcht einhergeht. Für ein Genie aber sind genau jene Dinge, die uns Sicherheit geben, die Hürden, die größeren Entdeckungen im Weg stehen. Genies sehen altes Wissen mit dem gleichen Blick, den die meisten von uns unseren Eltern gegenüber haben: Wir sind dankbar für alles, was sie für uns getan haben, aber wir wollen doch das sichere Nest der Familie verlassen und das Leben selbst entdecken.

Einstein war oft weder der Erste noch der Einzige, der bahnbrechende Erkenntnisse hatte, aber er war stets derjenige, der den Schritt machte, den kein anderer sich zu tun traute. Ein Grund dafür war, dass er keine Angst davor hatte, alte Denkstrukturen zu zerschlagen, wenn sie die Realität nicht mehr beschreiben konnten. Man muss sich die Bedeutung dieser Fähigkeit klarmachen: Was tun die meisten von uns, wenn ihre gewohnten Denkweisen die Wirklichkeit nicht mehr fassen können? Ordnen sie die neue Wirklichkeit mit aller Macht ihrer alten Weltsicht unter, oder lassen sie zu, dass sie erst einmal nicht weiterwissen, dass neue Tatsachen sie sogar in Verwirrung stürzen? Für Einstein gab es nur die letztere Möglichkeit. Ironischerweise sagte Henri Poincaré, der Einsteins spätere spezielle Relativitätstheorie fast selbst aufgestellt hätte, sie aber doch nicht akzeptieren konnte, über Einstein: »Was ich an ihm bewundere, ist, wie er sich an neue Konzepte anzupassen schafft. Er bleibt keinen klassischen Prinzipien verhaftet und erfasst angesichts eines physikalischen Problems prompt alle sich eröffnenden Möglichkeiten.«[7]

Aber es steckt noch mehr dahinter: Planck und Poincaré blieben lieber bei ihren alten Denkmustern, weil sie auf eine eindimensionale lineare Weise dachten. Sie konnten gedanklich nur einem Weg auf einmal folgen, da ihr Verstand offenbar nicht flexibel genug war, um in ›wildere‹ Richtungen zu gehen. Es ist wie mit Plancks Glauben an die »Kontinuität« der Materie und an Licht als ununterbrochene Wellen: Alles, was es gab, musste einer beständigen und klaren Richtung folgen und für jeden Widerspruch, der sich auftat, musste es entweder eine sofortige und effiziente Antwort oder eine Entschuldigung geben – oder man überging die Sache elegant. Einstein hingegen dachte multidimensional: Er war bereit, gleichzeitig unterschiedliche gedankliche Richtungen einzuschlagen und musste Paradoxen und Widersprüchen deshalb nicht aus dem Weg gehen. Im Gegenteil, für Einstein wirkte ein Widerspruch wie ein Katalysator, der ein größeres und komplexeres Verständnis der Wirklichkeit ermöglichte. Was für Planck wie zwei Instrumente tönte, die unterschiedliche Melodien spielten, klang in Einsteins Ohren wie eine einzige, harmonische Symphonie.

Ein tanzendes Universum

Nachdem er mit seinen Erkenntnissen über die Natur des Lichts eine Revolution in der Physik in Gang gesetzt hatte, gab es für Einstein kein Halten mehr: Sein erstaunlich flexibler Denkapparat schien alle bestehenden physikalischen Widersprüche im Universum lösen zu wollen. Wie sein Biograph Isaacson schreibt: »Er hatte die Fähigkeit zwei Gedanken gleichzeitig im Sinn zu halten, verblüfft ihre Widersprüche zu betrachten und zu staunen, wenn er eine darunter liegende Einheit erahnte.«[8] Einstein hielt es einfach nicht aus, wenn zwei beziehungslose Theorien das gleiche Phänomen erklären wollten, und akzeptierte keine Theorie, die nur in bestimmten Fällen und unter besonderen Umständen gelten sollte. Jedes Element musste sich in die Einheit fügen, die Einstein vor seinem geistigen Auge auftauchen sah, in einen kosmischen, berauschenden Tanz.

Eine der wichtigsten Theorien, die Einstein entwickelte, war die spezielle (und später die allgemeine) Relativitätstheorie. An ihr wäre Einstein 1905 beinahe verzweifelt. Und an ihr können wir wiederum wunderbar sehen, wie Einsteins Denken funktioniert. Wieder spielt das Licht die zentrale Rolle. Um ungefähr nachzuvollziehen, vor welchem Dilemma Einstein stand, stellen Sie sich doch einmal einen Lichtstrahl vor, der einen Bahndamm entlanggeschickt wird. Ein Mann, der an diesem Bahndamm steht, würde die Schnelligkeit dieses Lichts als 300 000 Kilometer pro Sekunde messen. Aber stellen Sie sich nun auch noch eine Frau vor, die in einem sehr schnellen Zug mit 100 000 Kilometern pro Sekunde von der Lichtquelle wegfährt. Man würde annehmen, dass die Geschwindigkeit des Lichtstrahls, der sie einholt, langsamer sein müsste. Man müsste die Geschwindigkeit des Zugs abziehen, die Schnelligkeit des Lichts müsste aus dem Blickwinkel der Frau dann also bei 200 000 Kilometern pro Sekunde liegen. Das aber müsste heißen, dass die Geschwindigkeit des Lichts relativ zum Zug niedriger sein würde. Dem entgegen war aber bekannt, dass die Geschwindigkeit des Lichts immer gleich sein musste – ganz unabhängig vom Beobachter oder der Lichtquelle, immer 300 000 km pro Sekunde, sie konnte sich nicht ändern. Wie nur konnte Einstein diesen Widerspruch lösen? Einstein beschäftigte das Problem sehr, fast schien er es nicht zu knacken – ein ganzes Jahr verbrachte der genialste Physiker seiner Zeit mit fruchtlosem Nachdenken, bis er eine Lösung fand.

Dann passierte plötzlich etwas sehr Erfreuliches. Während er mit einem Freund spazierte und ihm sein Dilemma erklärte, traf Einstein wie aus heiterem Himmel die Erkenntnis: Nicht das Licht war das Problem, sondern die Zeit! Beide Beobachtungen waren möglich, wenn man nicht davon ausging, dass es eine absolute Zeit und einen absoluten Raum gab. Die Geschwindigkeit war ja der Quotient aus Strecke (Raum) pro Zeit. Wenn man erlaubte, dass Raum und Zeit sich dehnen und komprimieren konnten, dann konnte die Lichtgeschwindigkeit für beide Beobachter konstant bleiben. Zwei Ereignisse, die aus der Perspektive des einen Beobachters gleichzeitig passierten, würden einem anderen Beobachter, der sich in schneller Bewegung befand, als zeitlich versetzte Ereignisse erscheinen – und es gab keine Möglichkeit zu sagen, dass einer der Beobachter objektiv recht hatte. Stellen wir uns einen Blitz vor, der an zwei verschiedenen Punkten des Bahndamms, A und B, einschlägt. Wir würden die beiden Blitze nur dann gleichzeitig sehen, wenn wir genau in der Mitte zwischen den beiden Punkten stünden und das Licht beider Blitze uns gleichzeitig erreichen würde. Wenn sich aber ein Zug von A nach B bewegen würde, und auf diese Weise B näher käme, wäre ein Beobachter im Zug davon überzeugt, dass B noch *vor* A vom Blitz getroffen wurde. Denn das Licht des Blitzschlags von Punkt B würde ihn früher erreichen als das Licht vom Punkt A.

An diesem Beispiel lässt sich wunderbar erkennen, wie Einstein sich durch scheinbar widersprüchliche Beobachtungen nicht aus der Bahn werfen ließ. Nur so konnte er verstehen, dass die Wurzel des Problems in der Tatsache lag, dass er wie alle anderen von einer absoluten Zeit ausgegangen war. Die Idee einer absoluten Zeit – einer unveränderlichen, objektiven Zeit also – gehörte zu Newtons Erbe. Einstein jedoch erkannte, dass man unmöglich von einem der beiden Ereignisse sagen konnte, dass sie *wirklich* oder *objektiv* gleichzeitig stattfanden. So ließ Einstein das ehrwürdige Konzept der absoluten Zeit in sich zusammenbrechen. Und die Zeit wurde zu einem Teil des Tanzes: relativ, undefiniert, lebendig.

Einen noch mutigeren Schritt wagte Einstein, als er kurzerhand das störrische wissenschaftliche Dogma des »Äther« im Mülleimer der Geschichte entsorgte: Der »Äther« galt als alles durchdringende, elastische Substanz, in der alle Zeit und aller Raum existierte. Man glaubte fest daran, dass dieser Äther den

Weltraum füllte, dass dort also kein Vakuum herrschte. Während die anderen Physiker seiner Zeit noch auf diese Substanz fixiert waren und fieberhaft oder einfach aus Tradition nach ihr suchten, verwarf Einstein den Äther einfach ganz und hinterfragte die von Newton postulierten Prinzipien der absoluten Zeit und des absoluten Raums. Einstein wollte ein neues, universelles Prinzip, in dem sich alles im Einklang bewegte, wie ein wirbelnder Strudel, der alles in sich hineinsaugte. Sein Universum war voller Dynamik und lebendiger Bewegung, alle Dinge darin wurden ständig voneinander angezogen und beeinflusst.

Einstein war weiterhin nicht zu bremsen: Nach dem blendenden Erfolg seiner speziellen Relativitätstheorie machte er sich ans Komponieren einer noch großartigeren kosmischen Symphonie: der allgemeinen Relativitätstheorie. Der Physiker Brian Greene beschrieb diese Melodie wie folgt:

»Raum und Zeit werden zu Spielern im sich entwickelnden Kosmos. Sie werden lebendig. Die Materie hier sorgt dafür, dass der Raum dort hinten sich krümmt, das versetzt die Materie wieder hier in Bewegung, und das bringt den Raum weiter hinten dazu, sich noch weiter zu krümmen – und so weiter. Die allgemeine Relativitätstheorie gibt die Schritte für einen Tanz vor, bei dem sich Raum, Zeit, Materie und Energie miteinander verweben.«[9]

Es war eine ganz und gar neue Art, die Wirklichkeit zu betrachten. Newton hatte ein Universum hinterlassen, in dem Zeit auf eine absolute Weise existierte und immer weitertickte, ohne sich von anderen Dingen oder Beobachtern beeinflussen zu lassen. Auch Raum existierte bei Newton in einer absoluten Form, die Schwerkraft wiederum sah er als die Anziehungskraft zwischen Massekörpern. Dann kam Einstein, nahm Zeit und Raum ihre Unabhängigkeit als zwei voneinander getrennte Größen weg und zeigte, dass man beides stattdessen als eine einheitliche Struktur denken konnte – als *Raumzeit*. Diese Struktur war nicht mehr nur eine Art Behälter für Materie, nein: Sie besaß eine eigene Dynamik. Die Materie wirkte auf die Raumzeit, die

Raumzeit auf die Bewegung der Materie. Schwerkraft war die Verzerrung des Gewebes der Raumzeit, und Trägheit, also das Bestreben physikalischer Körper, in ihrem Bewegungszustand zu verharren, entstand einfach aus der Wechselwirkung zwischen Massekörpern – sie war kein Effekt, den der Raum in irgendeiner Weise mitverursachte. Was für ein unglaublicher Anblick: der lebendige, bewegliche Kosmos, eingefangen in mathematischen Formeln!

1917 bewies Einstein erneut, wie gut sein Verstand mit Widersprüchen fertig wurde – und zwar, als er eine Idee entwickelte, die er selbst bescheiden »etwas verrückt« nannte. Die Idee kam ihm zunächst sogar so wahnsinnig vor, dass er zu einem Freund sagte, sie brächte ihn in Gefahr, in ein Irrenhaus gesperrt zu werden. Einsteins neue Theorie war seine Antwort auf die Frage: Ist das Universum unendlich oder endlich? Er behauptete, dass ein absolut unendliches Universum nicht wahrscheinlich war, weil an jedem Punkt eine unendliche Menge Schwerkraft wirken und eine unendliche Menge Licht aus jeder Richtung strahlen müsse. Wie wäre es aber mit einem endlichen Universum, das an einem zufälligen Ort im Raum schwebte? Das war ebenfalls unvorstellbar: Was würde Sterne und Energie vom davonfliegen abhalten? Müsste dieses Universum nicht buchstäblich auslaufen? Man kann an diesem Punkt leicht erraten, für welche Möglichkeit sich der Physiker entschied: Er wählte eine *dritte* Möglichkeit, ein endliches Universum nämlich, das aber keine Umgrenzung hatte; ein geschlossenes System ohne Rand und ohne Ende.

Einsteins simpelste Gleichung

Was Einsteins Denken auszeichnet ist also, dass er bereit war, Widersprüche gelten zu lassen, ihnen produktiv zu begegnen und sie nicht als striktes Entweder-Oder zu betrachten. Warum gelingt uns Normalsterblichen das so selten? Der gewöhnliche

Verstand mag leider keine Widersprüche, da ihm Verwirrung nicht gefällt. Er zwingt neue und ungemütliche Daten in alte Strukturen, weil er nur in Form von ›dies *oder* das‹ denken kann. Dieses *Entweder-oder-Denken* ist die am weitesten verbreitete Denkart, die es gibt. Sie beruht auf scharfen und starren Unterscheidungen, die sich selbst angesichts eindeutiger Tatsachen nicht ändern können: Wenn das Entweder-oder-Denken auf Widersprüche trifft, benimmt es sich wie ein Wanderer, der auf einer vertrauten Strecke plötzlich einer ganz neuen Aussicht begegnet: Erst betrachtet er sie verwirrt, dann beschließt er, dass er sich verirrt haben muss, und dass er diese Peinlichkeit lieber unter den Tisch kehren sollte.

Einstein ertrug das Entweder-oder-Denken nicht. Für ihn gab es in Wirklichkeit keine Widersprüche, nur Ganzheit. Er dachte in Harmonien, Einheit und Schlichtheit. Wenn er also auf scheinbare Widersprüche stieß, bedeutete das, dass es ein noch größeres, noch unerkanntes Ganzes geben musste. Wo immer das alte Denken starr und dualistisch, kompliziert und konfliktreich war, suchte Einstein nach einer höheren Ebene, in der zwei Kräfte als Einheit zusammenkamen. Einstein suchte nach der perfekten Melodie, nach einer höheren Form von Musikalität. Nach einer Konferenz in Salzburg, bei der auch der besorgte Planck im Publikum gesessen hatte, schrieb Einstein fröhlich einem Freund: »Ist es möglich, Energiequanten und das Wellenprinzip zu kombinieren? Die Erscheinungen sprechen dagegen, aber der Allmächtige – so scheint es – hat den Trick zustande gebracht.«[10] Seine Kollegen waren darüber viel weniger glücklich, wie man den Worten des britischen Mathematikers und Physikers Banesh Hoffmann entnehmen kann: »Den Physikern bleibt nichts anderes übrig, als das Beste daraus zu machen und sie liefen mit Jammermienen herum. Sie klagten darüber, dass sie montags, mittwochs und freitags das Licht als Welle betrachten mussten, dienstags, donnerstags und samstags aber als Teilchen. Sonntags beteten sie.«[11]

Das Entweder-oder-Denken kann nur einen Teil der Wirklichkeit auf einmal sehen, und deshalb waren die anderen Physiker von der simultanen Sicht, die Einstein ihnen ohne viel Federlesens servierte, schlicht überfordert. Einsteins Verstand wiederum nahm die neue Weltsicht schnell an, weil sein Denken beweglicher war: Das Bild, das sich ihm bot, war komplexer als alles bisher Dagewesene, aber statt sich dagegen zu wehren, nahm er es einfach als Aufforderung, größer und umfassender zu denken. Ein *starres Denken* kann nur statische Systeme und Wahrheiten begreifen. Das Entweder-oder-Denken will jedes Ding an seinem vorschriftsmäßigen Platz sehen: Hier ist Zeit, und dort ist Raum; hier das elektromagnetische Feld und dort die Schwerkraft. Die Dinge tanzen nicht, sie *funktionieren*.

Einsteins *flexibles Denken* konnte auch widersprüchliche Bewegungen im Leben und Kosmos akzeptieren. Man kann die beiden Denkstrategien mit verschiedenen Formen von Architektur vergleichen: Auf der einen Seite kalte, präzise Strukturen, auf der anderen runde, geschwungene Formen, die, obwohl menschengemacht, die Bewegungen der Natur widerspiegeln und direkt aus der Erde zu wachsen scheinen. Charakteristisch für diese Denkweise sind Strukturen, Eindimensionalität, starre Systeme. Simultanes Denken dagegen kann Strukturen durchbrechen, kann Paradoxe und Widersprüche gelten lassen, ohne sich davon einschüchtern zu lassen, und eine dynamische Wirklichkeit akzeptieren.

Lassen Sie uns Einsteins Denken so beschreiben, wie der Physiker es selbst am liebsten hatte, so einfach wie möglich also – in Form einer simplen Gleichung:

$$1+1=1$$

Das Entweder-oder-Denken bringt Wissenschaftler und natürlich auch Laien zu der falschen Schlussfolgerung, dass es Dinge gibt, die sich einfach nicht miteinander vereinen lassen. Das passiert jedem von uns mit den Widersprüchen im Leben, bei denen eindeutig klar zu sein scheint, dass wir nur eine Seite der Medaille haben können.

Ruhe kommt uns beispielsweise wie das völlige Gegenteil von Anspannung vor. Wir meinen, dass wir entweder ruhig sein können, und zwar dann, wenn wir nicht unter Druck sind, oder gestresst. Wenn wir die Spannung aber wirklich akzeptieren, ohne uns gegen sie zu wehren, weil sie nun mal zum Leben als Ganzem gehört, bringt das sofort eine ganz neue Form von Ruhe. Das gegensätzliche Denken ist gefangen, weil es in einer Welt der Gegensätze festhängt, aus der es scheinbar kein Entkommen gibt. Einstein dagegen hat jede polarisierte Wirklichkeit als zweiseitige Medaille gesehen. Man denke nur an seine berühmteste Formel $E = mc^2$. Diese Gleichung besagt ganz einfach, dass Masse und Energie unterschiedliche Erscheinungen *der gleichen Sache* sind. Fast war es, als hätte Einstein dreidimensional sehen können, während das normale Denken nur eine flache Sicht zustande brachte.

Für Einstein also mussten zwei scheinbar gegensätzliche Elemente stets ein größeres Ganzes ergeben: *Raum + Zeit = Raumzeit*. Addierte man zum einen Element ein weiteres Element, war das Ergebnis immer noch eins. Wenn man in Entweder-oder-Kategorien denkt, muss jedes weitere Element die Endsumme vergrößern. Denken Sie an das Licht: Seine Beschaffenheit konnte man erst dann vollständig beschreiben, als man ein weiteres Element hinzudachte. Man konnte seine Natur erst dann vollständig beschreiben, als man bereit war, es als Wellen *und* Partikel zu denken. Und so macht jede neue Sache, die in dieses Denksystem eintritt, die Dinge komplizierter. Darum hat das Entweder-oder-Denken die automatische Tendenz, alle neuen Ideen und Informationen abzuwehren. Es will nicht überladen werden.

Das Geheimnis hinter Einsteins Denkstrategie lautet: Einfachheit. Man könnte vermuten, dass der genialste Kopf des 20. Jahrhunderts eine raffiniertere Denkart vertreten hätte. Aber genau das Gegenteil war der Fall: Einstein hat einen ganzen Berg Zitate hinterlassen, in denen er das einfache Denken lobt. Jedes Mal, wenn Einstein sich über eine gelungene Formel freute, betonte er stolz, wie »einfach« sie sei. Einmal soll er gesagt haben: »Wenn die Lösung einfach ist, antwortet Gott« – derselbe Gott, der die Natur nach den einfachsten mathematischen Prinzipien geschaffen hatte, die man sich überhaupt vorstellen konnte. Natürlich meinte Einstein nicht die Einfachheit eines Höhlenmenschen, der nach Essen jagt. Im Vergleich zur normalen Denkart spielt das einfache Denken sich nicht etwa auf einer primitiveren, sondern einer höheren Ebene ab, einer Ebene, die jenseits von starren Trennungen und festen Konzepten ist. Einfaches Denken ist eine andere Form von Intelligenz.

Einfachheit ist nämlich nicht das Gegenteil von Komplexität, sondern von Kompliziertheit. Wie Einstein können wir komplexe Ideen denken, ohne dabei kompliziert zu werden. Wir müssen sogar einfach denken, um Komplexität verarbeiten und das harmonische Prinzip darin finden zu können. Kurz gesagt: Je komplexer die Dinge sind, desto offener und einfacher sollten wir sie betrachten.

So gesehen kann man jedes vorstellbare Gegensatzpaar als Denkfehler betrachten: Wenn wir Gegensätze sehen, begreifen wir einfach nicht das größere Ganze, das beide Seiten enthält. Das einfache Denken erlaubt allen Gegensätzen, sich zusammenzufügen, gemeinsam bilden sie ein einheitliches und ziemlich erstaunliches Bild der Wirklichkeit. Jedes Element, was man dann hinzufügt, macht das Bild nur noch vielschichtiger. Man kann sich eine solche Denkart wie eine elastische Struktur vorstellen, die immer wieder neue Dinge aufnehmen kann, und dadurch immer weiter wächst, statt alles Neue in bereits vorhandene Schubladen zu stopfen.

Denken Sie einen Moment lang an einige typische Gegensatzpaare im Leben:

Beziehung – *Alleinsein*
Individualität – *Konformität*

Hemmungslosigkeit	–	*Selbstdisziplin*
Triebhaftigkeit	–	*Erhabenheit*
Materialismus	–	*Spiritualismus*
Religion	–	*Wissenschaft*
Spannung	–	*Entspannung*
Konflikt	–	*Friede*
Emotion	–	*Intellekt*
Intuition	–	*Logik*
Egoismus	–	*Altruismus*
Freier Wille	–	*Determinismus*

Das Entweder-oder-Denken ist so starr, dass es diese Gegensätze nie als natürliche Einheit begreifen kann. Selbst wenn es das Gegenteil einer Sache als legitim akzeptiert, kann es sich immer nur für eine Sache auf einmal entscheiden. Deshalb hat Einstein, der dem simultanen Denken auch in seinem Privatleben treu blieb, so viele Menschen irritiert, wenn er sagte: »Ich bin ein tief religiöser Ungläubiger. Das ist eine irgendwie neue Art von Religion.«[12]

Das Leben besteht aus Paradoxen. Für das normale Denken sind Paradoxe logische Fehler, aber lassen Sie uns doch einmal ein Gedankenexperiment probieren: Können Sie sich eine Wirklichkeit vorstellen, in der zwei Gegensätze gleichzeitig gelten? Stellen Sie sich zwei Gegensätze vor und suchen Sie in Ihrem Verstand nach einem Ort, an dem beide gleichzeitig Platz haben, ja harmonieren. Können Sie in ihrem Denken an einen Punkt kommen, an dem Sie ganz klar sehen können, dass zum Beispiel Spannung kein Widerspruch zu Ruhe ist, sondern dass beides gemeinsam als Einheit existieren kann?

Ein Problem zum Beispiel, das sehr viele Menschen haben, ist, dass sie sich zwischen Beziehung und Alleinsein entscheiden müssen. Wenn man in einer Beziehung ist, vermisst man das Alleinsein, wenn man allein ist, vermisst man die Beziehung. Die Lösung liegt nicht etwa darin, dass man sich irgendwann nur mit einem von beidem zufriedengibt. Es ist schließlich eine Tatsache, dass ein Mensch selbst dann ein Individuum bleibt, wenn er in einer Beziehung ist, er vergisst es nur gelegentlich oder ist vielleicht der Auffassung, dass er nur noch als Einheit mit dem Partner existieren darf.

Wenn Sie Ihr eigenes Denken genauer betrachten, werden Sie möglicherweise schnell feststellen, dass der Verstand darunter leidet, wenn er immer und überall scharfe und starre Grenzen zieht. Die Erkenntnis, dass wir beides haben können, kann sehr erleichternd sein: Es ist, als hätten wir dann innerlich mehr Platz für die vielschichtigen Facetten des Lebens. Denn in Wirklichkeit ergänzen Gegensätze einander, sie bewegen sich gemeinsam, ja sie tanzen förmlich miteinander. Die eine Seite kann ohne die andere nicht sein. Sie können einander also entweder ausschließen oder ein größeres Ganzes bilden. Für Einstein war diese Art von Wahrnehmung der göttlichen Realität am nächsten: Er sah ein äußerst komplexes System, das sich als untrennbare Einheit bewegte und funktionierte, und deshalb konnte man es niemals durch Widersprüche oder kompliziertes Denken begreifen. Man musste sich Gottes Gehirn mit einer sehr einfachen geistigen Haltung nähern.

Unsere Reise an der Seite des blinden Käfers ist jedoch noch nicht zu Ende. Schließlich bleibt noch eine ziemlich wichtige Frage: Wie konnte Einstein diese zugleich einfachen und komplexen Muster, die sich hinter den scheinbaren Widersprüchen verbergen, aufspüren?

Denken ohne zu denken

Zürich, 1910: Das Haus war in heillosem Durcheinander. Mileva, Einsteins Frau, lag in ihrem Bett im Schlafzimmer, noch immer erschöpft von einer schwierigen Geburt drei Monate vorher. Der neugeborene Eduard schrie nach Kräften, trotz der liebevollen Versuche seiner Mutter, ihn zu beruhigen. Sein älterer Bruder

Hans wollte mit dem Vater spielen und rang um dessen Aufmerksamkeit. »Warte noch eine Minute, ich bin fast fertig«, sagte Albert Einstein geistesabwesend, während er auf einen Papierfetzen allerlei, wie es Hans vorkam, seltsame Zahlen und Formen kritzelte. Eine Sekunde später stöhnte er: »Ach! Das funktioniert nicht! – Wo ist sie?« Hans wusste Bescheid: Der Vater suchte seine Geige. Und schon rannte Einstein in sein Arbeitszimmer und schlug die Tür zu. Wenig später strömten wunderbare Harmonien aus dem Zimmer und füllten die Räume mit einer großen Schönheit. Hingerissen von der Melodie, konnte Hans nicht mehr spielen. Sogar der winzige Eduard stellte sein Gebrüll ein. Eine Viertelstunde später rief eine glückliche Stimme aus dem Arbeitszimmer: »Da, jetzt habe ich es!«

So hätte, den Beschreibungen von Freunden und Familie zufolge, ein typischer Nachmittag im Haus der Familie Einstein, irgendwann im Jahr 1910, aussehen können. Die Geige erwies sich bei vielen Gelegenheiten als nützlich, auch in den Jahren, in denen Einstein allein in Berlin lebte und mit der allgemeinen Relativitätstheorie kämpfte. Oft spielte er die Geige spät nachts in der Küche, improvisierte Melodien, während er über vertrackte Fragestellungen nachdachte. Dann, mitten im Spiel, rief er auf einmal erregt aus: »Ich hab's!«

Die Musik war für Einstein nicht nur ein angenehmer Zeitvertreib oder ein Hobby wie Golfspielen oder Bergsteigen. Sie stimulierte seinen Verstand, sie half ihm, neue und kreativere Antworten zu finden. Er nutzte die Geige und auch das Klavierspielen als eine Art Erkenntniswerkzeug, sie ließen ihn geistig ins Herz des Kosmos vordringen, wo, so fühlte er, Gottes perfekte Melodien spielten und darauf warteten, in Formeln *oder* Symphonien umgewandelt zu werden. Musik, besonders Mozarts Musik, war für Einstein ein wichtiger Weg, der versteckten Musikalität der Physik auf die Spur zu kommen.

Und damit sind wir dem Geheimnis von Einsteins Denken schon ganz dicht auf den Fersen. Wenn es in der Physik ein Teilfeld namens ›musische Physik‹ gäbe, könnte man Einstein als ihren Urvater sehen. Manchmal scheint es fast so, als wäre Einstein mindestens ebenso sehr Musiker gewesen, wie er Physiker war. Er ging sogar so weit zu sagen: »Wenn ich nicht Physiker wäre, wäre ich vermutlich Musiker. Ich denke oft in Musik. Ich lebe meine Tagträume in Musik. Ich sehe mein Leben in musikalischen Formen.«[13] Als er versuchte, die Schritte nachzuzeichnen, die ihn zur Relativitätstheorie geführt hatten, sagte er: »Die Relativitätstheorie erschien mir durch Intuition, und Musik ist die Triebkraft hinter dieser Intuition.«[14]

Ist es möglich, dass die Musik Einstein eine Verbindung zwischen Zeit und Raum aufgezeigt hatte? Es war und ist keineswegs üblich, Begriffe wie »musikalische Wahrnehmung« und »in Musik denken« zu nutzen, um wissenschaftliches Denken zu beschreiben. Einstein jedoch erklärte auf die Fragen von Forschern hin, dass er oft in Form musikalischer Architektur dachte.

Laut des Ingenieurs und Komponisten Robert Mueller sagte Einsteins Freund Alexander Moszkowski einst, »dass Einstein eine unerklärliche Verbindung zwischen der Musik und seiner Wissenschaft erkannt hatte, und dass Einsteins Mentor Ernst Mach darauf hingewiesen hatte, dass Musik und das akustische Erlebnis das Organ waren, mit dem man Raum darstellen konnte«.[15] So beurteilte Einstein auch den Wahrheitsgehalt der Theorien seiner Kollegen: nicht durch eine intellektuelle Auswertung, sondern durch aufmerksames Zuhören. »Dies ist die höchste Form der Musikalität in der Sphäre der Gedanken«[16], sagte er enthusiastisch über Niels Bohrs Modell der Struktur von Atomen.

Fest steht, dass die musische Erfahrung Einsteins Wahrnehmung sehr bereicherte, er konnte sich ein Bild von Zeit und Raum machen, anhand dessen er seine wissenschaftlichen Theorien herausarbeitete. Für Einstein gab es zwischen Physik und den Künsten nur eine dünne Trennlinie: Nicht der Inhalt einer Idee bestimmte, ob es sich um Kunst oder Wissenschaft handelte, sondern nur, wie die Idee ausgedrückt wurde. »Wird das Geschaute und Erlebte in der Sprache der Logik nachgebildet, so treiben wir Wissenschaft«, erklärte er, »wird es durch Formen vermittelt, deren Zusammenhänge dem bewussten Denken unzugänglich, doch intuitiv als sinnvoll erkannt sind, so treiben wir Kunst.«[17] Er näherte sich der Physik also als Künstler, insbesondere als Musiker. Er lauschte der Harmonie, die unter den Dualitäten und Polaritäten physikalischer Kräfte lag, er nutzte die musikalische Architektur, um mit einer Wirklichkeit in Kontakt zu treten, die außerhalb der stählernen Konzepte und starren Erscheinungen des Alltagsdenkens lagen. Anders gesagt: Er suchte nach seinen Formeln nicht im Reich des sprachlich geprägten Denkens, sondern an einem wortlosen Ort, an dem es nur Melodien gab.

Dies ist Einsteins vielleicht wichtigstes Geheimnis: Er nutzte ein nicht-verbales Denken; ein Denken ohne Sprache.

Es sind nämlich Worte und Konzepte, die scharfe Trennlinien und Unterschiede zwischen den Dingen erst erschaffen: »dies *oder* das«. Worte basieren darauf, dass man zwischen Dingen vergleicht: »Das bin ich, und das ist das Sofa, auf dem ich sitze.« In Worten ist »Nacht« das Gegenteil von »Tag«, tatsächlich sind aber beide ein gemeinsamer Zeitstrom, genauso bezeichnen Worte den »Tod« als das Gegenteil vom »Leben«, obwohl der Tod in Wirklichkeit ein integraler Teil des Lebens ist. Wir schaffen also Widersprüche, wenn wir Worte benutzen, weil »dies« nicht »das« sein kann – und umgekehrt. Deshalb eignen sich Worte auch wunderbar zum Organisieren – sie weisen alles und jedem einen Platz zu und schaffen Ordnung. Aber sie können uns nicht dabei helfen, Widersprüche zu lösen.

Das *sprachliche Denken* kreiert erst allerlei Kategorien in der Realität und verfängt sich dann in ihnen. Es vergisst, dass es die Kategorien selbst geschaffen hat und wird zum Sklaven seiner eigenen, starren Konzepte. Definitionen helfen uns dabei, Dinge zu unterscheiden, aber leider entsteht so eine derartige Trennung zwischen den Dingen, dass wir sie nicht mehr miteinander versöhnen können. Eben darum fällt es dem verbalen Denken schwer, Licht sowohl als Welle als auch als Partikel begreifen zu können. Es ist so sehr an seine harten Unterscheidungen gewöhnt, dass es nicht biegsam genug ist, um eine simultane Realität akzeptieren zu können. Es sieht auch dann noch *zwei*, wenn es in Wirklichkeit nur *eins* gibt. So trennt das sprachliche Denken uns von einem unmittelbaren und einfachen Einheitsverständnis. Man könnte sogar verallgemeinert sagen, dass wir die Verbindung zur lebendigen Wirklichkeit verlieren, wenn wir uns allein auf das sprachliche Denken verlassen.

Entweder-oder-Denken und *verbales Denken* sind nämlich ein und dieselbe Sache. Wenn man Widersprüche auflösen und das Leben in seiner Ganzheit begreifen will – statt nur den eigenen Ideen über das Leben zu begegnen –, muss man sich anderweitig umschauen. Zum Glück kennen wir mindestens einen Menschen, der wusste, wie man um verbales Denken herumkommt. Einen, der es fertigbrachte, konzeptionelle Widersprüche durch ein ganz anderes Denksystem zu lösen: Albert Einstein.

Lösungen aus einer anderen Welt

Wie genau hat Einstein also gedacht? Es ist erstaunlich, aber letztlich hat er nicht wirklich gedacht! Zumindest nicht auf die übliche Weise.

Einsteins vorherrschender Geisteszustand war eine nichtsprachliche Art des Denkens. Er benutzte zum Beispiel musische Strukturen, Meditation, Phantasie, Visualisierung und Intuition. Durch diese besondere Herangehensweise kam er an genau den Punkten weiter, an denen das sprachliche Denken feststeckte und sich in seinen eigenen Widersprüchen verfing. Vielleicht ist es genau das, was wir mit intuitiv meinen, wenn wir einem anderen Menschen raten, ›über den eigenen Tellerrand zu schauen‹, wenn er eine kreative Lösung für ein Problem finden muss: Von *außerhalb* kommen oft ungewöhnliche Lösungen, wenn wir *drinnen* keinen kreativen Durchbruch zustande bringen. Vermutlich hat Einstein mit einem seiner berühmtesten Aussprüche genau das gemeint: »Probleme kann man niemals mit derselben Denkweise lösen, durch die sie entstanden sind.« Beim nicht-verbalen Denken erscheinen die Lösungen scheinbar aus dem Nichts, wie Quantenteilchen. Aus dem Chaos, das das verbale Denken fabriziert, schaffen sie eine höhere Ordnung.

Worte und Konzepte sind schwer mit allerlei Bedeutungen und Erinnerungen beladen, die wir Menschen ihnen im Laufe der Geschichte gegeben haben. Sie beruhen auf gesammeltem Wissen und kollektiven Vorstellungen, auf die wir uns alle geeinigt haben, deshalb begrenzen sie naturgemäß unser Sichtfeld. Es ist sehr schwer, etwas Neues zu sehen, wenn man all diese Erinnerungen und Bedeutungen mitschleppt. Durch die Wörter in unserem Kopf sehen wir die Welt in Form mentaler Konstrukte und können beides nicht voneinander trennen: Das Wort »Sonnenuntergang« erscheint sofort, wenn wir der Sonne beim Untergehen zusehen, oder sogar noch davor. Sehen wir also wirklich den Sonnenuntergang, oder denken wir bloß, dass wir ihn sehen?

Die Frage ist natürlich, ob das Gehirn den Schwerpunkt seines Denkens verrücken kann, weg vom verbalen und hin zum nicht-verbalen Denken. Klar ist, dass wir Worte und Konzepte brauchen – auch Einstein hat sie selbstverständlich genutzt –, aber vielleicht könnten sie an die zweite Stelle rücken und unser Denken nicht komplett vereinnahmen. Das Zentrum unseres Denkens wäre dann frei von den Fesseln, die Worte und Konzepte naturgemäß mit sich bringen. Für Einstein war diese Freiheit seit seiner Kindheit ganz natürlich.

Hier betreten wir ein mysteriöses Territorium in Einsteins Verstand. Der Physiker hat Worte und sogar mathematische Symbole erst in einem, wie er ausdrücklich sagte, sekundären Schritt genutzt – *nachdem* er eine Fragestellung durch die Bilder seiner Vorstellung, Gefühle und erspürte subtile Strukturen bereits beantwortet hatte. »Ich denke überhaupt sehr selten in Worten. Ein Gedanke kommt und ich kann *hinterher* versuchen, ihn in Worten auszudrücken«[18], schrieb er. In einem Brief an den französischen Mathematiker Jacques Hadamard, der ihn gebeten hatte, seine Denkprozesse zu erklären, ging Einstein näher auf dieses Thema ein. Er schrieb: »Die Wörter oder die Sprache spielen, so wie sie geschrieben oder gesprochen werden, anscheinend keinerlei Rolle in meinem Denkmechanismus. Die psychologischen Entitäten, die als Denkelemente zu fungieren scheinen, sind bestimmte Zeichen und mehr oder weniger klare Bilder, die ›bewusst‹ reproduziert und kombiniert werden können (…). Die oben erwähnten Elemente sind in meinem Fall visueller und gelegentlich muskulärer Art (…). Herkömmliche Wörter oder andere Zeichen [wahrscheinlich mathematische] müssen erst in einer zweiten Phase mühsam gesucht werden, nachdem sich das erwähnte assoziative Spiel genügend etabliert hat und sich beliebig reproduzieren lässt.«[19] Einsteins autobiographische Notizen reflektieren den gleichen Gedanken: »Für mich besteht kein Zweifel daran, dass unser Denken weitestgehend ohne Rückgriff auf Zeichen (Wörter) und vielfach sogar unbewusst vor sich geht (…).«[20] Verbales Denken war für Einstein offenbar nur der bescheidene Diener seiner Intuition. Er nutzte es erst im Anschluss an eine intuitive Erkenntnis, um diese einzuordnen und sie quasi zu übersetzen.

Es gibt mindestens vier nicht-sprachliche Mittel, von denen Einstein ausführlich Gebrauch machte. Das erste ist, wie bereits beschrieben, die *Musik*. An zweiter Stelle kommen *Phantasie und Visualisierung*: Einstein ging Problemstellungen in der Physik nicht intellektuell an, sondern betrachtete sie als dreidimensionale, lebendige und elastische Gegebenheiten. Wie einer seiner Studenten beschrieb, erkannte er sofort eine physikalische Realität, wo andere nur eine abstrakte Formel sahen. Denken Sie einfach an das Bild des blinden Käfers, oder daran, wie Einstein die spezielle Relativitätstheorie aufstellte, indem er sich Lichtblitze aus einem fahrenden Zug vorstellte. Indem er seine Fragestellungen auf diese Weise visualisierte, entkam Einstein dem steifen Korsett verbaler und mathematischer Formulierungen.

Die zwei anderen Mittel sind *Meditation* und *Intuition*. Einstein meditierte, indem er über das Geheimnis und das Wunder des physikalischen Universums nachsann, und zwar vermutlich mit offenen Augen. Das konnte er stundenlang tun: Mit seinem hölzernen Segelboot »Tinnef« konnte er einen ganzen Tag lang unterwegs sein, er ließ sich einfach treiben und meditierte (währenddessen verirrte er sich häufig und musste später gerettet werden). In diesen Stunden überkam ihn ein überwältigendes »kosmisch-religiöses« Gefühl, ein Gefühl, das er als »vollkommene Demut gegenüber den unerreichbaren Geheimnissen der kosmischen Harmonie«[21] beschrieb.

Aus diesen Meditationen entsprangen offenbar intuitive Einsichten. »Manchmal«, sagte er, »bin ich mir sicher, dass ich recht habe, ohne den Grund dafür zu kennen.«[22] Genau deshalb war sein erster Schritt bei der Entwicklung einer Theorie nicht die Sammlung empirischer Daten, im Gegenteil: Als Erstes musste er der Natur das allgemeine Prinzip entwinden, empirische Beweise würden später folgen. Denken Sie an Einsteins seltsame Wortwahl, als er Hadamard seine Denkprozesse beschrieb: »visueller und gelegentlich muskulärer Art«. Diese Beschreibung ist erstaunlich, und zwar besonders dann, wenn man sich klarmacht, dass Hadamard mathematische Wissenschaftler zu diesem Zeitpunkt in zwei mentale Kategorien einteilte: algebraisch und geometrisch. Was war diese eigenartige »muskuläre« Intuition? Der Kosmologe Brian Swimme war der Meinung, Einstein »versank in Gefühlen, die er körperlich erlebte (…) und deren Ursache die gleichen Ursachen waren, die das Universum durchdringen«.[23]

Die Frage ist: Können auch wir die Dinge so betrachten, können wir ihnen mit einer solchen Hingabe zuhören, ohne unsere gewohnten sprachlichen Mittel, Begriffe und Konzepte zu Hilfe zu nehmen?

Vielleicht ist es ein guter Anfang, wenn wir in unserem eigenen Leben öfter nicht-verbales Denken nutzen, um kreative Lösungen für Probleme und Fragen zu finden und nicht ständig an scheinbaren Gegensätzen und Widersprüchen zu scheitern: Versuchen Sie einmal, während Sie über ein Problem nachdenken, einem großen Musikstück zu lauschen, zu malen, ein Kunstwerk zu betrachten, schweigend in der Natur spazieren zu gehen oder zu meditieren. Sie könnten auf diese Weise in Kontakt mit jener grundlegenden Harmonie kommen, die Einstein inspirierte, und selbst davon inspiriert werden. Eine andere kreative Möglichkeit, die Grübelei über ein Problem zu umgehen, ist, sich die Dinge bildlich vorzustellen: Visualisierungen machen das Denken elastischer und flexibler. Stellen Sie sich in einer Problemsituation zum Beispiel vor, dass Sie sich von oben, aus einer Vogelperspektive, sehen. Betrachten Sie aus dieser Perspektive das Gesamtbild und sich selbst darin: Was ist das für eine Situation? Welchen Denkfehler macht die Person, oder welche Denkstrategie nutzt sie hier, die nicht funktioniert? Wir kommen oft nicht weiter, weil wir zu nah an einem Problem sind. Wir stehen so dicht davor, dass wir das Gesamtbild nicht sehen können. Indem wir gewissermaßen herauszoomen, kommen die Elemente, die wir übersehen haben, ins Blickfeld.

Eine Lösung kann sich auch in einem körperlichen Gefühl zeigen, zum Beispiel, wenn der Körper erregt auf etwas reagiert, das er als ›wahr‹ erkennt, oder indem Sie einer möglichen Lösung ›zuhören‹, um zu verstehen, ob sie disharmonisch oder melodisch klingt. Auf diese Weise können auch wir in Momenten, in denen wir mit unserem Denken gegen eine harte Mauer prallen, die schöne Melodie von Einsteins Geige darunter spielen hören.

Friedrich Nietzsche

Denken, das nicht bequem sein will
oder
Durch die stürmische See der Zweifel

Am 3. Januar 1889 verließ Nietzsche seine Unterkunft in Turin, Italien. Wahrscheinlich wollte er einen seiner berühmten langen Spaziergänge machen. Der Überlieferung nach sah er auf dem Weg einen Kutscher, der auf der Piazza Carlo Alberto auf sein Pferd einschlug. Nietzsche stieß einen Schrei aus, rannte über den Platz und warf seine Arme um den Hals des Pferdes. Dann verlor er das Bewusstsein und sank zu Boden, wobei er immer noch das gequälte Pferd zu umklammern versuchte. Eine Menschenmenge sammelte sich. Auch sein Vermieter bemerkte die Szene und kam, um sich die Sache anzusehen. Als er seinen Mieter erkannte, ließ er Nietzsche zurück in sein Zimmer tragen. Lange blieb der zu diesem Zeitpunkt vierundvierzig Jahre alte Philosoph dort bewusstlos liegen. Als er erwachte, war er nicht mehr er selbst. Erst sang und schrie er und drosch auf die Tasten seines Klaviers ein, bis sein Vermieter, der bereits nach einem Arzt gesandt hatte, die Polizei zu rufen drohte. Darauf wurde Nietzsche ruhiger, setzte sich und machte sich daran, eine Reihe von Briefen an Personen des öffentlichen Lebens und an Freunde zu schicken, dabei kündigte er seine Ankunft als Dionysos und als »der Gekreuzigte« an. Dem dänischen Kritiker und Literaturhistoriker Georg Brandes, der Nietzsches Arbeit als einer der ersten anerkannt und publiziert hatte, schrieb der Philosoph: »Nachdem du mich entdeckt hast, war es kein Kunststück mich zu finden: die Schwierigkeit ist jetzt die, mich zu verlieren (...) Der Gekreuzigte.«[1]

Aus irgendeinem Grund war Nietzsche, bevor Brandes ihn 1888 entdeckt hatte – also im letzten Jahr seines aktiven und ›bewussten‹ Lebens –, sehr schwer zu finden gewesen. Während seiner gesamten äußerst produktiven Karriere als Schriftsteller war man seinen Werken mit kühler Gleichgültigkeit begegnet. Er schaffte kaum mehr, als bei einigen Personen Stirnrunzeln hervorzurufen. Fast sechzehn Jahre lang hatte er sich vor allem selbst unterstützen müssen. »Zuletzt – wenn ich nicht meine Kraft aus mir selbst nehmen könnte, wenn ich auf Zurufe Ermuthigungen Tröstungen von außen warten müßte, wo wäre ich! was wäre ich!«[2], schrieb er an seinen Freund Heinrich Köselitz. Manche würden vielleicht sagen, dass er seine missliche Situation mit einer Art Größenwahn kompensierte, andere würden diese Worte als Zeichen ausgeprägter Intuition sehen.

Klar ist, dass ihn in all diesen Jahren zunehmend die Auffassung lebendig hielt, dass er eine Mission hatte. Ihn trieb die innere Überzeugung an, dass seine Werke »den Wenigsten« gehörten – »Vielleicht lebt selbst noch keiner von ihnen«, schrieb er im Vorwort von *Der Antichrist* – und dass er daher für künftige Jahrtausende schrieb. Als man aber 1888 endlich auf ihn aufmerksam wurde, reagierte er darauf mit großer Begeisterung. Doch die tragische Ironie seiner Geschichte ging weiter. Wie Brandes schrieb: »Zu allem, was in Nietzsches Leben tragisch war, kam das noch hinzu – dass, nachdem er in einem geradezu krankhaften Ausmaß nach Anerkennung gedürstet hattet, er sie in geradezu phantastischem Ausmaß bekam, als er, wenngleich noch am Leben, vom Leben ausgeschlossen war.«[3] Die Diagnose für Nietzsche lautete »progressive Paralyse« – eine fortschreitende Zerstörung der Gehirnsubstanz als Folge einer Syphilis. Weder wusste er, dass er auf dem besten Weg war, berühmt zu werden – noch wusste er, dass sein Ruhm auf einer völligen Verzerrung von fast allem beruhte, was er jemals gelehrt hatte.

Es sollte noch elf Jahre dauern, bis Nietzsche starb, und in dieser Zeit wurde er zu einer legendären, fast mystischen Figur. Jenen, die nun in Scharen kamen, um ihn zu sehen, schien er in einer Welt jenseits menschlichen Zugriffs zu existieren. Als »Mann ohne Eigenschaften, dem man jegliche Charakterzüge zuschreiben konnte«,[4] bildete sich ein seltsamer Kult um ihn. Man sah ihn als einen, der »mystisch aufgestiegen« war. Überraschenderweise hatte Nietzsche das selbst vorausgesehen, als er in seinem autobiographischen Spätwerk *Ecce homo* schrieb: »Ich habe eine erschreckliche Angst davor, dass man mich eines Tags *heilig* spricht.«[5] Der Mann, der sich ganz dem Bemühen gewidmet hatte, die Menschheit aus der metaphysischen Welt zu befreien, wurde gewissermaßen nun selbst zu dem, was er am meisten verachtete.

Schlimmer noch, die Erben einer Bewegung, der er sich von Anfang an entgegengestellt hatte, identifizierten sich mit ihm: der antisemitische, Staat und Rasse verehrende, anti-rationale Nationalsozialismus. Seltsamerweise hatte er auch das in seinen Arbeiten vorausgesagt, als er schrieb, dass man ihn missverstehen würde, er werde »als Bundesgenosse von Mächten gelten, die er verabscheut«[6]. Diejenigen, die auf ein »Neues Reich« hofften und nach dessen Vorboten Ausschau hielten, glaubten in Nietzsche einen solchen gefunden zu haben. Ihnen kam gelegen, dass der geistig gebrochene Philosoph sich nicht mehr länger dagegen wehren konnte, und so widmeten die Nazis ihm zu Ehren ein Museum in Weimar, das seine ›Philosophie der Macht‹ glorifizierte. Dabei wischten sie effizient die zahlreichen Stellen in seinen Schriften beiseite, in denen er jenem Reich nicht nur seine Feindschaft erklärte, sondern sogar vor dessen Aufstieg warnte. Für Nietzsche repräsentierte es das, was er am meisten fürchtete: den Aufstieg des Nihilismus in einer gottlosen Welt, in der es nichts als Darwins brutale ›natürliche Selektion‹ gab.

Erst nach und nach haben Forscher und Biographen Nietzsches Image vom Verdacht des Antisemitismus reinigen und ihn als hochindividualistischen Philosophen etablieren können, dessen Philosophie immer noch eine überaus zeitgemäße Herausforderung für die postmoderne und rationalistische Kultur des 21. Jahrhunderts ist. Tatsächlich sind seine Worte an Brandes, wenngleich er sie offensichtlich in einem mental umnachteten Zustand schrieb, ein Echo dieser Bedeutung, und sie erklären vielleicht, warum wieder und wieder zahllose Bücher erscheinen, die Nietzsches Philosophie zu erläutern suchen: »die Schwierigkeit ist jetzt die, mich zu verlieren.«[7]

Ohne jeden Zweifel hat Nietzsches einmalige Denkstruktur dazu geführt, dass er eine ganze Kette faszinierender Erkenntnisse über die Tiefen der menschlichen Psyche gewinnen konnte, aber auch über die Grundlagen der menschlichen Kultur. Seine Art zu denken hat viele Tabus und Überzeugungen in ihrem Kern schwer erschüttert. Es ist also an der Zeit, sich über das Wesen dieser Denkweise, die die Welt ins Wanken brachte, Gedanken zu machen.

Wahrheit oder Glück?

Schon im Jahr 1862, als Friedrich Nietzsche erst 18 Jahre alt war, stellte er ernsthaft den religiösen Geist infrage, der traditionell in seiner Familie vorherrschte. Vater und Großvater waren beide Pastoren gewesen, und alle erwarteten von ihm, dass er in ihre Fußstapfen treten würde. Aber Nietzsches rastloser Geist mochte sich dem nicht fügen. Für den literarisch-künstlerischen Verein »Germania«, den er gemeinsam mit zweien seiner Freunde ins Leben gerufen hatte, schrieb er Aufsätze, die nicht nur dem Christentum oder der Religion trotzten, sondern in denen er auch die Denkart anprangerte, die überhaupt ein Glaubenssystem entstehen lassen konnte.

In seinem Aufsatz *Fatum und Geschichte* trat er für einen Zustand ständigen Zweifelns ein. Bereits zu dieser Zeit bezeichnete er seine philosophischen Untersuchungen als »Versuch«, als Vorstoß oder Experiment. Er wählte sogar das Bild eines stürmischen Meers, um den Zustand des Unglaubens zu beschreiben, in dem der wahre Forscher leben musste, ganz wie er es 21 Jahre später in seinem berühmtesten Werk *Also sprach Zarathustra* tat. »Sich in das Meer des Zweifels hinauszuwagen, ohne Kompaß u. Führer ist Thorheit und Verderben für unentwickelte Köpfe; die Meisten werden von Stürmen verschlagen, nur sehr wenige entdecken neue Länder. Aus der Mitte des unermeßlichen Ideenozeans sehnt man sich dann oft nach dem festen Lande zurück.«[8]

Drei Jahre später, im Alter von 21 Jahren, entschloss sich Nietzsche schließlich, den Kompass ganz wegzuwerfen. Er brach sein Studium der Theologie ab und sagte sich damit endgültig von der Tradition der Familie los. In den Osterferien 1865 weigerte er sich, mit seiner Mutter in die Kirche zu gehen und informierte sie dann ziemlich taktlos darüber, dass er mit dem Christentum fertig war. Seine Schwester Elisabeth, eine fromme Gläubige, erschütterte diese Abtrünnigkeit noch mehr als die Mutter, und als Nietzsche nach Bonn zurückkehrte, schickte sie ihm einen offenherzigen Brief, in dem sie den christlichen Glauben verteidigte. Mehr als in irgendeinem seiner vielen Werke steckt in Nietzsches Antwort an seine Schwester der Schlüssel zum Verständnis seiner Denkstruktur:

»Was Deinen Grundsatz betrifft, daß das Wahre immer auf der Seite des Schwereren ist, so gebe ich Dir dies zum Theil zu (…) Andrerseits, ist es wirklich so schwer, das alles, worin man erzogen ist, was allmählich sich tief eingewurzelt hat, was in den Kreisen der Verwandten und vieler guten Menschen als Wahrheit gilt, was außerdem auch wirklich den Menschen tröstet und erhebt, das alles einfach anzunehmen, ist das schwerer, als im Kampf mit Gewöhnung, in der Unsicherheit des selbständigen Gehens, unter häufigen Schwankungen des Gemüths, ja des Gewissens, oft trostlos, aber immer mit dem ewigen Ziel des Wahren, des Schönen, des Guten neue Bahnen zu gehn? Kommt es denn darauf an, die Anschauung über Gott, Welt und Versöhnung zu bekommen, bei der man sich am bequemsten befindet. Ist nicht viel mehr für den wahren Forscher das Resultat seiner Forschung geradezu etwas Gleichgültiges? Suchen wir denn bei unserem Forschen Ruhe, Friede, Glück? Nein, nur die Wahrheit, und wäre sie höchst abschreckend und häßlich. Noch eine letzte Frage: Wenn wir von Jugend an geglaubt hätten, daß alles Seelenheil von einem Anderen als Jesus ist, ausfließe, etwa von Muhamed, ist es nicht sicher, daß wir derselben Segnungen theilhaftig geworden wären? Gewiß, der Glaube allein segnet, nicht das Objektive, was hinter dem Glauben steht. (…) Jeder wahre Glaube ist auch untrüglich, er leistet das, was die betreffende gläubige Person darin zu finden hofft, er bietet aber nicht den geringsten Anhalt zur Begründung einer objektiven Wahrheit. Hier scheiden sich nun die Wege der Menschen; willst Du Seelenruhe und Glück erstreben, nun so glaube, willst Du ein Jünger der Wahrheit sein, so forsche.«[9]

In diesem überraschend reifen Brief differenziert Nietzsche zwischen zwei Denkarten: dem *beruhigenden Denken* und dem *wahrheitssuchenden Denken*. Während das *beruhigende Denken* oft behauptet, im Besitz der »Wahrheit« zu sein, ist jede »Wahrheit«, die es finden mag, nur verkappter Trost und Bestätigung. Das beruhigende Denken wird von dem Wunsch motiviert, Seelenfrieden zu finden, eine »Wahrheit«, die dem Denker vollkommene Entspannung bringt, und deshalb kann diese Denkart nie zu echtem Forschen führen. Die Ergebnisse einer solchen Nachforschung sind nämlich vorbestimmt: Mit beruhigendem Denken kann man nur das finden, was man sich zu finden gewünscht hat.

Das *wahrheitsgetriebene Denken* wiederum bedeutet echtes Forschen. In diesem Modus stellt der Forscher keine Bedingungen an die Wahrheit, er ist für jede Art von Wahrheit bereit. Mehr noch, dem Forscher ist das Ergebnis seiner Forschung gleichgültig. Warum sollte »Wahrheit« auch schön und beglückend sein? Warum sollte sie nicht »abschreckend und häßlich« sein?

Wenn die Wahrheit wirklich wahr sein soll, muss sie alle Denk- und Lebensstrukturen des Menschen erschüttern können, sie muss den Forscher manchmal untröstlich sein lassen und ihn mit einer schmerzhaften, unsanften Wirklichkeit konfrontieren. Der wahrhaftige Forscher legt also vor seiner Untersuchung jede Hoffnung auf Seelenfrieden ab, jeden Teil in sich, der sich mit einem tröstlichen Glauben abfertigen lassen würde und der die Wahrheit mit einer billigeren, aber emotional befriedigenderen Sache austauschen möchte.

»Es gibt keine vorgezeichnete Übereinstimmung zwischen Wahrheit und Glück, zwischen dem, was wahr ist und dem, was angenehm ist«, schreibt einer der profiliertesten Biographen Nietzsches, R. J. Hollingdale.

Wenn man also Glück sucht, lässt sich folgern, sollte man den gefährlichen Pfad verlassen, der zu Wahrheiten führen könnte, die ebenso schön wie hässlich sein könnten. Entsprechend tröstete Nietzsches Mutter sich über die Tatsache, dass ihr Sohn von der Religion abgekommen war, indem sie sich sagte, dass Gott ja all unser Handeln leite, er also auch diese Handlung ihres Sohns geleitet haben müsse. Nietzsche wiederum wählte den gefährlichen Pfad des wahrheitsgetriebenen Denkers. Mit der Zeit richtete Nietzsche seine scharfen Pfeile auf die größten Philosophen der Menschheitsgeschichte seit Platons Zeiten. Er erklärte, dass auch sie der verführerischen Kraft des beruhigenden Denkens verfallen waren, das als »Wahrheit« zu empfinden, was den Menschen geistig in die Höhe hob. Man denke nur an den platonischen Dreiklang: das Gute, das Wahre und das Schöne. Nietzsche stand der Vorstellung, dass diese drei zusammengehen sollten, sehr misstrauisch gegenüber. Er vermutete, dass eher menschliche Wünsche und Bedürfnisse dahintersteckten als unerbittliches Nachforschen. Wenn ein Mensch etwa fühlen will, dass göttliche Liebe die Wahrheit ist, weil das positive Emotionen in ihm auslöst, wird er genau diese »Wahrheit« finden. Nietzsches Denkart wollte derartige Betäubungsmittel nicht, da er klar sah, dass er sich damit selbst hinters Licht führen würde. Der Brief an seine Schwester Elisabeth war der Startschuss zu einer einsamen Reise, bei der es um die Wahrheit ging – koste sie, was sie wolle. Auf dieser Reise sollte er alle »bequemen Wahrheiten« über Bord werfen und sich selbst gegenüber keinerlei »Gnade« walten lassen.

Genau dies ist der erste und wichtigste Schritt des wahrheitssuchenden Denkers: Es geht weniger darum, eine endgültige und vollständige »Wahrheit« zu erlangen – die Wahrheit in Großbuchstaben, gewissermaßen –, sondern darum, jede Form von Illusion, jeden Denkfehler zu verwerfen. Was man daraus gewinnen kann? Nietzsche würde sagen: Die totale Freiheit des Geistes. Man gibt Bequemlichkeit auf, verliert dabei aber nur das, was sich ohnehin nicht zu behalten lohnt. Und auch wenn diese Herangehensweise den Denker wie im leeren Raum hängen lässt, nackt und mit leeren Händen, weiß man wenigstens, dass man seinen Verstand von allen mentalen Projektionen und Verzerrungen befreit hat. Man hat die Augen weit geöffnet, ist frei, alles genau so zu sehen, wie es ist.

Nietzsche war erst 15 Jahre alt, als er ein Gedicht schrieb, in dem er diesen geistigen Zustand und den Preis für diese Freiheit beschrieb: »und wer mich kennt, der nennt mich den heimatlosen Herrn«, schrieb er, ohne Heimat aber sei er »wie der Aar so frei«.[10] Soll heißen: Die Heimat ist ein beständiges Land, in dem der Mensch sein Haupt zur Ruhe betten kann, der wahrheitssuchende Forscher aber kann sich kein Zuhause leisten. Jede Wahrheitssuche ist wie ein Aufbruch zu einer Reise, bei der man keinen Blick zurückwerfen kann – keinen Blick zurück auf vorgefasste Meinungen, die nichts anderes sind, als emotionsgetragene Hoffnungen auf eine bestimmte Form der »Wahrheit«. Man darf auf einer solchen Reise aber auch nicht in der freudigen Erwartung nach vorne schauen, einen Ort zu finden, an dem man endgültig Ruhe finden wird. Der echte Forscher muss alle Sehnsucht nach einem solchen statischen Zustand fahren lassen, weil die tatsächliche Wahrheit in gewisser Hinsicht in eben diesem Zustand freien Forschens, Fragens, Zweifelns, Zerstörens und wieder Aufbauens liegt. »Überzeugungen«, erklärte Nietzsche, »sind gefährlichere Feinde der Wahrheit als Lügen.«[11] Das heißt, dass es nie das Ziel einer Untersuchung sein kann, eine bestimmte, sichere Überzeugung zu gewinnen – ja, der Wunsch nach Überzeugungen an sich ist das Bedürfnis nach dem Komfort, den absolutes und unzweifelhaftes Wissen bringt.

Für Nietzsche war philosophisches Denken also ein Experiment, das niemals aufhörte. Klassische Philosophen gingen in gewisser Weise auf Nummer sicher. So glaubten sie etwa an Gott und machten sich entschlossen an die Aufgabe, die Existenz Gottes logisch zu beweisen – dass Gott existierte, war also nicht das Ergebnis ihrer Untersuchung, sondern ihr Ausgangspunkt. Nietzsche meinte, dass ein wahrhaftiger, freier Forscher »gefährlich leben« oder, treffender noch, gefährlich denken musste. Für den wahrheitssuchenden Denker sind Experimente mit »explosivem« Gedankengut, die dem komfortsuchenden Denker unerträglich scheinen würden, unabdingbar. »Etwas dürfte wahr sein: ob es gleich im höchsten Grade schädlich und gefährlich wäre; ja es könnte selbst zur Grundbeschaffenheit des Daseins gehören, dass man an seiner völligen Erkenntnis zu Grunde gienge, – so dass sich die Stärke eines Geistes darnach bemässe, wie viel er von der ›Wahrheit‹ gerade noch aushielte.«[12]

Genau das hatte Nietzsche an seinem geistigen Mentor Arthur Schopenhauer stark beeindruckt. Wenngleich er sich im Laufe der Zeit völlig von dessen Philosophie abwandte, bewahrte er sich den Respekt für Schopenhauer als Person, denn er sah ihn als einen Mann, der den Schmerz und das Unbehagen aushalten konnte, die mit schwierigen Wahrheiten einhergehen. Der authentische Forscher, dessen Bild Schopenhauer zeichnete, so Nietzsche, »nimmt das freiwillige Leiden der Wahrhaftigkeit auf sich«[13], seine eigenen schwankenden Gefühle, verzweifelten Hoffnungen und zarten Bedürfnisse sind ihm dabei gleichgültig. Wahrheitssuchendes Denken ist weder eine emotionale noch eine sentimentale Angelegenheit: Gefühle vernebeln nur die Suche nach Wahrheit, weil sie den Suchenden dazu bringen, sich angenehme Gefühle zu wünschen und Schmerz um jeden Preis zu vermeiden.

Die Hoffnung glücklich sterben lassen

Es ist das wahrheitssuchende Denken, dem Nietzsche den Erfolg bei seinem ehrgeizigsten philosophischen Unternehmen verdankte: Er wollte die Metaphysik ein für alle Mal zertrümmern. Seine Denkart konnte das Metaphysische für die menschliche Welt, Kultur, Philosophie und Psyche überflüssig machen. Zwar war er sicher nicht der Erste, der für Säkularismus eintrat, aber wahrscheinlich war er unter allen säkularen Denkern der gründlichste. Er stellte sicher, dass das alte Glaubenssystem nicht mehr gebraucht wurde, dass der Mensch endlich davon frei sein konnte. »Es ist der Krieg«, erklärte er, »aber der Krieg ohne Pulver und Dampf (…) Ein Irrthum nach dem andern wird gelassen aufs Eis gelegt (…) eine Ecke weiter erfriert ›der Heilige‹ (…) am Schluß erfriert ›der Glaube‹, die sogenannte ›Überzeugung‹, auch das ›Mitleiden‹ kühlt sich bedeutend ab – fast überall erfriert ›das Ding an sich‹.«[14]

Die Metaphysik geht im Grunde davon aus, dass es im Kern der Welt der Erscheinungen ein *Sein* gibt, das ewig unberührt ist. Es ist unbeweglich, während sich alles andere bewegt, es existiert für sich genommen und unabhängig. In diesem Sinne kann man Metaphysik in die gleiche Kategorie wie religiöse Überzeugungen, mystische Erfahrungen und eine metaphysische philosophische Logik fassen. Berühmt ist das »Ding an sich« oder das berühmte Noumenon, das in der Neuzeit oft mit Kant verbunden wird – eine unbeschreibbare Realität jenseits der Vernunft, die mit den sichtbaren Phänomenen auf irgendeine Weise zusammenhängt.

Aus Nietzsches Sicht hat der Mensch mit seinem beruhigenden Denken die metaphysische Welt erfunden. Warum, ist leicht zu erahnen: In einer Welt voller Kampf und Tod, in der das Leben und die Naturgewalten den Wünschen des Individuums gleichgültig gegenüberstehen, wendet sich das menschliche Denken lieber einer anderen Welt zu, die – wenig überraschend – das genaue Gegenteil der tatsächlichen Welt ist. Wenn es in dieser Welt auf Erden keine klar erkennbare Gerechtigkeit gibt, soll die andere Welt also gerecht und fair sein. Wenn wir in dieser Welt sterblich sind, müssen wir in der anderen Welt unsterblich sein. Wenn wir wissen, dass Gott auf unserer Seite ist, und also jeder Schritt, den wir machen, von einer höheren Kraft weise geführt wird, kompensiert das ein akutes Gefühl der Unsicherheit und Angst vor der Zukunft. Wenn wir wissen, dass man uns belohnen wird, falls wir uns jetzt anständig verhalten, gibt uns das moralische Leitplanken und das Gefühl, dass unser Handeln einen Sinn hat. Wenn es eine metaphysische Welt gibt, ist der Mensch nicht mehr allein: Eine externe Logik und Vernunft fügen alles zusammen, was sonst scheinbar zufällig und wahllos wäre.

Nietzsche kämpfte, um diese ›andere Welt‹ zu zerschlagen, deren Existenz vor ihm nicht nur in religiösen und mystischen Zirkeln, sondern auch im philosophischen Denken eine selbstverständlich verbreitete Annahme war. Sein wahrheitssuchendes Denken hatte kein Interesse an der Frage, ob es eine solche Welt gab oder nicht – er behauptete, dass jede Idee und jeder Glaube, die wir überhaupt haben können, als Teil der Welt der Erscheinungen auftauche. Und da wir diese Welt nicht zu verlassen imstande seien, könnten wir nie über sie hinaussehen, um die »Wahrheit« zu kennen. Stattdessen machte er sich zwei »wahrheitssuchende« Fragen zunutze, mit denen er jede metaphysische Behauptung betrachtete:

1. Warum will der Denker, dass dies wahr sein soll? Kann es sein, dass der Denker Schmerz vermeiden oder einer schwierigen Situation im Leben entkommen möchte? Kann es sein, dass der

Denker angenehme Gefühle haben möchte, dass er sich sicherer oder stärker fühlen möchte? Mehr noch: Ist diese »Wahrheit«, die man gefunden hat, das, was der Denker zu finden gehofft hat? Nietzsche hatte bei jeder Behauptung ein starkes Interesse an dem seelischen Bedürfnis, das hinter dem Festhalten an einer »Wahrheit« steckte, an dem verborgenen Gewinn, den der Denker daraus zog. Wenn sich zeigte, dass es sich lediglich um ein tröstliches Konzept handelte, bedeutete dies Selbstbetrug und Gefangenheit, und so musste man sich ohne jedes Bedauern davon befreien.

Nehmen wir als Beispiel die Aussage »Gott ist gut«, eine übliche Annahme in fast jeder Religion, mystischen Richtung und metaphysischen Philosophie. Wie können wir wissen, ob Gott wirklich gut ist? Wenn wir das behaupten, motiviert uns dabei nicht auch ein klein wenig der Wunsch, dass Gott gut sein möge? Ist dieses Gutsein eine schlichte Tatsache – oder ist es ein Wunsch?

2. Braucht man diese »Wahrheit« wirklich, um das eigene grundlegende Wissen zu vervollständigen? Mit dieser Frage befreite sich Nietzsche von dem Bedürfnis danach, die Existenz einer metaphysischen Welt wissen zu müssen – denn nicht nur, dass wir das nicht wissen können, wir können auch ohne diese metaphysische Welt leben, tatsächlich würde das Leben für die Menschheit dadurch deutlich besser: Sie würde mehr Eigenverantwortung an den Tag legen und selbst ihre eigene Zukunft gestalten, statt auf Trost und Unterstützung zu warten. Diese Frage hilft uns also, jeden Gedanken aufzugeben, der unsere Kapazitäten und Wachstum einschränkt. Wenn eine »Wahrheit« überflüssig ist, ist sie bereits schädlich. Noch schlimmer ist es, wenn diese »Wahrheit« einschränkt.

Um den Wahrheitsgehalt einer Aussage einzuschätzen, reicht es nicht aus, nur die Sache an sich zu untersuchen. Es gilt eine ganze psychologische Welt zu beachten, die den Betrachter in Richtung einer bestimmten Wahrheit drängen möchte. Das Motiv hinter den Gedanken ist genau so wichtig wie der Gedanke selbst. Hier sind Psychologie, die Wissenschaft der Psyche, und Philosophie, die Wissenschaft des Denkens, sehr nahe beieinander. In diesem Sinne war Nietzsche also ein psychologischer Philosoph. Was wahrscheinlich der Grund dafür ist, dass Sigmund Freud[15] Nietzsche dafür gelobt hat, »dass er von sich selber ein durchdringenderes Wissen gehabt habe als irgend ein anderer, der je gelebt habe und wahrscheinlich je leben werde«.

Kategorien der Psychologie – auch wenn sie zu seiner Zeit weder als Disziplin noch als Begriff existierte – boten Nietzsche eine Möglichkeit, die Welt zu erklären, ohne auf metaphysische Konzepte zurückgreifen zu müssen, eine Möglichkeit, das menschliche Verhalten ganz einfach so zu sehen, wie es ist. Mit einem durchdringenden Blick auf die Psyche konnte man leicht die tiefer liegenden Kräfte aufdecken, die menschliches Verhalten antreiben, ganz ohne Engel und Dämonen, Sünde und Strafe. Es war die »Axt«, die »dem metaphysischen Bedürfnis des Menschen an die Wurzel gelegt wird«.[16] Mit diesem ungewöhnlichen Werkzeug in seinen Händen schaffte Nietzsche einige beispiellose Durchbrüche in der Psychologie, ja er antizipierte Freuds Konzept des Unterbewusstseins. Wenn man auf der Suche nach Wahrheit ist, nicht nach Trost, bekommt man die Fähigkeit, durch die Oberfläche menschlichen Verhaltens durchzusehen, auf der sich oft scheinbar noble Empfindungen und hohe moralische Werte abspielen – man sieht die ›hässliche Wahrheit‹ hintergründiger Interessen. Ein Mensch mag scheinbar selbstlos handeln, während er in Wirklichkeit, auf einer tieferen Ebene, einen sehr egoistischen Wunsch befriedigen möchte.

Nietzsche erkannte den versteckten Beweggrund und bezeichnete ihn als einen ›Willen zur Macht‹, der hinter vielen noblen Gefühlen und Gesten steckte. Die Liebe, die gerne als selbstlose Leidenschaft bezeichnet wird, sah er als den Wunsch, größtmögliche Macht über den Geliebten zu gewinnen. Sex wiederum war ein kaum gezügelter Ausdruck von Egoismus für ihn, da der Liebhaber die begehrte Person ganz besitzen wolle. In der Philosophie sah er einen tyrannischen Impuls des Geistes, den Wunsch, die ganze Welt der eigenen Vision zu unterwerfen. Während Philosophen stets behaupteten, dass sie die Wirklichkeit als das beschrieben, was sie war, waren sie eigentlich eher Künstler, welche die Welt nach ihrem Bilde schufen. Sie zeigten keine ›Wahrheit‹ auf, sie erfanden sie, aus dem leidenschaftlichen Wunsch heraus, dass ihre Perspektive stärker als alle anderen sein möge. Mit dieser Artillerie beschoss der Philosoph den griechischen Mythos des Olymp, Buddhas Konzept der ›Leere‹ und die christliche Heilslehre. »Der Grieche kannte und empfand die Schrecken und Entsetzlichkeiten des Daseins: um überhaupt leben zu können, musste er vor sie hin die glänzende Traumgeburt der Olympischen stellen.«[17] Die Christen betätigten sich als trostsuchende Denker, als sie mit der Idee der Erlösung der Schwachen daherkamen: Dies, sagte Nietzsche, sei nichts weiter als eine Reaktion auf die Realität des Lebens und eine Flucht vor der Tatsache gewesen, dass in dieser Welt die Mächtigen herrschten.

Nietzsches wahrheitssuchendes Denken brachte ihn dazu, die metaphysische Welt fallen zu lassen, da sie ›geschaffen‹ worden war, um Trost zu erzeugen; für die menschliche Entwicklung war sie jedoch unnötig. Er wies das emotionale Bedürfnis nach einem friedlichen und unveränderlichen Zentrum im Kern der Welt von sich. Es gab für ihn keinen friedlichen Ort, an dem man sich von einer Welt im Wandel zurückziehen konnte. Es gab nur die darwinistische Welt des ständigen Kampfes, in deren Chaos noch nicht einmal die Naturgesetze Ordnung schaffen konnten.

In diesem Aspekt war Nietzsche der vielleicht einzige Denker, der die Implikationen der Welt, die Charles Darwin gezeigt hatte, in Bezug auf das menschliche Leben zu Ende dachte. Seine Zeitgenossen, die Rationalisten des 19. Jahrhunderts, feierten, so schien es ihm, manisch die neu gewonnene Freiheit einer Existenz, die keinen Gott brauchte, und begriffen dabei nicht, dass sie den Gefahren dieser neuen Welt ins Gesicht sehen mussten.

Wenn man sich tatsächlich dieser Wirklichkeit stellte, in der totale Einsamkeit herrschte, wenn man sich die Mühe machte, dieser gottlosen Realität in die Augen zu sehen – gab es dann noch irgendeinen Sinn, irgendeine Bedeutung, die dieses schreckliche Vakuum füllen konnte?

Nietzsches berühmter Satz »Gott ist tot« ist keine sinnlose Formel, keine arrogante Unabhängigkeitserklärung. Gemeint ist, dass vorher alles, was jemals war oder jemals sein könnte, unter den Namen Gottes gefasst werden konnte, inklusive aller anderen und diesseitigen Welten, letzten Wirklichkeiten und gottgegebenen Moralgesetzen. Die berühmte Parabel ›Der tolle Mensch‹ zeigt, wie sehr sich Nietzsche diese neue Situation der Menschheit zu Herzen nahm:

»Habt ihr nicht von jenem tollen Menschen gehört, der am hellen Vormittage eine Laterne anzündete, auf den Markt lief und unaufhörlich schrie: ›Ich suche Gott! Ich suche Gott! (…) Wohin ist Gott? (…) ich will es euch sagen! Wir haben ihn getödtet – ihr und ich! (…) Aber wie haben wir diess gemacht? (…) Wer gab uns den Schwamm, um den ganzen Horizont wegzuwischen? Was thaten wir, als wir diese Erde von ihrer Sonne losketteten? Wohin bewegt sie sich nun? (…) Stürzen wir nicht fortwährend? (…) Haucht uns nicht der leere Raum an? (…) Wie trösten wir uns, die Mörder aller Mörder?‹«[18]

Nietzsche konnte spüren, dass der Tod der metaphysischen Welt noch nicht erkannt oder akzeptiert worden war. Die Leute dachten immer noch auf eine Art und Weise, die nur zu einer Welt passte, in der Gott weiterhin real war. Die Menschen dachten zum Beispiel, dass Moral, die Bestimmung dessen, was *gut* und was *böse* war, in einer solchen Welt weiterhin existieren konnte. Nietzsche wusste, dass dies nicht möglich war, er erkannte dies als soziale Konventionen, die sich unter dem Mantel der ›Wahrheit‹ verbargen.

Hier liegt der große Vorteil des wahrheitssuchenden Denkens: Die Tatsache, dass er einer schmerzhaften Wirklichkeit nicht aus dem Weg gehen muss, macht den Denker viel fähiger, der Realität ins Gesicht zu sehen. Man kann das beruhigende Denken ohne weiteres mit einer Art Betäubungsmittel vergleichen, das emotionalen Frieden bringt und den Menschen gleichzeitig schläfrig macht. Der ganze Sinn beruhigenden Denkens besteht darin, dass der Denker sich nicht mit der Wirklichkeit konfrontieren muss. Er fühlt sich ganz natürlich von Konzepten angezogen, die ihm Hoffnung auf eine alternative Wirklichkeit zu schenken scheinen. Für das wahrheitssuchende Denken aber verhindert Hoffnung Eigenverantwortung und Selbstständigkeit. Während den meisten Menschen also das Ende der Hoffnung als tragischer Zustand erscheinen würde, gibt es dem wahrheitssuchenden Denker Kraft.

Diese Denkart machte es Nietzsche möglich, die Wirklichkeit aller Metaphysik zu entkleiden *und* sich den ungemütlichen und fordernden Konsequenzen zu stellen. Er hatte keinerlei Hoffnung darauf, dass er den Belastungen der Wirklichkeit aus dem Weg gehen könnte, und er verließ sich auch nicht auf einen Glauben an irgendeine externe Realität, die ihm die Last ersparen konnte, seine eigene Lösung zu finden. Im Gegenteil bedeutete ›Freiheit‹ nicht nur, dass er eine Last loswurde, sondern dass er dafür sogar eine noch schwerere Bürde auf sich nahm: Ohne metaphysische Bedeutung musste man sich selbst eine Bedeutung schaffen.

Beruhigendes Denken ist nicht nur in religiöser Hoffnung zu finden. Es ist eine Denkart, die uns dabei hilft, in einem säkularen Universum zu leben, in dem es scheinbar keine höheren Wesen gibt, in dem Menschen wie Tiere letztlich ein Ende finden, den Tod – und dennoch dieser schwierigen Tatsache nicht wirklich ins Gesicht zu sehen. In diesem Sinne ist es also ein Ablenkungsmechanismus, der alles einfacher macht, als es wirklich ist. Wenn Gott tot war, folgerte Nietzsche, hatte die Welt ihren Wert verloren, und alle ethischen, metaphysischen und logischen Welten lagen in Trümmern. Daraus folgte, dass es nichts gab, auf das der

Mensch sich verlassen konnte, außer sich selbst. Dies wiederum bedeutete, dass der Mensch nicht mehr weitermachen konnte wie bisher. Nachdem Hoffnung und Trost gestorben waren, musste sich ein neuer Mensch entwickeln.

Die Behaglichkeits-Zwickmühle

Wenngleich unser beruhigendes Denken, das schmerzliche Tatsachen nicht mag, es nicht zugeben würde: Unser Denken leidet unter einer Behaglichkeits-Zwickmühle. Dies bedeutet, dass wir instinktiv vor jeder Wahrheit zurückschrecken, die für uns ungemütlich sein könnte. Wenn man uns die Wahl lässt, akzeptieren wir lieber die ›entspannendere‹ Wahrheit, also jene Beschreibung der Realität, mit der wir uns wohler und ruhiger fühlen. Unser Gehirn strebt tendenziell Behagen und Lustgewinn an, deshalb ersetzt es den Anblick einer schmerzhaften und fordernden Wirklichkeit mit tröstenden und leichteren Gedanken.

Der israelisch-amerikanische Psychologe Daniel Kahneman hat anhand seiner langjährigen Beschäftigung mit dem Thema gezeigt, dass das menschliche Denken im Grunde faul ist und instinktiv zu »kognitiver Leichtigkeit« neigt. Kognitive Leichtigkeit wird mit wiederholten Erfahrungen und bereits Bekanntem in Verbindung gebracht; die Bequemlichkeit des bereits Bekannten lässt sich nicht einfach von der Wahrheit unterscheiden. Kognitive Leichtigkeit bestimmt, dass etwas wahr ist, wenn es sich ›wahr anfühlt‹, ›gut anfühlt‹ und ›mühelos anfühlt‹. Was natürlich bedeuten muss, dass etwas, das sich gut anfühlt, sich auch wahr anfühlt.

Das wahrheitssuchende Denken, das ernsthaft Wahrheit finden will, ist ein anstrengender Prozess und bringt ein anstrengendes Ergebnis hervor, darum vermeiden wir es meistens lieber und nehmen den einfacheren Weg: Wir geben uns mit einem Teil der Wahrheit zufrieden oder – schlimmer noch – nehmen eine

Ersatz-Wahrheit an, ein Entspannungsmittel für die Nerven, das angenehme Bestätigung bietet. Natürlich ist das durchaus gefährlich, da unser Denken dann eine ›Wahrheit‹ will, die in Wirklichkeit nur ein demütiger Diener des emotionalen Zustands ist, den wir haben möchten, entsprechend machen wir horrende Fehler in unseren Urteilen und Voraussagen. Nietzsche hatte den Verdacht, dass das Bewertungssystem des Menschen so funktionierte, und Kahnemans Forschung bestätigt es: Wenn wir nur so tun, als würden wir eine Sache bewerten, ist als Erstes die Schlussfolgerung da; erst anschließend folgen die Argumente. Mehr noch, wenn man glauben *will*, dass eine Schlussfolgerung richtig ist – und man wird es glauben wollen, wenn sich das gut anfühlt –, dann glaubt man auch jedem Argument, das sie stützt, selbst wenn das Argument schlecht ist.

Unsere instinktive Voreingenommenheit sorgt also dafür, dass wir an angenehmen Bildern und Idealen festhalten, selbst wenn die Realität uns immer wieder beweist, dass wir damit falschliegen. Tatsächlich schenkt das beruhigende Denken dem Denker eine erstaunliche Kapazität, die Realität zu verneinen und sie durch idealistische Weichzeichner zu filtern. Natürlich sehen wir Hochzeiten und Ehen gerne als hochgradig glückbringende und romantische Ereignisse, und ›vergessen‹ dabei effizient die Tatsache, dass die Scheidungsraten in westlichen Gesellschaften unfassbar hoch sind (53 % in den USA, 46 % in Deutschland). Wenn wir heiraten oder auf der Hochzeit eines Freundes oder Familienmitglieds sind, machen wir uns selten die Mühe, einen Blick in die Zukunft zu werfen und an die vielen schlimmen Auseinandersetzungen zu denken, an angespannte Nächte und Vertrauensbrüche. Wenn wir an Urlaube denken, stellen wir uns herrlich erfrischende und magische Zeiten vor und vergessen, dass sie oft anstrengend und enttäuschend sind. Viele denken auch mit sentimentalen Gefühlen an ihre Jugend, als wäre sie eine Zeit voller großartiger Momente gewesen, obwohl sie dafür harte Momente aus ihrer Erinnerung filtern müssen. Die meisten

Menschen haben ein Selbstbild, in dem viel Selbstlosigkeit und Güte vorkommt, dabei lassen sie Gefühle von Eifer- und Rachsucht und ihre Kleinlichkeit im täglichen Leben großzügig beiseite. Beruhigendes Denken ist also die Ursache jener ausgiebig erforschten kognitiven Verzerrung, die uns dazu bringt, unsere Chancen auf Glück und Erfolg zu überschätzen – wir ignorieren einfach die Statistiken und stellen uns vor, dass wir selbst eben zu den Ausnahmen gehören.

Wenn man Dinge anhand von Idealen bewertet – anhand dessen, was wir uns erhoffen und was wir für möglich halten wollen –, kann man sich das als eine Art ›positives Denken‹ vorstellen. Es ist gut möglich, dass wir irgendwo im Hinterkopf wissen, dass wir uns selbst hinters Licht führen, dennoch begeben wir uns lieber nicht auf die andere Seite – die Seite ›kognitiver Anstrengung‹ und die Seite, die sich schmerzhafter anfühlt. Die Wahrheit sorgt oft für Unbehagen, da man seine Sicht auf die Welt neu sortieren muss, wenn man sie akzeptiert, gleichzeitig verliert man stabile Strukturen, die man sich mühsam aufgebaut hat. Oft auch geht Wahrheit mit Schmerz einher. Manchmal ist Schmerz sogar ein Hinweis auf Wahrheit, da er aus der Diskrepanz zwischen unserem geistigen Bild einer Sache, unserem Ideal und der Wirklichkeit steht. Wenn die Realität nicht zu unseren Idealen passt, müsste man das Ideal infrage stellen, aber wer hat Lust, eine tröstliche Illusion einfach so gehen zu lassen? Schließlich hat das Gehirn den Instinkt, Schmerz zu vermeiden, und deshalb hat das Gehirn den Instinkt, Wahrheit zu vermeiden.

Illusionen dienen uns als Schutzschilde, welche die Realität von unseren erschöpften Köpfen fernhalten. In diesem Sinne ist klar, dass beruhigendes Denken diesen Job sehr gut machen kann: Es hilft uns, Konfrontationen aus dem Weg zu gehen, bis wir wirklich nicht anders können; mit seiner Hilfe entkommen wir der Realität und legen uns gedanklich alles zurecht, was uns in der Wirklichkeit fehlt. Und wenn wir der Wahrheit ins Gesicht sehen müssen, macht uns das beruhigende Denken die

Sache leichter, weil es uns allerlei schmerzlindernde Konzepte zur Verfügung stellt.

Das wahrheitssuchende Denken, das Nietzsche aufgezeigt hat, ist dennoch ein besseres Werkzeug, um mit der Wirklichkeit zurechtzukommen, weil es vor nichts wegläuft und nicht auf Hoffnung angewiesen ist. So ist die Energie, die der Denker zur Verfügung hat, um mit einer bestimmten Situation umzugehen, viel konzentrierter. Wenn wir dann noch den stark ausgeprägten Sinn für Eigenverantwortung hinzunehmen, den dieses Denken mit sich bringt, so sieht man, wie diese Denkart selbst schwierigsten Bedingungen standhalten kann. Das größte Problem am beruhigenden Denken ist die Tatsache, dass es letztlich einen fragilen Geist erzeugt. Es ist ein Denken, das nicht daran gewöhnt ist, der Realität zu begegnen, und wenn es das trotzdem tut, reagiert es mit Erschütterung.

Viele halten sich an idealistischen Vorstellungen über ihre Beziehungen in der Familie und mit Freunden fest. Zum Beispiel denkt man, dass diese Menschen einen nie im Stich lassen werden. Gehen diese Ideale zu Bruch – wenn zum Beispiel der Lebensgefährte fremdgeht oder wenn die eigene Mutter sich nicht so verhält, wie eine Mutter das tun sollte –, ist man bis ins Mark erschüttert. Natürlich gehen in Wirklichkeit nur falsche Vorstellungen kaputt, und das, was sich zeigt, ist nichts weiter als eine Wahrheit, die bereits existiert. Wir können damit nur nicht umgehen, weil das beruhigende Denken uns davon ferngehalten hat.

Diese Denkart macht uns zudem deutlich anfälliger für falsche Entscheidungen. Das ist nicht besonders überraschend, wenn man sich klarmacht, dass in diesem Denkmodus die einzig mögliche Wahrheit diejenige ist, die wir hören möchten. Es ist fast unmöglich, richtig und falsch auseinanderzuhalten, wenn man an einer bestimmten Form der Wahrheit hängt. Oft versuchen wir, ein Problem zu lösen oder eine Antwort zu finden, während wir aber eine versteckte Annahme in uns tragen, etwas, das wir hören wollen, und etwas anderes, das wir nicht hören wollen.

Man sollte sich unbedingt vor Augen halten, dass unser Gehirn immer eher die Antworten ›finden‹ will, die seiner Tendenz zu ›kognitiver Leichtigkeit‹ entgegenkommen. Es geht normalerweise in bekannte, bequeme, sichere, mühelose, selbstbestätigende Richtungen, also immer dahin, wo es ihm gute Laune macht. Die anderen Möglichkeiten, die dem Gehirn anstrengend, unbekannt, erschütternd und aufreibend vorkommen, weist es oft zurück, mit der Begründung, dass dies ›für mich nicht das Richtige‹ sei – und zwar aus den falschen Gründen. Was auch immer warme, positive Gefühle erzeugt, wird uns also wahrer erscheinen – wieder aus den falschen Gründen. Das trifft nicht nur auf Entscheidungen zu, sondern auch auf die Art und Weise, wie wir Konzepte und Mottos annehmen. Da alle kognitiven Verzerrungen, die aus dem Wunsch nach Bequemlichkeit entstehen, letztlich gegen uns arbeiten, ist es eine kluge Sache, wenn man sich *vor* jeder Entscheidung fragt: Welche ›Wahrheit‹ würde ich vorziehen? Wozu neige ich heimlich bereits, und warum neige ich sofort in diese Richtung? Wenn man diese Präferenz dann so gut wie möglich beiseitelässt, ist das eine bessere Grundlage für eine wahrheitssuchende Entscheidungsfindung.

Wie Nietzsche sein Bedürfnis nach Frieden überwinden konnte

Es war äußerst unbequem, in Nietzsches Körper zu leben. Bereits in seinen Zwanzigern steckte der junge Philologe bis zum Hals in einem täglichen Kampf mit seiner schlechten Gesundheit. Der Gegner, der ihn am häufigsten heimsuchte, war seine Migräne: Über Nacht griff sie an, manchmal dauerte sie drei Tage lang, während derer er nichts essen konnte. Wenn er etwas aß, musste er sich erbrechen. Eine solche Attacke erschöpfte ihn so sehr, dass er ein leichtes Opfer für andere Krankheiten war. Jeder Versuch, sein Verhalten als Erwachsener zu verstehen, muss diesen täglichen Kampf in Betracht ziehen, und man kann sich den Prozess seines unermüdlichen Schreibens gut vorstellen: Fast blind, gequält von schwerster Migräne und erschöpft, sammelte er all seine geistigen Kräfte, um dennoch seine leidenschaftlichen Aphorismen schreiben zu können. Ja, er leistete wirklich enormen Widerstand, und wurde so seinem eigenen Ideal ständiger Selbstüberwindung mehr als gerecht. Wieder und wieder schien es, als ginge es diesmal wirklich mit ihm zu Ende, und wieder und wieder erholte er sich, bis er diese Erfahrung schließlich in dem bekannten Ausspruch zusammenfasste: »Was mich nicht umbringt, macht mich stärker.«[19]

Man würde erwarten, dass eine solche Qual sich in sein Schreiben eingeschlichen haben müsste, dass es wenigstens etwas bitter und pessimistisch klingen würde. Aber der Effekt war das genaue Gegenteil. »Die Jahre meiner niedrigsten Vitalität waren es, wo ich aufhörte, Pessimist zu sein«, schrieb er, »der Instinkt der Selbst-Wiederherstellung verbot mir eine Philosophie der Armut und Entmutigung.«[20] Ausgerechnet in seinen körperlich schwierigsten Jahren entwickelte er die für ihn ultimative Abkehr vom beruhigenden Denken. Es war sein gefährlichstes Gedankenexperiment, hier drückte er sich selbst gegen die Wand, um aus seinem Innersten das endgültige Ja zum Leben zu locken.

Das Konzept oder eher die Vision der ›ewigen Wiederkehr‹ war die scharfe Kante seines Denkens, an ihr maß er selbst die Stärke und Freiheit seines Geistes und, mehr noch, seine Liebe zum Leben. Um es einfach auszudrücken, war es der Gedanke, dass, wenn es keine externe Realität gab, das uns bekannte materielle Leben für immer weitergehen würde, wie ein geschlossener Kreis. Da dieser Kreis nicht durchbrochen werden konnte, würde das Leben sich wieder und wieder mit den immer gleichen Formen und Erfahrungen wiederholen – was also bedeutete, dass wir das Leben in diesem Moment noch unzählige Male würden wiederholen müssen. »Dieses Leben, wie du es jetzt lebst und gelebt hast«, beschrieb es Nietzsche, »und es wird nichts Neues daran sein, sondern jeder Schmerz und jede Lust und jeder Gedanke und Seufzer und alles unsäglich Kleine und Grosse deines Lebens muss dir wiederkommen (...) Die ewige Sanduhr des Daseins wird immer wieder umgedreht.«[21]

Für Nietzsche bedeutete diese wichtige Frage – »willst du diess noch einmal und noch unzählige Male?« – das Ende aller Fluchten und allen Trosts. Wenn er dazu ein klares Ja sagen konnte, hieß dies, dass noch der kleinste Widerstand, der zwischen ihm und dem Leben stand, weggefallen war. Darum nannte er dies »die höchste Formel der Bejahung, die überhaupt erreicht werden kann«.[22] Es war auch der Höhepunkt seiner philosophischen Bestrebungen: Jetzt war nur noch eine Wirklichkeit übrig, das materielle Leben, das sich horizontlos ausdehnte, ohne letztliches Ziel, ohne Bestimmung. Der Mensch war allein mit diesem Moment, und nur er konnte ihm Bedeutung schenken.

Wenn man bereit war, dieses Leben wieder und wieder zu leben, bedeutete das auch das Ende der endlosen Suche des Menschen nach Lustgewinn und seiner Flucht vor Schmerzen: Denn ebenso, wie die Freuden des Lebens sich ewig wiederholen würden, müsste auch der Schmerz wieder und wieder erfahren werden. Was bedeutete, dass das Leben selbst in den schrecklichsten Momenten wieder und wieder umschlungen werden musste, ohne dass man sich in schmerzlindernde Gedanken flüchten konnte.

Ein solches Denken ist natürlich extrem stark, da es keine Angst vor Schmerzen hat. Es liebt das Leben, und zwar nicht, weil das Leben schön ist oder eines Tages schön sein wird, hier oder anderswo. Und diese Liebe gibt dem Leben eine Art von Göttlichkeit, die Göttlichkeit nämlich, die bis dahin jene ›andere Welt‹ gestohlen hatte. Anders als in der Welt des beruhigenden Denkens kann ein solches Denken in der totalen Abwesenheit von Hoffnung und Trost eine neue Art von Glück, Bedeutung, Schönheit und Liebreiz finden. Die Idee von der ewigen Wiederkehr konnte nur einem Denken entspringen, dass es aufgegeben hatte, Seelenfrieden zu wünschen.

Wir können darin die erstaunlichste Spiegelung der tieferen Denkstruktur Nietzsches sehen: eine rastlose Dynamik, ein ständiger Zustand des Brennens und der Leidenschaft. Während man einen rastlosen Verstand normalerweise als negative Sache ansieht, war für Nietzsche dieser Zustand dem tatsächlichen und gesunden Rhythmus des Lebens gleich. Sein gedankliches Temperament entsprach also der Dynamik natürlicher Evolution, es bemühte sich ständig, das Bestehende zu überwinden und an dem ständigen Kampf zwischen destruktiven und konstruktiven Kräften zu wachsen. Für den natürlichen Prozess schien es kein Ende zu geben, keine Rast und keinen Frieden, und Nietzsches Denken replizierte die Natur, als wäre es Evolution auf der Ebene des Verstandes.

Man könnte sogar sagen, dass der Verstand des Lebens an sich, wenn es einen solchen gäbe, wahrscheinlich so aussehen würde. Sein Denken war wie eine Art Naturkraft – Vulkanen, Gewittern und Erdbeben ähnlich. Natürlich ist dies nicht die Natur, wie sie die europäischen Romantiker sehen wollten oder die griechischen Stoiker und andere Philosophen, die Seelenfrieden und Trost suchten. Dies ist die Natur, wie sie Darwin erkannt hatte: Eine aufgeheizte Arena, in der verschiedene Kräfte aufeinandertrafen, von denen jede sich ausweiten und in die Höhe wachsen wollte. In gleicher Weise hatten manche Denker den menschlichen Geist in einen Zustand totalen Friedens versetzen wollen, indem aller Wille und alle kollidierenden Kräfte ausgelöscht wurden. Für Nietzsche war der menschliche Verstand überhaupt nicht dazu bestimmt, im Frieden zu verweilen. Unfrieden war, wie er schrieb, Nahrung für die Seele. Sein Denken besaß den angeborenen Drang, sich zu entwickeln, dynamisch im kreativen Fluss des Lebens zu schwimmen und im Grunde immer aktiv zu bleiben, da ihm aktiv gleichbedeutend mit wach und lebendig war.

»Ja! Ich weiss, woher ich stamme!«, schrieb Nietzsche in einem Gedicht, »Ungesättigt gleich der Flamme/ Glühe und verzehr' ich mich./ Licht wird Alles, was ich fasse,/ Kohle Alles, was ich lasse:/ Flamme bin ich sicherlich.«[23] Für ein derart passioniertes Denken war es einfach, eine der größten menschlichen Hoffnungen aufzugeben: Die Hoffnung auf Rückzug vom ermüdenden Prozess des Lebens, auf einen Ort, an den man sein müdes Haupt betten kann.

Das ist der Grund dafür, warum die meisten Menschen innerlich zerrissen sind: Sie bestehen zum Teil aus rastlosen Gedanken – einem ständigen Wollen und Kämpfen –, während ein anderer Teil Phantasien über vollkommenen Frieden und Entspannung nachhängt. Nietzsches Denken war nicht in dieser Weise geteilt. Für ihn bedeutete Seelenfrieden ganz einfach die Akzeptanz, dass es im Leben keine Haltepunkte gab, und sein besonderer Geist schaffte es, sich irgendwie in diesem unentspannten Strom zu entspannen. Aber nicht nur das Leben hatte keinen Haltepunkt. Auch das Denken musste ständig weitergehen. Klar, dass ein solcher Verstand nie ein Endziel erreichen konnte, einen Zustand des perfekten Wissens und der endgültigen Überzeugung, in dem die Leidenschaft langsam abstirbt. Im Gegenteil: Wie das Leben selbst ließ dieses Denken jede feste und selbstzufriedene Position immer wieder hinter sich, zerstörte seine eigenen Gewohnheiten und alten Formeln, um sich selbst immer wieder neu zu gestalten, ohne dass ein Ende in Sicht war.

Wenn Sie diesem Denkmodell folgen wollen, versuchen Sie einmal, Ihre eigenen tröstenden Vorstellungen und Fluchtphantasien ausfindig zu machen, die Sie vom Leben in seiner Reinform fernhalten. Diese Glaubensvorstellungen und Phantasien geben nur scheinbar Kraft, in Wirklichkeit schwächen sie den Verstand und die Fähigkeit, mit den echten Herausforderungen im Leben umzugehen. Schauen Sie, wo in Ihrem Leben Sie nicht deshalb etwas glauben, weil es wirklich wahr ist, sondern weil es Sie beruhigt. Schauen Sie, wie Ihre Gedanken der Realität entfliehen wollen. Gibt es für Sie eine Art von Phantasiewelt, in die Sie flüchten? Haben Sie einen Traum vom Rückzug, von einem

Zustand endgültiger Ruhe? Dann machen Sie doch einmal den Versuch und geben Sie diesen Traum auf, wagen Sie das als Experiment. Was würde mit Ihrem Denken passieren, wenn Sie alle diese Phantasien aufgeben würden, alle tröstenden Vorstellungen und jede Hoffnung auf Entspannung? Denken Sie an einen bestimmten Moment in Ihrem Alltag, in dem Sie typischerweise besonders gestresst sind. Vielleicht geht Ihnen der Gedanke durch den Kopf, dass Sie dieses anstrengende Leben nicht mehr aushalten, Sie wünschen sich an einen Ferienort, wo Sie sich endlich entspannen können. Wenn Sie es in diesem Moment schaffen, sich diesem Stress gegenüber quasi zu entspannen, ihn als normalen Teil des Lebens zu sehen, könnte das Ihr Denken effizienter und klarer machen – und als Folge davon den Stress reduzieren.

Es ist kein Zufall, dass unser Denken von Natur aus wie ein Fluss immer weiterläuft, ein Strom, der sich kaum beruhigen kann. Letztlich ist das dem Rhythmus des Lebens sehr ähnlich. Was also passiert, wenn Ihr Denken sich diesem Rhythmus nicht widersetzt? Es ist gut möglich, dass Sie dann etwas von der Leidenschaft und Ekstase zu spüren beginnen, mit der Nietzsche durch sein Denken in Kontakt kam.

Barbara McClintock

Organisches Denken
oder
Das Maiskorn, das anders war als die anderen

Als der renommierte Molekularbiologe Joshua Lederberg in den 1950er Jahren von einem Besuch in Barbara McClintocks Labor zurückkehrte, bemerkte er: »Mein Gott, diese Frau ist entweder verrückt oder ein Genie.«[1] Mittlerweile ist klar, dass man sich an McClintock in der Wissenschaftsgeschichte als Letzteres erinnern wird. Allerdings hatte diese Genetikerin, die direkt verantwortlich für eine der größten Revolutionen in der Biologie des 20. Jahrhunderts war, eine so ungewöhnliche Persönlichkeit, dass man verstehen kann, warum Lederberg sich nicht sicher war. Barbara McClintock scheint dem Begriff des »Außenseiters« eine neue Bedeutung gegeben zu haben. Sie war, im wahrsten Sinne des Wortes, »außen«: außerhalb ihres Körpers, ihres Geschlechts, aller persönlichen Beziehungen und außerhalb wissenschaftlicher Rahmenvorgaben und akzeptierter Methoden. Sie war ein so ungewöhnlicher Typ, dass sie, als Evelyn Fox Keller ihre Biographie schreiben wollte, sich nicht vorstellen konnte, wie ihr Leben in irgendeiner Weise für die Welt interessant sein sollte. Sie sei zu anders, zu unnormal, zu sehr Querdenkerin, sagte sie, um anderen als Beispiel dienen zu können.

Seit ihrer frühen Kindheit schreckte sie vor allem zurück, das feminin war. Sehr früh erkannte sie, dass sie ein Mädchen war, das »die Art Dinge tat, die Mädchen nicht zu tun hatten«[2]. Sie wehrte sich gegen die Grenzen, die ihrem Geschlecht auferlegt wurden, und verlangte vehement, ihren individuellen Leidenschaften ebenso frei nachgehen zu dürfen wie die Männer. Sie kleidete sich in einem Unisex-Stil, legte sich einen kurzen Haarschnitt zu, dem sie stets treu blieb, und hatte keinerlei Interesse an persönlichen Beziehungen zu Jungs oder später Männern. Sie hatte überhaupt nie ein starkes Bedürfnis nach emotionaler oder körperlicher Nähe und konnte deshalb nie verstehen, warum man heiraten sollte. Sie hatte keinerlei Interesse an den Zielen, die Frauen ihrer Generation für gewöhnlich verfolgten. Man sollte aber nicht denken, sie hätte sich gewünscht, ein Mann zu sein – nichts könnte der Wahrheit ferner sein: McClintock wollte ihre Weiblichkeit einfach nicht als besonderes Merkmal verstanden wissen und wunderte sich jedes Mal, wenn Feministinnen versuchten, aus ihr eine feministische Ikone zu machen, die gegen eine Welt der Männer ankämpfte (obwohl sie durchaus gegen die Grenzen stieß, die ihrem Geschlecht gesetzt wurden). Sie wünschte sich etwas anderes: Sie wollte Geschlechter insgesamt transzendieren. Wenn man sich als Personen näher kennenlernte, sagte sie, vergaß man, wer Mann und wer Frau war, das Thema Geschlecht fiel dann einfach weg.

Aber sie wollte nicht einfach nur ihre Weiblichkeit loswerden. Was sie sich wirklich wünschte, war, das Gefühl eines Körpers überhaupt loszuwerden. »Mein Körper war immer Ballast, den ich mit mir herumschleppen musste«[3], erklärte sie einmal. »Ich habe mir immer gewünscht, ein neutraler Beobachter sein zu dürfen anstelle des ›Ichs‹, das meine Mitmenschen kennen.« Alles, was zwischen ihr und ihrem wissenschaftlichen Drang stand, was ihre Fähigkeit der reinen Beobachtung beeinträchtigte, wollte sie loswerden, als könnte sie so eine dem reinen Verstand vorgeschaltete Linse entfernen. Sogar ihr Name war etwas, das eigentlich den anderen gehörte, die sie von außen sahen. Deshalb brachte sie es manchmal sogar fertig, ihn zu vergessen. Als sie einmal im Studium ein Abschlussexamen in Geologie absolvieren musste – einem Fach, das sie liebte, so sehr, dass sie die Prüfung kaum erwarten konnte –, folgte sie nicht den Anweisungen der Prüfer, die alle anwesenden Studenten anfangs ermahnten, ihre Namen auf die erste Seite zu schreiben, sondern stürzte sich sofort beglückt in die Arbeit. Als sie aber dann am Ende ihren Namen aufschreiben wollte, fiel er ihr nicht mehr ein. Da es ihr zu peinlich war, andere zu fragen, wie sie heiße, musste sie einfach sitzen bleiben und warten, bis ihr der Name wieder einfiel. Zwanzig lange, nervöse Minuten verstrichen, bis es ihr gelang.

Größtes Glück bedeutete für sie, in einen Zustand totaler Vertiefung zu sinken, in dem sie mit ihrer Leidenschaft ganz eins war. Einmal spielte sie in einer Jazzband bei einer Tanzveranstaltung und war sich sicher, dass sie dabei eingeschlafen war. Am Ende »erwachte« sie und fragte den Saxophonisten, ob sie geschlafen habe. Er antwortete, dass sie ganz normal gespielt habe. Diese Zustände, in denen sie ihr Wachbewusstsein zu verlieren schien, in denen sie total versunken war, tauchten in ihrer wissenschaftlichen Arbeit wieder und wieder auf.

Diese Fähigkeit, in einen Zustand der Selbstauflösung zu verfallen und sich in dem Objekt, dem sie sich widmete, quasi aufzulösen, war erstaunlich. Als Kind jagte sie ihrer Mutter Angst ein, wenn sie ihrer liebsten Beschäftigung nachging: Sie saß dann allein da, ganz und gar in Gedanken versunken. Später, als sie als Wissenschaftlerin arbeitete, war diese Vertiefung das, was sie motivierte. Nichts in McClintocks Leben entspricht der Art und Weise, wie die meisten Menschen ihre Karriere und ihr Leben planen. Sie behauptete, dass sie nie auch nur einen Gedanken an ihre Karriere verschwendet habe. Sie machte einfach das, was sie tun wollte, und hatte dabei nie das Gefühl, dass sie etwas fortführen musste oder dass sie sich einer bestimmten Sache zu widmen hatte. Ihr Weg war nicht vorgezeichnet, sie hatte keine beruflichen Ambitionen – und gelegentlich war sie tatsächlich arbeitslos und hatte keinerlei Verpflichtungen. Einmal musste sie eine lange und gefährliche Autofahrt unternehmen. Man riet ihr, vorsichtig zu sein. Ihre einzige Sorge aber bestand darin, dass sie, wenn sie an diesem Punkt sterben würde, nie die Lösung für ein Problem finden würde, mit dem sie sich zu dieser Zeit beschäftigte. »Ich war einfach so sehr interessiert an dem, was ich tat, dass ich kaum erwarten konnte, morgens aufzustehen und es zu machen«[4], beschrieb sie selbst ihre kindliche Fähigkeit des Versunkenseins.

Den größten Teil ihres Lebens verbrachte McClintock allein – körperlich, emotional und geistig. Autonomie, die Gleichmut gegenüber konventionellen Erwartungen, wurde zu ihrem Markenzeichen. Ihre Originalität machte sie zu einem Freigeist, sie folgte ihrer eigenen, strengen Disziplin, statt sich den Vorstellungen anderer anzupassen. Sie folgte deshalb nie einer wissenschaftlichen Mode und blieb fast gänzlich unabhängig von den Reaktionen ihrer Umgebung. Der Prozess, auf ihre eigene Weise eine Antwort zu finden, machte sie glücklich. Dem, und nur dem, fühlte sie sich verpflichtet.

Interessanterweise war es genau diese Leichtigkeit ihres Denkens – die Freiheit von Bezeichnungen, Geschlecht, Verbindlichkeiten, Karriere oder Methode –, die ihre erstaunlichen Leistungen in der Genetik möglich machten.

Meine Freunde, die Chromosomen

McClintocks persönliche Geschichte lässt sich nicht von der Geschichte der Genetik an sich trennen, die als neue wissenschaftliche Disziplin Anfang des 20. Jahrhunderts Gestalt anzunehmen begann. Sie waren gewissermaßen Weggefährten, und für beide Seiten stellte sich das als entscheidend heraus: McClintocks Einstieg in die Genetik passierte früh genug, um nicht nur an der Entstehung dieser Wissenschaft teilzuhaben, sondern sie mitzugestalten. Man kann sich heute kaum vorstellen, dass die Genetik, die heute eine etablierte, nicht mehr wegzudenkende Wissenschaft ist, Anfang des 20. Jahrhunderts nicht mehr als eine abstrakte Vorstellung von Vererbung war. Wenngleich die Arbeit Gregor Mendels im 19. Jahrhundert wiederentdeckt worden war, wurde der Begriff »Genetik« erst 1905 geprägt, und das Wort »Gen« wurde erst 1909 als feststehender Begriff anerkannt. Und selbst dann war es ein Wort, für das es noch keine klare materielle Entsprechung in Organismen gab. Es war nicht viel mehr als eine abstrakte Beschreibung, mit der man sinnvoll erklären wollte, wie angeborene Merkmale von einer Generation zur nächsten vererbt werden.

Als McClintock der Genetik als junge und begeisterte Wissenschaftlerin begegnete, war das Feld kaum älter als sie selbst. Gemeinsam mit ihr wuchs es heran. Eine Serie chromosomaler und genetischer Studien an der Fluchtfliege Drosophila bestätigte schließlich die Beziehung zwischen Genen und Chromosomen; anhand dieser Resultate konnten Genetiker endlich sicher die physikalische Grundlage der Mendel'schen Genetik bestätigen. Das Ergebnis war die Geburt der Zytogenetik: der Wissenschaft, die das Studium der sichtbaren Strukturen von Chromosomen mit Genetik verbindet.

Inmitten dieser spannenden und dynamischen Entwicklung kam McClintock ins Bild. Als schnelle Denkerin, die virtuos das tatsächliche, körperliche Sehen mit einer Art geistigem Blick verband, übertraf sie in ihren Zwanzigern und Dreißigern ihre eigenen Lehrer bei weitem und machte in der Geschichte der Zytogenetik beispiellose Entdeckungen. Ihr erster Durchbruch gelang ihr, als sie begriff, wie man Mais-Chromosomen identifizieren konnte – wie man also die Einzelteile eines Chromosomen-Sets in einer Zelle unterscheiden konnte. Sie meisterte diese Aufgabe innerhalb weniger Tage, sehr zum Missfallen ihres Arbeitgebers, der schon lange an diesem Problem gearbeitet hatte. McClintock tat noch mehr: Sie entwickelte die vorhandene Technik weiter, bis sie individuelle Chromosomen während des Zyklus von Teilung und Replikation beobachten konnte. Bis dahin hatte man Chromosomen sehen und zählen können, aber es waren einfach

»die Chromosomen« gewesen, die man nicht einzeln voneinander unterscheiden konnte. Nun fand McClintock heraus, dass sie jedem Einzelnen eine eigene Identität zuordnen konnte. Jedes Chromosom bekam eine Kennzeichnung, anhand derer man es über seine ganze Lebensspanne verfolgen konnte. Sie fand heraus, dass jedes Chromosom unverwechselbare morphologische Merkmale hatte – eine ganz eigene Länge, Form und Struktur. Diese Eigenheiten sollten zu entscheidenden Orientierungspunkten bei der Kartierung unerforschter genetischer Bereiche werden. Die genetischen Merkmale von Mais wurden mikroskopisch erkennbar, und McClintock etablierte sich als führende Forscherin in der Zytogenetik.

1927, als McClintock noch nicht ganz 25 Jahre war, bekam sie ihren Doktortitel. An diesem Punkt reifte in ihr der Wunsch, zeigen zu können, wie Sätze von Genen, die gemeinsam vererbt wurden, von spezifischen Chromosomen getragen wurden. Obwohl diese Überlegung wichtig für die Forschung ihrer Zeit war – die Beziehung zwischen Chromosomen und dem genetischen System also verstanden werden musste –, war sie bei diesem Unterfangen völlig allein. Es war keine einfache Aufgabe, und sie brauchte Hilfe dabei. Zumindest schien es so. Es gab zu diesem Zeitpunkt zwei Arten von Genetikern: Die Pflanzenzüchter, die sich mit nichts anderem als der Züchtung beschäftigten, und die Chromosomenforscher. Ihre Arbeitsbereiche überschnitten sich nicht, sie arbeiteten sogar an verschiedenen Orten. McClintock schockierte ihre Umgebung, weil sie darauf bestand, Kompetenzen beider Bereiche in einer Persönlichkeit vereinen zu wollen: sich selbst. Sie war nicht aufzuhalten, sie wollte das Objekt ihrer Forschung individualisieren und personalisieren. So, wie sie einzelne Chromosomen erkennen wollte, wollte sie auch die individuelle Maispflanze in ihrer natürlichen Umgebung des Maisfelds betrachten. Mais-Genetik ist eine harte Arbeit. Sie beginnt frühmorgens, bevor es zu warm wird, und geht den ganzen Tag lang weiter. Dennoch wollte McClintock unbedingt die

Beobachtungsmöglichkeiten des bloßen Auges und die unter dem Mikroskop kombinieren – also den Organismus als Ganzes wie auch in seinen kleinsten Teilen sehen.

Ihre Berühmtheit erreichte einen Höhepunkt, als sie es 1931 schaffte, die chromosomale Grundlage der Genetik zu sichern. Es war das fehlende Glied in der Kette der klassischen Genetik. Ihre besondere Denkart zeigte sich besonders deutlich in der Tatsache, dass sie Abweichungen nachspürte, die alle anderen lieber zur Seite schoben. Intuitiv erkannte sie darin Hinweise auf allgemeingültige Regeln. Als sie eines Tages durch das Maisfeld ging, sah sie Pflanzen, die sowohl dominante als auch rezessive Gene hatten und deshalb panaschierte (gescheckte) Blätter besaßen. Im selben Herbst bekam sie einen Reprint, in dem Panaschierung beschrieben wurde. Ein kleines Chromosom schien der Grund dafür zu sein, dass genetische Fragmente »verloren gingen«. Intuitiv begriff McClintock sofort, dass es sich um ein »Ringchromosom« handeln musste. Allerdings wussten weder die Forscherin noch ihre Kollegen zu diesem Zeitpunkt, dass es ein solches Chromosom überhaupt gab. Sie war sich jedoch so sicher, dass sie sich sofort hinsetzte und anderen Genetikern davon schrieb. Dann kultivierte sie schnell einen Satz ähnlicher Pflanzen. Als sie die erste Pflanze untersuchen konnte, zitterten ihr beim Präparieren die Hände. Sie legte das Material im Labor unters Mikroskop: Und tatsächlich sah sie Ringchromosomen. Auch bei den anderen Pflanzen, bei denen sie das vorausgesagt hatte, traf ihre Einschätzung zu. Sie war froh, aber auch erleichtert.

Wie konnte sie sich so sicher über ein Phänomen sein, von dem sie noch nicht einmal wusste, ob es überhaupt existierte? Sie sagte, die »Logik« sei für sie ganz zwingend gewesen. »Die Logik lag einfach auf der Hand (…). Das Zwangsläufige in dieser Situation war, daß wir es mit einem klaren, streng umrissenen Problem, und nicht etwa mit einer gewöhnlichen Fragestellung zu tun hatten. Vielmehr lieferte es den Puzzlestein, der in das gesamte Bild paßte. Und so konnte man nun beginnen, alles in seiner Gesamtheit zu sehen. Nicht, was in diesem oder jenem Stadium abläuft, ist interessant, sondern die Geschehnisse in ihrer Gesamtheit. Auf diese Weise erhält man einen Blick für die gesamte Situation.«[5]

McClintocks Fähigkeit, ein Gefühl für einen Organismus in seiner Gesamtheit zu bekommen, indem sie sich einer »abnormalen« Komponente widmete, war außergewöhnlich. Ein Freund, der Genetiker Marcus Rhoades, sagte ihr einmal: »Ich habe oft darüber gestaunt, wie du es schaffst, eine Zelle durch das Mikroskop zu betrachten und dabei so viele Details siehst!«[6] Sie antwortete: »Also, wenn ich eine Zelle betrachte, klettere ich in sie hinein und schau mich bloß einmal dort um.«[7] Sie konnte nicht wirklich sagen, was sie sah, trotzdem gelang ihr so eine funktionale Beschreibung, ohne dabei auf irgendeine biochemische Begrifflichkeit zurückgreifen zu müssen. Es war, als könnte sie direkt mit der Dynamik der Zelle selbst kommunizieren.

In vielerlei Hinsicht war McClintock eine altmodische Naturforscherin zu einer Zeit, in der das gesamte Feld der Biologie sich bereits von der Beobachtung weg- und dem Experimentieren zuwandte. Kollegen machten sich deshalb oft über ihre Theorien lustig, weil sie diese unwissenschaftlich fanden. Die Art und Weise, in der sie selbst ihren Erkenntnisprozess beschrieb, erinnern stark an eine naturalistische Tradition: Sie wehrte sich vehement gegen den Trend, einzelne Komponenten des Lebens zu isolieren, sie sah die Chromosomen und Gene eines Organismus als ihm zugehörig an. Wie immer unabhängig in ihrer Philosophie und Methodologie, wechselte sie zwischen dem mikroskopischen Blick und der Vision des »lebendigen« Dings an sich. Was sie wichtig fand, passte nicht zu dem, was ihre Umgebung dachte: Sie stand Forschern, die das Genom entschlüsseln wollten, skeptisch gegenüber, weil sie dachte, dass es nicht entschlüsselbar war; es war nur ein Symbol, wie in der Physik, in der man ebenfalls Symbole verwendete. Sie wehrte sich also gegen die Begeisterung der Genetiker für quantitative Analysen. Sie waren, klagte sie, so erpicht darauf, alles in Zahlen darstellen zu können, dass sie oft Dinge übersahen. Ihre eigene Methode bestand darin, das eine Maiskorn zu sehen, das anders war als die anderen, und es zu verstehen. Sie hatte das Gefühl, dass ihre zahlenbegeisterten Kollegen genau dieses eine, ungewöhnliche Korn allzu oft übersahen.

Dies macht ein wichtiges Element in McClintocks Denken aus, das man *organisch* nennen kann: Sie bestand immer darauf, direkt mit einem Forschungsobjekt zu kommunizieren und konnte deshalb Abweichungen nie übersehen oder beiseiteschieben. Für sie gab es überhaupt keine Abweichungen. Was wir uns als abnormales Verhalten eines Organismus vorstellen, war für sie ein Hinweis auf eine höhere und komplexere Ordnung, die einfach noch nicht verstanden wurde. Für McClintock steckte im kleinsten Detail der Schlüssel für das größere Ganze; der individuelle Fall war ein Hinweis auf eine größere Gesetzmäßigkeit. Wenn man sich eine irritierende Einzelheit ansah, die nicht in ein existierendes Modell passte, konnte diese Tatsache dabei helfen, das Modell zu erweitern, eine neue Erkenntnis zu integrieren.

Es gibt einen guten Grund dafür, wenn Dinge nicht zu unseren Theorien passen. Das *organische Denken* ist immer bereit, eine Theorie fallen zu lassen, um ein größeres Verständnis der Realität zu gewinnen. Der Gegensatz dazu ist das *distanzierte Denken*, das die Dinge von außen betrachtet, sie über Zahlen und Statistiken versteht, über allgemeine Gesetze und theoretische Modelle, und das Ausnahmen lästig findet. Es mag seine Modelle und Theorien über die Wirklichkeit zu sehr, um sie wegen eines abweichenden Einzelfalls aufzugeben. McClintocks Sichtweise dagegen war so organisch, dass sie damit mit der Zeit verblüffende Höhen erreichte: Sie spazierte einfach durch ein Feld, betrachtete ihre Pflanzen und ahnte einfach dadurch schon sehr genau, was sie unter dem Mikroskop sehen würde, wenn sie sich dort die Zellkerne ansah. Wann immer sie eine bestimmte Vermutung über eine Pflanze hatte, lag sie damit richtig. Ihre einzige bewusste Handlung dabei war, dass sie »ein paar feine Streifen aus rezessiven Zellen«[8] betrachtete, ihr »unbewusstes Nachdenken«[9], wie sie es selbst nannte, tat den Rest. Sie verstand die Pflanze, ohne ihr bewusstes und rationales Denken einzuschalten, einfach, indem sie sie ansah.

Wozu McClintocks organisches Denken in der Lage war, zeigte sich in besonders bemerkenswerter Weise, als man sie darum bat, die winzigen Chromosomen von Neurospora zu analysieren (einem roten Schimmelpilz, der Backwaren befällt). Bis dahin hatten die Chromosomen sich allen Identifizierungsversuchen entzogen. Sie machte innerhalb von zwei Monaten unglaubliche Fortschritte, aber für uns ist besonders interessant, welche Schwierigkeiten sie dabei hatte. Nach dreitägiger Arbeit stellte sie fest, dass sie nicht vorankam. Sie fühlte sich völlig verloren und begriff, dass sie irgendwie »mit sich selbst ins Reine«[10] kommen musste, also ging sie spazieren. In einer Allee riesiger Eukalyptusbäume setzte sie sich auf eine Bank und weinte ein wenig, vor allem aber dachte sie »intensiv und unbewusst«[11] nach. Nach einer halben Stunde sprang sie plötzlich auf und wusste, wie sie das Problem lösen konnte, schnell rannte sie in ihr Labor zurück. Wie sie selbst später beschrieb, hatte sie in der Zeit, die sie unter dem Baum saß, eine Veränderung in sich herbeigeführt, die sie klarer sehen ließ. Wo sie vorher nur Unordnung gesehen hatte, konnte sie jetzt leicht die Chromosomen erkennen: »Ich hatte das Gefühl, dass sie größer wurden, je länger ich mit ihnen arbeitete. Plötzlich stand ich nicht mehr außerhalb, sondern befand mich mitten in diesem System; ich war ein Teil der Zelle geworden. Ich konnte sogar die inneren Strukturen der Chromosomen erkennen. (…) Das alles überraschte mich, weil ich wirklich das Gefühl hatte, ich wäre mitten unter ihnen und sie wären meine Freunde.«[12] Wenn sie mental richtig positioniert war, konnte ihr »physisches« Auge viel besser sehen, man könnte auch sagen, dass es zu einem perfekten, ungetrübten Reflektor wurde.

Wissenschaftler sind oft stolz auf ihre Fähigkeit, Subjekt und Objekt voneinander trennen zu können. Je distanzierter man ist, desto wissenschaftlicher denkt man vermeintlich. Für McClintock aber entstanden einige ihrer wichtigen Durchbrüche dadurch, dass sie beides miteinander verband, indem aus dem Objekt das Subjekt wurde. Sie selbst sagte ganz einfach: »Ich bin einfach nicht mehr da.«[13] Das seiner selbst bewusste Ich verschwand einfach, und mit ihm alles, was die Wahrnehmung stören konnte; zwischen Verstand und Pflanze konnte dann eine direkte Kommunikation stattfinden. Das Denken stellte sich gewissermaßen auf die Sprache der Pflanze ein, statt auf seine eigene, konditionierte Sprache zurückzugreifen. Hier zeigt sich also wieder McClintocks starker Drang, den abgetrennten Beobachter auszuschalten – der durch einen Namen, ein Geschlecht und einen Körper definiert war. Selbstvergessenheit sorgte dafür, dass das Denken transparent wurde, dass es die Realität einer Sache reflektieren konnte, wie es eine Kamera tut, die alles dokumentiert, ohne zu filtern. Aus diesem Grund war diese Kunst des »Sehens« für sie das Zentrum ihrer wissenschaftlichen Arbeit und Erfahrung: Wenn man etwas nicht sehen konnte, dann musste der Grund sein, dass man sich selbst im Weg stand.

Organisches Denken besitzt eine Qualität des Zuhörens. Es wird von dem Wunsch getrieben, eine Art intimen Wissens zu erlangen, erst später kommt das logische oder objektive Wissen dazu. Darum betrachtet es nichts als Störung – wie wenn man eine neue Beziehung eingeht und bereit ist, die andere Person ganz und gar kennenzulernen, inklusive ihrer Schwächen. Dieses Denken befasst sich nicht mit Theorien oder Dogmen, weil die den dynamischen Prozess der Beobachtung nur stören. Wenn es etwas lernen will, leiht es seine Augen dem Studienobjekt. Die Erkenntnis entsteht aus der Sache, wächst wie aus ihr heraus, als wäre das eigene Denken Teil und Fortsetzung der Sache. Auge und Denken werden zu einer weiteren Kapazität der Sache, die sie wahrnehmen.

Das hat natürlich sehr wenig mit unserem alltäglichen Denken zu tun. Das Konzept des Denkens an sich erscheint uns eigentlich eher wie das Gegenteil von Nähe, von intimer Nähe ganz zu schweigen. Dies scheint in den Bereich der Gefühle zu gehören, während Denken heißt, dass man etwas von außen ansieht – man beobachtet, untersucht, kategorisiert und interpretiert es. Beim Denken zwingt der Beobachter sich dem Objekt auf: Er hat seine eigene Agenda, er will Ordnung schaffen, eine lebendige Sache als Konzept erstarren lassen, das unter allen Umständen seinen eigenen Definitionen und Verallgemeinerungen gehorcht. Darum kann das distanzierte Denken Abweichungen und Ausnahmen nicht leiden, es will das Gefühl behalten, dass die Dinge unter Kontrolle sind, und hasst es, wenn plötzlich kleine Details auftauchen, die eine allgemeine Regel durcheinanderbringen, die man sich gerade zurechtgelegt hat.

Doch diese besondere Denkart, die McClintock hatte und die ihr eine lange Liste an Erfolgen eingebracht hatte, die viele bewunderten, wurde mit der Zeit zu einem unüberwindlichen Abgrund, der sie über dreißig Jahre lang von der wissenschaftlichen Gesellschaft trennte. Genau diese Fähigkeit, sich mit Ausnahmen zu beschäftigen statt mit allgemeinen Gesetzen, machte sie selbst zu einer Abweichung – ganz wie jene von anderen unbeachteten und eigenartigen Körner auf ihren Maiskolben.

Der Mais spricht

1944 entdeckte McClintock eine bestimmte Tendenz an ihren Maispflanzen, welche die Karten der Genetik neu mischte. Sie fand eine Art stabiles Muster der Instabilität vor. Jeder Keimling, erkannte sie, zeigte eine für ihn charakteristische Mutationsrate, der im ganzen Lebenszyklus dieser Pflanze gleich blieb. Eine Pflanze, die mit einigen wenigen mutierten Zellen anfing, verhielt sich ihr ganzes Leben lang weiter so. Mutationen passierten nicht einfach irgendwie und zufällig, es gab einen konstant bleibenden Faktor, der sie auslöste. Etwas in der Pflanze, wusste

McClintock, kontrollierte den Grad der Mutationen. Wenn man die Mutationen untersuchte, konnten sie zu einer Geschichte der Zelldifferenzierung führen, die keineswegs zufällig war. Daraus folgte, dass Gene von noch einem weiteren unbekannten Element kontrolliert wurden.

Mehr noch, manchmal zeigten bestimmte Abschnitte panaschierten Gewebes ein anderes Ausmaß an Mutationen, als die Pflanze an sich. Wie war das möglich, wenn jeder dieser Abschnitte sich doch aus einer individuellen Zelle entwickelte? Und warum konnten zwei Schwesternzellen Zwillingsabschnitte hervorbringen, die sich aber nach unterschiedlichen Mustern entwickelten? McClintock spürte, dass hier ein Hinweis lag, dem sie folgen musste, und ließ sofort alles andere liegen, um ihm nachzugehen. Es ging ihr nicht aus dem Kopf, »was die eine Zelle verlor und die andere Zelle gewann«.[14] Sie suchte also nach einem bestimmten Punkt im Leben der Pflanze, an dem etwas passierte, das zur Differenzierung zweier Zellen führte und somit erklären konnte, wie aus einem Organismus verschiedene Gewebetypen entstehen konnten. In dieser Nachforschung steckte die entscheidende Frage, wie ein Organismus eine bestimmte Form bekam. Zwei Jahre lang arbeitete sie daran, ohne zu wissen, was das Ergebnis sein würde. Ihr organisches Denken sorgte jedoch dafür, dass sie dabei Spaß hatte, sie überließ es einfach dem Material, sie zu führen – »und es sagt einem bei jedem Schritt, welches der nächste sein muss.«[15]

Diese geduldige Forschung führte schließlich zu ihrem größten Erfolg: Sie entdeckte das Phänomen der Transposition. Transposition geschieht, wenn ein chromosomales Element sich von einer ursprünglichen Position wegbewegt und sich an einer neuen Stelle platziert. Wieder stolperte McClintock über diese Einsicht, weil sie das ungewöhnliche Verhalten bestimmter Pflanzen betrachtete: An einer Pflanze waren Kerne, die eigentlich hätten farblos sein müssen, teilweise klar pigmentiert. Auf geheimnisvolle Weise war der dominante genetische Faktor, der für die

Hemmung der Farbbildung zuständig war, verloren gegangen. Und dieser Verlust schien einer regelmäßigen Frequenz zu folgen, einer Regel. Jetzt konnte McClintock nach dem genetischen Ursprung dieser Regulierung suchen. Das war allerdings nicht so einfach: Sie versuchte, ein Element zu lokalisieren, dessen Existenz sie nur vermutete; selbst wenn es existierte, zeigte es sich nur dadurch, dass andere genetische Faktoren verloren gingen.

McClintock nannte den Faktor, der die Mutation kontrollierte, *Ac*. Dieser Faktor war endlich die Antwort auf die Frage, »was die eine Zelle verlor und die andere gewann«.[16] Das Ac-Element änderte seine Lage auf dem Chromosom. Das schien unglaublich: Man konnte die ursprüngliche Position von Ac ausmachen und es dann woanders wiederfinden. Die Hypothese der Transposition schien Wunder zu wirken: Alles fügte sich damit allmählich in ein relativ einfaches Schema.

Als McClintock 1951 die Transposition vorstellte, war ihr bereits klar, dass ihr Denken anders funktionierte als das ihrer Kollegen. Sie hoffte wohl, dass ihre Erfolge aus der Vergangenheit ihr Glaubwürdigkeit verleihen würden. Das jedoch passierte nicht: Man begegnete ihrem Vortrag erst mit steinernem Schweigen, dann Murmeln, einige kicherten, dann kamen die Vorwürfe. Sie erklärte sich wieder und wieder, aber erfolglos. Es wurde sogar noch schlimmer: Man machte sich über sie lustig, erklärte, dass sie verrückt sei, und lud sie nicht mehr zu Vorträgen ein. Wie konnte es sein, dass ein gut ausgearbeitetes Modell mit starker Beweisgrundlage so einfach zurückgewiesen wurde? Die Antwort darauf ist ein weiterer Hinweis auf McClintocks Denken.

Der erste Grund ist offensichtlich: McClintock versuchte ein System zu beschreiben, mit dem sie seit sechs Jahren lebte und arbeitete, anhand einer Pflanze, mit der sie bereits seit dreißig Jahren arbeitete, und zwar unter den besonderen Umständen der Isolation. Sie kannte den Mais aus nächster Nähe, mehr als irgendjemand anders im Publikum. Ein Biologe, der nicht wie sie wieder und wieder und auf unmittelbare Weise mit dem Mais

›kommuniziert‹ hatte, hatte keine Chance, ihrer Vision zu folgen. Schlimmer noch, die Sprache, mit der sie sich ausdrückte, wirkte teilweise, als gäbe es für ihre Thesen keine rationale Grundlage, als hätte sie die Zelle von innen in einer Art Panoramablick gesehen. Als hätte ihr Sehen eine zusätzliche Dimension besessen, dank derer sie wahrnehmen konnte, was den Chromosomen im Laufe ihrer Entwicklung passierte.

Es gab jedoch noch einen ernsteren Faktor, der beeinflusste, wie man sie wahrnahm. Ein entscheidender Paradigmenwechsel fand gerade statt: Die Biologie bewegte sich weg von der beobachtenden und experimentellen Wissenschaft und hin zu einer ganz neuen Ära der Molekülmechanik. Den lebendigen Organismus ersetzten die winzigsten physisch-chemischen Teilchen. Altvordere wie McClintock, die immer noch der Komplexität und dem Rätsel des Lebens an sich hinterherspüren wollten, hatten Platz zu machen.

Der Erfolg der Molekularbiologie schuf die Vision einer Ordnung. Es gab in dieser Vision, in der einfache Modelle Priorität hatten, mit denen man die ganze Komplexität des Lebens erklären wollte, wenig Raum für Phänomene wie Transposition. Diese störten nur. Man strebte nach simplen Modellen, bei denen es keine Ausnahmen gab, und tatsächlich schien es eine Zeit lang so, als wäre das Leben im Prinzip erklärt und es seien nur noch wenige grundlegende Fragen offen. 1944 wurde eine Abhandlung veröffentlicht, die zeigte, dass die DNA die materielle Grundlage der Vererbung war. Ein wenig war es wie die Zeit, in der das Modell des perfekt mechanistisch funktionierenden Newton'schen Universums aufkam, das seinen Anhängern im Prinzip alles bis auf ein paar Details zu erklären schien. Man hatte eine allumfassende Erklärung: Sie sollte für kleinste und einfachste Organismen ebenso gültig sein wie für komplexere Formen. Aber wie es mit der Wissenschaft so ist: Die Wissenschaftler freuten sich zu früh darüber, dass ihr Forschungsgebiet erschöpfend verstanden worden war. Es zeigten sich immer mehr beunruhigende und unpassende Beobachtungen, die das einfache Modell zusehends verkomplizierten.

McClintocks Arbeit spielte sich parallel zu dieser spannenden neuen Entwicklung ab. Ihre Biologie gehörte zu einer anderen Welt, und ihre Entdeckung, die klar auf einen Fehler in den simplifizierten Modellen ihrer Zeitgenossen hindeutete, war ihrer Zeit voraus. Das herrschende Dogma besagte, dass Informationen aus der DNA stammten und dass sie sich nicht veränderten. Mit anderen Worten: Die DNA schickte den Zellen Anweisungen und steuerte so die Entwicklung des ganzen Organismus. Sie veränderte sich nicht. Niemand war bereit zu akzeptieren, dass die DNA einer Zelle sich unter bestimmten Bedingungen neu ordnen konnte. Allein die Idee war unangenehm: Sie würde bedeuten, dass Gene noch von anderen Faktoren abhängig waren und dass Informationen auch zu ihnen zurückflißen konnten. Die Biologen hofften dagegen auf eine statische, leichter zu verstehende DNA. McClintocks Arbeit dagegen zeigte ein lebhaftes und unberechenbares System auf: Nicht nur die DNA wirkte auf die Zelle ein, Elemente der Zelle konnten auch die DNA beeinflussen. Die Gene lagen nicht einfach ruhig und unverrückbar da, sondern konnten sich spontan von einer Seite zur nächsten bewegen, sogar von einem Chromosom zum nächsten, und dabei ständig neue Impulse mitbringen und die genetische Ordnung neu strukturieren. Hier wird wieder deutlich, wie McClintocks organisches Denken es schaffte, die Fehler in einem theoretischen Modell zu erkennen, indem sie den wildesten Abweichungen des Materials folgte.

Auch als im Laufe des 20. Jahrhunderts die Vorstellung von Genen als feste Einheiten, die entlang der Chromosomen wie Perlen auf einer Schnur aufgereiht waren, allmählich bröckelte, wurde McClintocks Transposition weiter abgelehnt. Warum? McClintock glaubte, dass es an den Biologen lag, die sich weiter an ihrem Dogma festhielten, das kein Gefühl für den lebendigen Organismus zuließ, weswegen sie auf den Antworten bestanden, die sie haben wollten. »Organismen können ganz verschiedene

Dinge tun«, meinte dagegen McClintock, »fantastische Dinge. Sie bewältigen alles, was auch wir tun können, jedoch noch viel besser, effizienter und wunderbarer. (...) Letztlich wird man jeden nur denkbaren Mechanismus irgendwann auch finden – selbst wenn der Gedanke daran noch so bizarr erscheint. (...) Wenn eine Probe oder ein anderes Untersuchungsmaterial uns den Eindruck vermittelt, etwas könnte sich so oder so verhalten, dann sollten wir diese Möglichkeit einräumen und die Ergebnisse nicht als Ausnahme, Abweichung oder Verunreinigung abtun.«[17]

Wenn man genau hinsah, wusste McClintock, verriet der Organismus nicht nur einen, sondern viele Mechanismen, die er entwickelte, um Gene zu regulieren – Mechanismen, dank derer Zellen genau das produzierten, was gebraucht wurde, und noch dazu zum richtigen Zeitpunkt. Andere Biologen, dachte McClintock, erlaubten den Ergebnissen ihrer Experimente einfach nicht, für sich selbst zu sprechen. Sie wussten, was sie von ihren Materialien hören wollten, und wenn sie andere oder zusätzliche Informationen bekamen, konnte ihr distanziertes Denken nichts damit anfangen. Es gab eine stillschweigende Befolgung vorhandener Dogmen, die sie davon abhielt, Daten mit einem frischen Blick zu betrachten. Diese impliziten Annahmen schufen unbewusste Schranken zwischen dem, was denkbar war, und dem, was es nicht war. Unvertrautes wurde zunehmend undenkbar, man vergaß, dass Theorien und Modelle kommen und gehen.

McClintocks eigene Arbeit lehrte sie wieder und wieder, dass der genetische Apparat variabler und flexibler war, als es das allgemein gültige Dogma erlaubte. Als sie eine chromosomale Abweichung bei dem Darmbakterium E. Coli untersuchten, bemerkten sie eine kleine Gruppe DNA-Abschnitte, die aus einem anderen Bereich des Bakterienchromosoms gleichsam umgesiedelt worden war. Es wurde deutlich, dass diese Abschnitte Gene faktisch an- und abschalten konnten. Bald danach fand man ein noch dramatischeres Beispiel für Gen-Mobilität bei Salmonellen, in denen sich Gene nach Lust und Laune schienen bewegen zu können.

Obwohl genau das Wissenschaftlern wenige Jahre vorher noch kaum denkbar vorgekommen wäre, schien es nun ganz logisch, dass Bakterien einen solchen Mechanismus entwickeln würden, der ihre Anpassungsfähigkeit stark erhöhte. Man war über diese beweglichen genetischen Elemente höchst aufgeregt, man taufte sie »springende Gene«, und natürlich stellte sich sofort eine Frage: Kam Transposition etwa auch bei höheren Organismen vor?

Das war der Moment, in dem McClintocks Arbeit, die vorher zur Seite gedrängt worden war und über die man sich lustig gemacht hatte, rehabilitiert wurde: Was sie beim Mais entdeckt hatte – den Beweis, dass es kontrollierende Elemente gab, die sogar zeitlich genau regulieren konnten, wie ein Gen funktionierte –, erwies sich nicht als abnormales Verhalten, sondern als Teil eines normalen Entwicklungsprozesses. Das Abnormale war der Schlüssel, der zum Verständnis einer höheren Ordnung führen konnte: Genetische Mobilität war einfach nur eine weitere Form evolutionärer Anpassungsfähigkeit. In der Tat ist Transposition mittlerweile auch bei Säugetieren beobachtet worden. Nur was sie für die genetische Organisation, für ihre Entwicklung und Evolution bedeutet – ob sie, wie McClintock meinte, bedeutet, dass genetische Veränderungen nie zufällig passieren, sondern als Reaktion des Organismus auf Druck aus der Umwelt –, ist weiter umstritten. Klar ist, dass McClintock einen festen Platz in der Geschichte der modernen Biologie hat, seit sie 1983 den Nobelpreis für Medizin bekam. Transposition, einst nur ein bizarrer Gedanke, der einer einzigen Wissenschaftlerin kam, ist jetzt ein wichtiges Element der aufkommenden neuen Biologie der Entwicklung und Evolution.

Warum wir gern schnelle Urteile fällen

Man könnte sagen, dass wir alle Theoretiker sind, auch wenn wir uns selbst als bodenständige Menschen bezeichnen würden. Ein Theoretiker betrachtet ein Phänomen mit einem Blick, der Verallgemeinerungen beinhaltet, feste Kategorien, klare Bewertungen und Modelle. Wenn ein Theoretiker einer Abweichung begegnet, die seiner Theorie widersprechen könnte, ordnet er die neuen Informationen in die vorhandene Theorie ein, nicht umgekehrt. Jede zusätzliche Information, die perfekt in die bereits vorhandene Theorie hineinpasst, ist wiederum herzlich willkommen. Mal ehrlich: Verhalten wir uns so nicht alle die ganze Zeit?

Schauen Sie selbst: Wenn Sie neue Informationen bekommen, die ihrer festen Denkweise widersprechen könnten, betrachtet der Verstand das als Störung. Wenn eine Verallgemeinerung bedroht wird, ist dies für das automatische Denken extrem ungemütlich. Was sollen wir denn auch mit diesem neuen Blickwinkel anfangen – sollen wir nun etwa unsere ganze Weltsicht umsortieren, die wir im Laufe der Jahre so schön perfektioniert und mit Erfahrungen und Wissen angereichert haben? Genau darum stellen wir unbewusst sicher, dass unsere Urteile und unser Blick auf die Welt nicht gestört werden: Jede neue Information wird kunstvoll umgemodelt, damit sie die bestehende Theorie bestätigt. Oder aber man weist sie einfach von sich, bezeichnet sie als unzuverlässig, unhaltbar oder unbewiesen.

Es ist einfach unüblich, wohldefinierte Meinungen, Lebensstile und Gewohnheiten von irgendwelchen neuen Details umwerfen zu lassen, die in unser Leben eindringen. Der Plan ist, die Einschätzungen beizubehalten, die für uns zu funktionieren scheinen. Wenn man etwa offen dafür ist, durch eine interessante Geschichte eines Individuums einen anderen Blick auf ein Land zu gewinnen, das man vorher als feindlich kategorisiert hat, kann das die eigene politische Einschätzung unterhöhlen und eine Neubewertung erzwingen. Wenn man mit einer frischen und überzeugenden Perspektive konfrontiert wird, die der eigenen völlig widerspricht, ja sogar einen anderen Lebensstil verlangen würde, kann das verwirrend sein. Derartige Situationen können Zweifel an unserer Vorstellung der Wirklichkeit wecken. Sie vermitteln die Botschaft, dass das Modell, nach dem wir leben, starr und unvollständig ist. In diesen kritischen Momenten hat man die Tendenz, die subjektive Wahrheit den Fakten vorzuziehen. Der Verstand akzeptiert Fakten nur dann, wenn sie zu dieser Wahrheit passen.

Störungen durch neue Informationen sind die größten Feinde unserer Verallgemeinerungen. Ein gut belegter kognitiver Fehler wirft Licht auf die Gewohnheit des Verstandes, vorschnelle Schlüsse zu ziehen: »Hasty Generalization« oder »Faulty Generalization«. »Hasty Generalizations« passieren immer dann, wenn man anhand begrenzter Erfahrungen eine Theorie oder ein Modell entwickelt. Man zieht dann Schlüsse, die nicht alle Variablen berücksichtigen, aber den Anspruch erheben, ein Phänomen in seiner Gesamtheit zu beschreiben. Die Versuchung dafür ist groß, ein gutes Beispiel sind Statistiken, die anhand einer kleinen Testgruppe erstellt wurden: Der Forscher kann den Wunsch haben, daraus umfassende Schlüsse über die gesamte Bevölkerung zu ziehen. Auf einer eher persönlichen Ebene kann es passieren, dass man, wenn man in den Nachrichten von Korruptionsfällen in der Politik liest, den allgemeinen Schluss zieht, dass Politiker grundsätzlich korrupt oder nicht vertrauenswürdig sind. Oder aber man macht wiederholt schlechte Erfahrungen mit Freunden und schließt daraus, dass es keine wahre Freundschaft gibt. Und wenn man einer einzigen faulen Person begegnet, die von Arbeitslosenhilfe profitiert, weitet man sein Urteil womöglich auf alle sozialen Leistungsempfänger aus. Man nennt diese Tendenz auch »Fallacy of the lonely Fact« – Trugschluss anhand einzelner Fakten. »Faulty Generalizations« können zu weiteren falschen Schlüssen führen. Ignoranten oder Rassisten ziehen vielleicht sogar fatalerweise den Schluss, dass Bewohner bestimmter Länder genetisch minderwertig seien oder dass Arme grundsätzlich schuld an ihrer eigenen Armut seien. Dabei müssen natürlich alle Informationen, die einen einmal gefassten allgemeinen Schluss gefährden könnten, absichtlich ignoriert werden.

Verallgemeinerungen beeindrucken uns, da sie sicher wirken.

Besondere und individuelle Fälle taugen nicht dazu, sich schnell eine Meinung zu bilden, sie erfordern deutlich mehr geistige Anstrengung und Aufmerksamkeit. Da wir dafür weder Zeit noch Energie haben, bilden wir unsere Urteile schnell, und jede Meinung – sei es eine politische Sicht oder ein Urteil darüber, wie ein anderer Mensch handelt – ist in gewisser Weise eine »Hasty Generalization«. Eine Meinung bilden bedeutet, zahllose störende Details ignorieren zu müssen, damit man ein festes Urteil fällen kann. Darum sind Meinungen niemals »nett«, in ihnen steckt eine potenzielle Ablehnung aller neuen Informationen, die sie gefährden könnten. Man will sich nicht mit vielen kleinen und komplexen Einzelheiten beschäftigen. Wir wollen denken, dass wir wissen, wie Dinge zu sein haben. Vergegenwärtigen Sie sich nur einmal die Art und Weise, in der Sie im Alltag manches einfach beiseiteschieben, weil Sie nicht die Kraft oder nicht das Interesse haben, noch einmal von vorn nachzudenken. Gibt es irgendetwas, das anstrengender wäre, als Zweifel und Bedenken?

Der Idealfall sähe anders aus: Kleine, störende Details, die plötzlich ins Bild kommen, nachdem wir bereits unsere Schlüsse gezogen haben, könnten als willkommene Möglichkeit gesehen werden, klüger zu werden. Je mehr Einzelheiten man bedenkt, desto vollständiger wird das Bild und desto besser kann sich ein Urteil auf eine wirklich umfassende Offenheit stützen. Das allerdings würde eine radikale Veränderung in unserer Denkart bedeuten: Besondere Fälle könnten dann nicht mehr sofort als Teil eines allgemeinen, bereits bekannten Gesetzes klassifiziert werden – man müsste sie sich genau ansehen und überlegen, wie sie die vorhandenen Gesetze verändern. Das kann in einer Zeit, in der statistisches Denken dominiert, oftmals nicht einfach sein: Von vielen Menschen wird beispielsweise jeder Homosexuelle als Repräsentant aller Menschen mit dieser sexuellen Orientierung gesehen; jede alleinerziehende Mutter ist beispielhaft für die Probleme der Alleinerziehenden. Aber genauso, wie ein einzelner Fels Auskunft über die gesamte Geschichte des Universums geben kann oder eine einzige Psyche reicht, um grundlegende Geheimnisse des menschlichen Unterbewusstseins aufzuzeigen, wäre diese neue Denkweise ein Weg, um auf eine mikroskopische Ebene herabzusteigen, in der ganz neue Dinge deutlich werden.

Statistisches Denken macht einen großen Teil distanzierten Denkens aus. Obwohl es natürlich nützlich ist, steckt in ihm die Gefahr, dass man durch die Distanz nicht mehr die tatsächlichen und konkreten Einzelfälle sieht. Ein Beispiel dafür wäre eine Regierung, die sich mit einem tollen Wirtschaftswachstum rühmt, während aber viele Bürger kämpfen müssen, um ihre Miete bezahlen zu können. Schauen wir uns also die Zahlen an, oder das, was die Menschen tatsächlich erleben?

Unsere Gehirne erhalten ein stetig intensiviertes Training darin, alles mit einem Blick zu betrachten, der von Statistiken und Voraussagen eingefärbt ist. Die Wirklichkeit lässt sich aber natürlich nicht in Zahlen ausdrücken. Das echte Leben ist vielschichtiger und besteht aus viel mehr individuellen Faktoren, als eine Statistik jemals berücksichtigen könnte. Obwohl wir also definitiv verallgemeinernde Modelle brauchen, um mit der Wirklichkeit zurechtzukommen, sollten wir uns von diesen Modellen nicht zu sehr beschränken und einfangen lassen, weil die Perspektive auf das Leben dadurch einseitig wird, eingefriert, theoretisch wird. Wenn man Daten aus der tatsächlichen Realität in Statistiken einpassen will, passiert eine Abgrenzung. McClintocks Denkart könnte uns lehren, dass eine statistische Abweichung mindestens genauso viel Erkenntnisgewinn bringen kann wie statistische Genauigkeit.

Die mentale Gewohnheit zur stetigen Verallgemeinerung hält uns in vieler Hinsicht davon ab, die Welt so zu sehen, wie sie wirklich ist – ein unfassbar komplexes, lebendiges Phänomen. Unsere normale Denkart sieht die Welt wie ein eindeutiges, unbewegliches Bild. Infolgedessen sehen wir, wenn wir ein bestimmtes Phänomen betrachten, vor allem unsere eigenen Vorstellungen darin reflektiert. Wenn Sie mit dieser Erkenntnis spielen wollen, denken Sie an einen Ihrer persönlichen Allgemeinplätze und dann an einen Sonderfall, der diese Verallgemeinerung ungültig machen oder zumindest erschüttern würde – ein typisches Beispiel wäre die Vorstellung, dass Philosophen weltfremd und dem »echten« Leben fern sind. Ein individuelles Gegenbeispiel wäre Hannah Arendt, die sich mit extrem relevanten, politischen Fragen ihrer Zeit auseinandergesetzt hat und damit einflussreich war.

Eine weitere Übung kann darin bestehen, immer dann akut aufmerksam zu werden, wenn eine Störung auftaucht – jede Abweichung im tatsächlichen Leben, die den Lauf der Dinge, wie sie sein sollten, unterbricht. Eine plötzliche Krankheit wäre ein gutes Beispiel. Wenn Sie merken, dass Sie der automatischen mentalen Gewohnheit verfallen, diesen anderen körperlichen Zustand ausschließlich als störend zu empfinden, fragen Sie sich: Was fehlt in meiner Perspektive, sodass ich diese Situation als Störung sehe? Vielleicht entgeht Ihnen ein entscheidender Punkt, wenn Sie ungeduldig darauf warten, dass die Krankheit endlich weggeht und der Alltag wieder normal wird. Vielleicht ist die Krankheit ein eigentlich wichtiger Hinweis darauf, dass Sie sich Ihren Lebensstil genauer ansehen sollten.

Sie können auch versuchen, ein bestimmtes Phänomen eine Weile zu beobachten, ohne sich die sofortige Befriedigung zu gönnen, eine schnelle Meinung zu bilden. Stattdessen betrachten Sie die Sache erst einmal wirklich von allen Seiten. Sie werden dann vielleicht feststellen, dass Sie sich erst mal gar keine Meinung bilden können, und sehen die Realität einfach so, wie sie ist. Wenn man seine Meinungsbildung verschiebt, entsteht die Möglichkeit, unvorhersehbare und unerwartete Aspekte zu sehen. Statt dass man nur das sieht, was man sehen will – bereits bekannte Modelle der Wirklichkeit –, tritt man aus dem Spiegelsaal aus, in dem man immer nur wieder die eigene Reflektion sieht, und lernt, eine *andere* Sache geistig reflektieren zu können. Man kann es sich vorstellen wie eine Kamera, die man vor einer Sache aufhängt. Sie gibt kein eigenes Geräusch von sich und stört nicht.

Man kann so lernen, die eigenen Vorlieben und versteckten Annahmen zu beobachten, die unbewusst definieren, was wir sehen können und was wir nicht sehen wollen. Das Ergebnis mag nicht perfekt sein, da man immer in einem gewissen Maße selektiv sieht, aber die eigene Perspektive kann durch eine solche Übung signifikant erweitert werden.

Pflanzen sind nicht aus Plastik

McClintocks besondere wissenschaftliche Herangehensweise, ihr »ungetrübtes Sehen«, ist interessant im Kontext des »Beobachtereffekts« in der Physik. Dieser Begriff beschreibt die Tatsache, dass der reine Akt der Beobachtung das Objekt der Betrachtung verändert. Dies passt zu McClintocks intuitiver Einsicht, dass man umso weniger sieht, je mehr man selbst als Beobachter vorhanden ist. Statt die Tatsachen wie ein fleckenloser Spiegel zu reflektieren, verzerrt der Beobachter das Bild. Mit anderen Worten: Man kann die Gesetze der Natur kaum offenlegen, wenn man sich selbst mit seinen eigenen Gesetzen einmischt.

Um den Beobachter aus dem Bild zu nehmen, erklärte McClintock, musste man sich alle Zeit der Welt nehmen, um geduldig auf das zu hören »was das Material dir zu sagen hat«, und offen sein, damit »es auf dich zukommen kann«[18]. McClintock arbeitete mit einem Organismus, der von Natur aus langsam war – sie konnte nicht mehr als zwei Maisernten im Jahr einbringen. Trotzdem war ihr sogar das zu schnell. Wenn sie wirklich alles analysieren wollte, was es zu sehen gab, war eine Ernte mehr als ausreichend.

Ein Organismus, sagte sie, sei nicht einfach nur ein Stück Plastik. Ein Organismus funktionierte und kommunizierte als Einheit, deshalb konnte man ihn nicht ganz erfassen, wenn man ihn auseinandernahm und einen Teil analysierte. Wenn man ihn in seiner Gesamtheit verstehen wollte, musste man selbst wie durchsichtig werden. Nur so, meinte McClintock, könnte man überraschende Erkenntnisse gewinnen.

McClintocks Denken war einfach viel zugänglicher als das der meisten Menschen. Deshalb vergaß sie nie, dass Pflanzen lebendige Wesen sind, während die meisten von uns sie als etwas sehen, das eben einfach da ist und nichts Besonderes macht. Sie bemerkte ihre Empfindsamkeiten, ihre Reaktionen auf Berührung, all die unzähligen Signale, die einem beiläufigen Blick entgehen. »Wenn man an einem warmen Sommertag die Straße hinuntergeht«, erzählte sie einmal, »kann man sehen, wie sich die Tulpenblätter so drehen, dass ihre Blattoberflächen der Sonne zugewandt sind (…) Tatsächlich können sie sich in ihrem begrenzten Lebensraum erstaunlich viel bewegen.«[19]

Wissenschaftliches, auf Präzision fixiertes Denken, war ihrer Meinung nach unempfänglich für die Lebendigkeit, die für ein umfassendes Verständnis des Lebens so wichtig war. Für sie waren ihre Studienobjekte eigenständige Subjekte. Das Wort »Organismus« war wie ein Code – es war nicht nur eine Pflanze oder ein Tier, sondern der Name einer *Lebens*form. Und tatsächlich schien unter McClintocks Herangehensweise das Gefühl gelegen zu haben, dass in der Natur eine grundlegende Einheit herrschte. »Man kann unmöglich eine Trennungslinie zwischen zwei Dingen ziehen. Normalerweise nehmen wir zwar scheinbar solche Unterteilungen vor, doch sind diese Trennlinien nicht real.«[20]

Während allgemein angenommen wird, dass die Wissenschaft uns einer endgültigen »Wahrheit« immer näher bringt, glaubte McClintock, dass rein wissenschaftliche Ansätze kein »echtes Verstehen« bringen konnten. Da die Wissenschaft beispielsweise keinen Platz für McClintocks Gefühl grundlegender Einheit vorsieht, serviert sie uns die Natur gewissermaßen in Stücken. Entsprechend kann sie Lösungen für bestimmte Aspekte von Problemen bringen, aber sie nie ganz und gar lösen.

Vielleicht wäre es gut, wenn wir die Langsamkeit der Beobachtung als einen Teil der Urteilsbildung annehmen würden. Statt des weitverbreiteten kognitiven Fehlers, der zu voreiligen Schlüssen führt, könnte man auf diese schnelle Befriedigung verzichten und sich ein reiferes Urteil bilden. Wenn Sie langsamer denken, sich also die Zeit nehmen, alle Teile eines Problems allmählich auftauchen zu lassen, und Sie auch mal eine Zeit lang geduldig mit einer unbeantworteten Frage im Kopf leben, könnte es passieren, dass das Problem letztlich selbst seine eigene Lösung produziert.

Sigmund Freud

Der Ausgräber
oder
Das Geheimnis des verbrannten Puddings

Ob es uns bewusst ist oder nicht – wir alle sprechen ›Freudianisch‹. Ganz selbstverständlich gebrauchen wir Begriffe wie Verdrängung oder Projektion, Neurose oder Geschwisterrivalität. Wenn ein Historiker sagt, wir befinden uns im »Zeitalter des Narzissmus«, braucht er nicht erklären, was damit gemeint ist. Auch die Popkultur liebt diese Sprache: Man kann kaum eine Fernsehsendung, eine Sitcom oder eine Dokumentation schauen, ohne auf einen Freud'schen Begriff zu stoßen. Auf der professionellen Ebene ist Sigmund Freud, wie die Psychologieprofessorin Susan Krauss Whitbourne schreibt, für das Feld der Psychologie das, was Newton für die Physik ist. Seine Ideen über das Unterbewusstsein bilden das Fundament späterer Theorien, die auf seinen Prinzipien aufbauen. Obwohl also niemand leugnen kann, dass seine Ideen die Art, wie wir uns selbst sehen, stark beeinflusst haben, und obwohl er zweifellos der berühmteste Psychologe der Weltgeschichte ist, scheint unsere Kultur seiner Person noch immer mit einiger Ambivalenz zu begegnen – auch das ist wieder einer *seiner* Begriffe.

Freud ist heute noch so umstritten, wie er es vor hundert Jahren war. Man hat ihn ein Genie genannt, einen der wichtigsten Gestalter des Geists der Moderne. Böse Zungen bezeichnen ihn aber auch als fehlgeleiteten Psychologen, als Diktator, Lügner, und Betrüger gar – mit einem Wort: als Scharlatan. Charles

Darwin, eine andere prägende Gestalt des 20. Jahrhunderts, hat nicht nur relativ schnell eine enthusiastische Leserschaft für sein Werk *Über die Entstehung der Arten* bekommen, man stellt ihn heutzutage auch nicht mehr fundamental infrage – obwohl er sehr provozierende Ideen über die Ursprünge der Menschheit verkündet hat. Für Freud war die Lage nie so einfach: Seine subversiven, verstörenden und unkonventionellen Theorien über die Natur des Menschen trafen von Anfang an auf Entsetzen. Bezeichnenderweise rief Professor Wilhelm Weygandt 1910 beim Hamburger Kongress deutscher Neurologen und Psychiater, dass Freuds Theorien nicht auf eine wissenschaftliche Versammlung gehörten, sondern eine Sache der Polizei sein sollten.

Die Parteien, die sich über Freuds Vermächtnis streiten, liegen so weit auseinander, dass man sich eine Einigung kaum jemals vorstellen kann. Auch die Forschung hält verwirrende Schlüsse bereit. So erklärten Seymour Fisher und Roger Greenberg zum Beispiel 1977 und 1996, dass einige Konzepte Freuds, inklusive des berühmten Ödipus-Komplex, durch empirische Beweise gestützt werden. Daniel Kahneman hat gezeigt, dass Freuds Erkenntnisse über die Rolle von Symbolen und Metaphern bei unbewussten Assoziationen durch Experimente bestätigt werden konnten. Andere behaupten dagegen, dass Freuds Ideen die Psychologie und Psychiatrie um fünfzig Jahre oder mehr zurückgeworfen hätten. Und während der Neurowissenschaftler und Nobelpreisträger Eric Kandel erklärte, dass die Psychoanalyse noch immer die schlüssigste und intellektuell befriedigendste Sicht auf die Psyche darstelle, haben viele andere kritisch bemerkt, dass sie überhaupt keine Wissenschaft sei, bestenfalls eine Kunstform, im schlimmsten Fall Hochstapelei. Wie man so schön sagt: Das endgültige Urteil steht also noch aus.

Aber wie kommt es, dass diese Auseinandersetzung derart emotional gefärbt ist? Kann es sein, dass hinter den heftigen Vorwürfen tiefere Widerstände lauern? Es stimmt, Freud war beileibe nicht fehlerlos, sowohl was seine Theorie, als auch was seine Persönlichkeit betrifft. Aber das könnte man auch über fast jedes andere Genie in der Geschichte sagen. Kann es sein, dass es dafür eine unbewusste – oder gar, man wagt es kaum zu sagen, psychoanalytische – Begründung gibt, die Freud darauf festgelegt hat, der ewig berühmte, doch ebenso kontroverse Entdecker der inneren Welt des Menschen zu sein?

Nur wenige wissen, dass dieser äußerst unkonventionelle Forscher, der sich in das verbotene Reich der Sexualität vorgewagt hat, bei jedem Schritt auf diesem Weg mit sich gekämpft hat. Was er über die Libido zu sagen hatte, war für ihn kaum weniger skandalös als für die meisten seiner Leser, schließlich war er ein durchaus bürgerlicher Typ. Aber er sah es als sein Schicksal an, »am Schlaf der Welt zu rühren«[1]. Seine Psychoanalyse war der Erzfeind aller Verheimlichung, Heuchelei und der höflichen Ausflüchte einer bürgerlichen Gesellschaft. Ist es also ein Wunder, dass viele sich aufgebracht gegen diese Botschaft zur Wehr gesetzt haben?

Das erschreckende Bild der menschlichen Psyche, das wir in Freuds gnadenlosem Spiegel sehen, könnte der Grund dafür sein, dass Freud immer noch mit einer Mischung aus Anerkennung und Ablehnung rezipiert wird. Fast ist es, als würde unsere Kultur sich dafür rächen, dass ihr Selbstbild zerstört wurde, dass der zivilisierte Mensch sich nicht mehr als rundum geistig gesund, rational, kontrolliert und moralisch edel sehen kann. Freud sah keinen essenziellen Unterschied zwischen sogenannten Gesunden und Neurotikern, allein die Intensität der Neurose war bei jedem Menschen eine andere. Er riss die hohen Wälle nieder, die den ›normalen‹ vom ›gestörten‹ Menschen trennten, und legte all jene psychischen Störungen bloß, die ein normaler Mensch versteckt. Er machte uns alle zu psychologisch durchdringbaren Wesen, die geheime Welten besaßen, so geheim sogar, dass wir sie vor uns selbst versteckten. Wir wurden zu Täuschern und Heimlichtuern – und verrieten uns doch in jedem Traum, jedem Versprecher, jedem flüchtigen Gedanken, den wir gerne beiseiteschieben würden.

Mehr noch, Freud stellte den Menschen als irrationales Wesen bloß, der von unterschwelligen Trieben bestimmt wird, die er selbst nicht kennt, der nur auf der Oberfläche den Eindruck macht, als wären seine Entscheidungen kühl durchdacht. Plötzlich gab es kein kontrollierendes Selbst mehr, Freud zeigte dunkle und seltsame Welten auf, die der Mensch nicht beherrschen konnte, die ihn aber unbewusst durchs Leben manövrierten. Freud hatte sich explizit das Ziel gesetzt, auf »nüchterne Art mit dem Dämon zu kämpfen« – mit dem Dämon der Irrationalität.[2] Diese »nüchterne Art« war gnadenlos gut darin, verborgene Kräfte zu erforschen. Und man kann leicht den schockierenden Effekt verstehen, den Freud damit erzeugt hat, dass er den Mythos sexuell unschuldiger Kinder zerschlug, oder das Entsetzen darüber, dass ein gesundes Kind den Tod des Vaters wünschen konnte; auch dass Frauen sich dagegen wehrten, dass sie von »Penisneid« besessen sein sollten, ist mehr als verständlich. Und natürlich findet damals wie heute unser kultivierter Verstand die Vorstellung unerträglich, dass wir erotische Empfindungen für unsere Mütter und Väter hegen sollen. Stoisch behauptete Freud, dass Kinder wie Erwachsene, normale und geistesgestörte, von Geburt an grundsätzlich pervers und unbewusst auch mörderisch veranlagt waren. Freud hat sich also mit uns persönlich angelegt, unsere Psyche war sein Versuchskaninchen, das er genauestens mit seinem »Seelenmikroskop« prüfte. Er hat unsere schwersten Verteidigungswälle eingerissen, und das werden viele ihm niemals verzeihen.

Für Sigmund Freud musste jeder normale Mensch mit einer inneren Spaltung leben, denn das war der Preis, den wir dafür bezahlen müssen, in einer zivilisierten Gesellschaft zu leben. Die Zivilisation hat unsere seelische Welt in dem Moment, in dem sie einige unserer Wünsche als falsch und verboten deklariert hat, in verschiedene Teile zerschnitten. Also hat die Kultur das Unterbewusstsein erfunden. Plötzlich musste der Mensch einen großen Teil seiner Triebe in dunkle Keller sperren, die er selbst nicht mehr sehen wollte, da er zu sein versuchte, was die Kultur von ihm verlangte. Das war der Moment der Verdrängung. Es war der Wendepunkt, an dem viele Wünsche sich unter die Oberfläche verziehen mussten. Seither, meinte Freud, sind wir zur inneren Spaltung verdammt: Wir können nicht ohne die Grenzen leben, welche die Kultur uns setzt, gleichzeitig aber sind wir so nie wirklich frei.

Als Folge dieser Entwicklung mussten Menschen lernen, sich bestimmte Leidenschaften und Wünsche zu versagen, egal, wie dringlich sie waren – der sozialen Harmonie wegen oder einfach nur, um ein respektabler Bürger zu bleiben. Aus Angst vor ungezügeltem Verhalten musste die Welt grundlegende menschliche Impulse als unanständig und unmoralisch brandmarken. Kein Mann sollte sich von seiner Mutter oder Tochter sexuell angezogen fühlen, kein Mädchen sollte sich den Tod der Mutter wünschen. Doch tief in unserem Innern, meinte Freud, dauern diese Wünsche fort, sie sind unzerstörbar. Wenn man sie dementiert, führt das zu mentalen emotionalen und körperlichen Störungen: Erotische Erregung wird zu Angst, unerwünschte Bedürfnisse äußern sich als ›Symptome‹. Die Verdrängung mag schmerzhaft sein, aber diese Geheimnisse auszugraben war mindestens ebenso unangenehm. So ist Freud als derjenige, der in unsere geheimsten Gedanken eingedrungen ist, ein ungeliebter Held geworden.

Ein Ausgräber verschütteter Städte

Die Freudianische Revolution hat mit einem aufmerksamen und überraschten Zuhörer angefangen. Der Arzt Josef Breuer, Freuds Mentor und Kollege, war der Erste, der die außerordentliche Erkenntnis hatte, dass Zuhören eine therapeutische Wirkung bei seinen Patienten entfalten konnte. Das begriff er dank der jungen Bertha Pappenheim. Diese Patientin, die Breuer später unter dem Pseudonym Anna O. unsterblich machte, markiert den Anfangspunkt der Psychoanalyse – mehr noch, sie ist der Anfangspunkt einer echten Revolution in der Art, wie psychische Erkrankungen behandelt wurden. Nachdem ihr Vater schwer krank geworden und schließlich verstorben war, hatte Pappenheim eigenartige Symptome entwickelt, die schließlich in der Ausprägung zweier extrem unterschiedlicher Persönlichkeiten gipfelte, von denen eine extrem ungezügelt war.

Ohne je diese Absicht gehabt zu haben, fingen Breuer und seine hochintelligente Patientin mit einer Prozedur an, die Pappenheim später ihre »Sprechkur« nannte. Es zeigte sich, dass Reden eine kathartische Wirkung auf sie hatte, dass es wichtige Erinnerungen und starke Empfindungen an die Oberfläche brachte, an die ihr normales Selbst sich nicht erinnern oder die es nicht aussprechen konnte. Außerdem stellte sich heraus, dass hinter ihren Symptomen die Überreste von Empfindungen und Impulsen steckten, die sie hatte unterdrücken müssen. Gemeinsam konnten der Arzt und die junge Frau zum ersten Mal das verworrene Netz irrationaler und schwer greifbarer Assoziationen erkennen, das die Psyche webt – wie eine verwirrte Spinne, die ein komplexes Netz spinnt und sich dann darin verfängt. Sie machten die spannende Entdeckung, dass dieses Netz sich aus irgendeinem Grund auflösen ließ, wenn man sich die ungewünschten Assoziationen voll bewusst machte.

Man weiß die Größe dieser Erkenntnis erst richtig zu schätzen, wenn man sich vergegenwärtigt, dass sie in einem Umfeld passierte, die das seelische Element bei mentalen Störungen ignorierte. Man war der Meinung, dass die Psyche ganz und gar von Körper, Nervensystem und Gehirn abhängig war. Der Begriff der ›Neurose‹ war von dem griechischen Wort für ›Nerv‹ (neuro) abgeleitet worden. Dass jemand dem Gemurmel einer hysterischen Frau zuhörte, war an sich schon eine Revolution. Dann jedoch geschah ein bestimmtes Ereignis, das Breuer einen solchen Schrecken einjagte, dass er den Fall aufgab und Bertha an einen Kollegen weiterreichte.

Am Abend des Tages, an dem all ihre Symptome unter Kontrolle gebracht worden waren, rief man Breuer erneut zu der jungen Frau. Der Arzt fand seine Patientin verwirrt vor, sie wand sich mit Unterleibsschmerzen. Gefragt, was mit ihr los sei, antwortete sie: »Jetzt kommt das Kind, das ich von Dr. Br. habe.«

Sigmund Freud sagte später, dass Breuer in diesem Moment den Schlüssel in die Hand bekommen habe. Aber da er nicht fähig oder willens gewesen sei, ihn zu benutzen, habe er ihn fallen gelassen. Es war eine Sache, hysterische Symptome als Reaktion auf bestimmte Traumata zu erkennen. Eine ganz andere Sache war es jedoch, mit den sexuellen Wurzeln für Berthas Hysterie in Berührung zu kommen. Es muss ein echter Schock für Breuer gewesen sei, dass er zum ersten Mal dem Phänomen der ›Übertragung‹ begegnete: Der Patient überträgt dabei Empfindungen, die er für eine bestimmte Person hegt, wie etwa eine ambivalente Beziehung zu Vater und Mutter, oder erotische Gefühle, auf den Therapeuten.

Wie kam es, dass Freud den Mut hatte, die von Breuer verlassene Mission auf sich zu nehmen und in die tiefsten Tiefen der Psyche zu steigen? Für Freud war jedes Zögern davor, die dunklen Regionen des menschlichen Geistes zu betreten, nichts als ein feiger Rückzug von einem Schlachtfeld. Mehr noch, in Breuers Rückzug von der elementaren, schockierenden Wahrheit, die er direkt vor sich hatte, sah Freud einen psychischen Widerstand – der bewusste Verstand setzte sich gegen den scharfen Blick des echten Analytikers zur Wehr. Breuers rationale Ablehnung des Sexuellen erschien Freud irrational: Sein bewusster Verstand war in einen starken seelischen Tumult gezogen worden, daraufhin zog er sich zurück und versuchte, das vernünftig zu rechtfertigen. Für Freud war die bewusste Selbstreflexion des Menschen immer nur Schau, sie war wie die Auslage eines Geschäfts, in der man nur das sah, was Kunden ansprechen sollte.

Freud behielt nicht nur die Ruhe. Er stellte sogar die Regel auf, dass seine Patienten ihm alles sagen sollten, was ihnen durch den Kopf ging – egal, wie frivol oder sinnlos es war. Eine Neurose, schrieb er einmal, redete nie Unsinn.[3] Wenn der Patient plötzlich über scheinbar bezugslose Themen sprach, vielleicht gar über technische und langweilige Dinge, hörte Freud zu. Wenn eine Patientin verstummte, fragte er, was in ihrem Kopf vorgehe, und akzeptierte nie, wenn er ein »Nichts« zur Antwort bekam.

Um das Jahr 1892 herum sorgte seine Beharrlichkeit dafür, dass allmählich die Technik freien Assoziierens Gestalt annahm. Freud gab die gesellschaftlich besser akzeptierten Behandlungen mit Hypnose auf. Er erkannte, dass unzensiertes Sprechen für seine investigative Arbeit ein viel effizienteres Werkzeug war. Die Analysierten waren für ihn bei weitem nicht nur mental kaputte Menschen. Sie waren seine Lehrer, und er machte aus dem Zuhören mehr als nur eine Kunst – es wurde zu einer Methode, ein Weg zum Verständnis, den die Patienten allmählich für ihn kartierten. Freud war zu dieser Zeit weit entfernt von dem Bild des stillen Psychoanalytikers mit der unbewegten Miene, das wir von ihm haben. In Wirklichkeit war er als Zuhörer sehr aktiv, fast schon aggressiv. Er interpretierte die Geständnisse seiner Patienten schnell und kritisch, bohrte immer weiter nach, um tiefere Ebenen des emotionalen Leidens zu finden. Stets suchte er nach Sprüngen und Brüchen in den Darstellungen. Er war dabei so penetrant, dass eine seiner ersten Patientinnen, Baroness Fanny Moser, missmutig verlangte, er solle »nicht immer fragen, woher das und jenes komme, sondern sie erzählen lassen, was sie (…) zu sagen hatte«.[4]

Indem er seinen ersten Patienten genau zuhörte, lernte Freud, dass selbst die fadenscheinigsten, flüchtigsten Gedanken ihn in die Unterwelt der Seele leiten konnten, dorthin also, wo ihre verborgenen Motive lauerten. Als beispielsweise »Fräulein Lucy R.« zu ihm in Behandlung kam, war ihr auffälligstes Symptom, dass sie von dem wiederkehrenden Eindruck verfolgt wurde, verbrannten Pudding zu riechen. Damit assoziierte sie depressive Empfindungen. Freud gelang es, dieses Symptom nach neun Wochen zu heilen. Statt die seltsame Sinnestäuschung als nebensächlich abzutun, folgte er ihr zum Ursprung des Problems. Ihm war klar: Es musste einen echten und wichtigen Grund dafür geben, warum ein bestimmter Geruch ein bestimmtes Gefühl mit sich bringen sollte. Damit sollte er recht behalten: Lucy R. war eine englische Gouvernante, die von einem reichen Witwer eingestellt worden war, um für seine Kinder zu sorgen. Heimlich war sie in ihren Arbeitgeber verliebt. Als sie feststellte, dass ihm ihre Empfindungen gleichgültig waren, beschloss sie, ihren Abschied zu nehmen. Das aber bedeutete, dass sie auch den Kontakt zu den Kindern verlieren würde, die ihr sehr ans Herz gewachsen waren. Während sie über diesen anstehenden Verlust nachdachte, verbrannte ihr der Pudding.

Diese frühen Begegnungen in seiner Karriere überzeugten Freud davon, dass er mit den herkömmlichen medizinischen Methoden nicht das Wesen geistiger Störungen ergründen konnte. Er räumte der seelischen Dimension Priorität ein. Zum ersten Mal bekam die Psyche einen unabhängigen Status, sie wurde zu einer eigenen Welt. Es machte sich bezahlt, dass er, inspiriert von Breuers ersten Schritten in dieser Richtung, seinen Patienten aufmerksam zugehört hatte. Wie Freuds offizieller Biograph Ernest Jones es ausdrückte, kam durch Freud die erste echte Tiefenpsychologie in die Welt.

Entlarvendes Denken

Dieser Durchbruch in die rätselhafte und seltsame Welt der Psyche war einer Denkart zu verdanken, die wir hier *entlarvendes Denken* nennen. Die gewöhnliche Art des Denkens, das *oberflächliche Denken,* kann nie in echte, seelische Tiefen vordringen. Das hat einen einfachen Grund: Es kann nur das als real akzeptieren, was an der Oberfläche des Verstands auftaucht und präsentabel ist. In gewisser Weise ist das eine strikt materialistische Herangehensweise, die davon ausgeht, dass nur Dinge, die unmittelbar wahrnehmbar sind, tatsächlich existieren. Sie stellt nie die Kräfte infrage, die hinter einer offensichtlichen Aussage stecken. Sie macht sich nicht die Mühe, einen Blick hinter die Kulissen zu werfen; sie gibt sich nur mit den vordergründigen Erscheinungen ab.

Für das entlarvende Denken gibt es immer eine tiefere Ebene, und deshalb muss der Blick stets nach den unsichtbaren Schichten suchen, die unter den Erscheinungen liegen. Diese Denkart erinnert eher an einen Archäologen als an einen Psychologen, und tatsächlich verglich Freud diesen Forschungsprozess mit der archäologischen Ausgrabung einer verschütteten Stadt. Der wachsame Archäologe geht stets mit einer gewissen Ahnung über die Erde, immer vermutet er, dass unter seinen Füßen eine ganze Welt begraben liegen könnte. Ein Forscher der Hysterie, sagte Freud, sei wie ein Entdecker, der auf die Überreste einer verlassenen Stadt stößt. Er findet Wände, Säulen und Tafeln voll halb verblichener Inschriften vor, kann sie ausgraben und säubern, und mit etwas Glück werden die Steine zu ihm sprechen. Durch den Prozess der Verdrängung entstehen im Patienten diese vergrabenen Welten, dem Analytiker aber präsentiert er nur die neue, ansehnliche Stadt, die er gebaut hat, um die Ruinen seiner Vergangenheit zu überdecken. Der Analytiker muss dann der Archäologe der Psyche sein.

Es ist also wenig überraschend, dass Freud in seiner Freizeit lieber Bücher über Archäologie als psychologische Studien las und dass er Ausgrabungen als begeisterter Amateur verfolgte. Der Raum, in dem seine Analysen stattfanden, war vollgepackt mit griechischen, römischen und ägyptischen Antiquitäten. Wie einer seiner Patienten bemerkte, der in die Berggasse 19 kam, erinnerte der Raum mehr an das Büro eines Archäologen als an den Behandlungsraum eines Arztes. In einem Brief an einen Freund verglich Freud einen analytischen Erfolg, der ihm gelungen war, mit der Entdeckung Trojas durch Heinrich Schliemann: Mit Freuds Hilfe hatte ein Patient »tief unter allen Fantasien verschüttet« eine Szene »aus seiner Urzeit« gefunden, »in die alle übrig gelassenen Rätsel einmünden. (...) es ist, als hätte Schliemann wieder einmal das sagenhaft gehaltene Troja ausgegraben.«[5] Und als in einem anderen Fall seine Analyse zu einem unvollständigen Ergebnis führte, verglich er die Situation mit der von Forschern, »die so glücklich sind, die unschätzbaren wenn auch verstümmelten Reste des Altertums aus langer Begrabenheit an den Tag zu bringen«.[6]

Das entlarvende Denken dreht sich um ein zentrales Prinzip: Was auch immer auf der Oberfläche des Bewusstseins erscheint, ist nichts weiter als ein Stellvertreter oder eine Verschleierung einer anderen Sache. Deshalb sind die offensichtlichen Gedanken, Emotionen und Verhaltensweisen lediglich als Symbole zu sehen, die man sorgfältig entschlüsseln sollte. Man kann deutlich sehen, wie dieses Prinzip zahllose Entdeckungen durchzieht, die Freud gemacht hat – und die bis heute kontrovers diskutiert werden: Angst ersetzt sexuelle Erregung und ist ein verzerrter Ausdruck verdrängten erotischen Verlangens; Sucht nach Zigarren ersetzt (wie jede Sucht) Masturbation; wenn man vom Fliegen träumt, ersetzt dieser Traum die Erregung eines Kindes, das von seinen Eltern in die Luft gehoben wird; der Traum von einem zerbrochenen Stift wiederum symbolisiert Impotenz oder die Angst vor Impotenz. Für das entlarvende Denken gibt es im Universum der Psyche keine Zufälle. Jedes Ereignis, egal, wie beliebig es erscheinen mag, ist nur ein Knoten in einem Netz aus ursächlichen Zusammenhängen, deren Ursprünge so weit entfernt, deren Zahl so groß und deren Wechselwirkungen so komplex sind, dass man sie nicht ohne weiteres klären kann. Mit diesem Ansatz fiel es Freud leichter, den seltsamen Verwicklungen des Denkens zu folgen, selbst wenn es akrobatische, fast unmögliche Sprünge machte und jeder vernünftigen Denkweise trotzte.

Nur das entlarvende Denken erkennt auch noch die flüchtigsten Hinweise auf vergrabene Städte. Es hält sich an Zeichen, die das oberflächliche Denken einfach ignorieren oder lieber übersehen würde, wie etwa der Geruch eines verbrannten Puddings.

Es hegt sogar eine gewisse Bewunderung für die Feinheiten und Komplikationen, für »diese großen Kunstwerke der psychischen Natur«[7], wie Freud es ausdrückte. Das oberflächliche Denken kann in die komplexe Welt des Unterbewusstseins nicht vordringen. Und selbst wenn es das schaffen würde, müsste es sich im Dickicht der endlosen Zusammenhänge verlaufen, welche die irrationale Vernunft seelischer Muster bilden.

Man kann, auch ohne sich auf eine Couch zu legen oder einen Selbstversuch mit Psychoanalyse zu unternehmen, mit dem Netz eigener Assoziationen in Berührung kommen. Sie können dafür ein Gedankenexperiment machen. Nehmen Sie einfach ein zufälliges Objekt, den Namen einer Stadt zum Beispiel, einen Körperteil oder eine Erscheinung in der Natur, und lassen Sie dann Empfindungen, Emotionen, Bilder und Gedanken in Beziehung zu diesem Objekt auftauchen – auch wenn die Verknüpfungen vielleicht absurd erscheinen. Indem Sie einfach zu allem, was auftaucht, die Frage stellen: »Woran erinnert mich das?« – eine typische Frage für das entlarvende Denken –, können Sie sofort sehen, dass für das Gehirn stets eine Sache zur nächsten führt. Daraus entsteht ein endloses und unbegreifliches Netz aus Zusammenhängen, die manchmal sinnvoll sind, manchmal einfach absurd, und zuweilen sogar beides. Das Gehirn webt seine Netze aus Assoziationen automatisch, und unser Denken wird davon beeinflusst – ohne dass wir uns dessen bewusst sind. Machen Sie sich klar, dass jedes Mal, wenn Sie an ein bestimmtes Objekt denken, einen spezifischen Körperteil betrachten oder an eine Stadt denken, sofort eine ganze Kette unbewusster Assoziationen abläuft. Aus genau diesem Grund ist ein Gedankenstrang oft so verworren und so voller Assoziationen, dass man sich nicht mehr daran erinnern kann, was genau eigentlich einen bestimmten Gedanken herbeigeführt hat.

Das oberflächliche Denken interessiert sich nicht allzu sehr für diese intensiven assoziativen Vorgänge. Ihm reicht das Endergebnis, also das, was der Verstand der Welt letztlich präsentiert. Dieses Ergebnis hält es für wahr. Mit dieser Denkart kann man sich leicht davon überzeugen, dass den eigenen rationalen und aufgeräumten Gedanken Glauben zu schenken ist, auch die Heuchelei der anderen nimmt man für bare Münze. Natürlich ist es nicht schwer, den Reiz oberflächlichen Denkens zu verstehen: Das entlarvende Denken hat einen hohen Preis, denn man verliert seinetwegen vollkommen die eigene Naivität. Wenn man erkennt, wie viel jeder Mensch, inklusive man selbst, ständig unter den Teppich kehrt, fühlt man sich an das geflügelte Wort erinnert: Unwissenheit ist ein Segen.

Seltsame Träume gibt es nicht

Bevor irgendein anderer Patient auf Freuds berühmter Couch Platz nahm, gab es einen besonders wichtigen Patienten, den er intensiv mit seinem entlarvenden Denken unter die Lupe nahm: Freud selbst. Obwohl er die Möglichkeiten einer echten Selbstanalyse durchaus infrage stellte, unterwarf er sich einer äußerst gründlichen Prüfung. Bis weit in seine dreißiger Jahre hinein durchsuchte er ausführlich und scharfsinnig die Bruchstücke seiner Erinnerungen, seiner verborgenen Wünsche und Empfindungen. Seine eigene Person war für ihn einfach eine weitere Informationsquelle. Seine allmählich Gestalt annehmende Psychologie war nicht zuletzt auch der dringende Versuch, Symptome zu ergründen, die er mit seinen Patienten gemeinsam hatte.

Als sein Vater 1896 starb, konnte Freud nicht anders: Er musste seinen eigenen Trauerprozess analysieren. Er distanzierte sich von dem Verlust, um Material für seine Theorien zu sammeln. In diesen traurigen Tagen versetzte das entlarvende Denken ihn in die Lage, unter dem Phänomen der Trauer die Schuld des Überlebenden auszumachen – die Selbstvorwürfe, die man oft bei Trauernden antrifft.

Mit Leidenschaft sammelte Freud auch seine Träume, Erinnerungen, Versprecher, Schreibfehler und selbst Gedichtzeilen, an die er sich nicht erinnern konnte, oder Vornamen von Patienten, die er vergaß. Er nutzte all das als Indizien, denen er mit freiem Assoziieren nachspürte, von einer Idee zur nächsten. Als er einmal einen Traum hatte, in dem sein alter Mentor ihm den seltsamen Auftrag gab, seinen eigenen Unterleib zu zerlegen, sah er darin ein Sinnbild seiner Selbstanalyse. 1897 spürte er, dass große Dinge sich ankündigten. Er fühle sich, schrieb er, »in einer Puppenhülle, weiß Gott, was für ein Vieh da herauskriecht.«[8] Wenige Tage später hatte er einen Durchbruch: Seine Verdrängung wurde aufgehoben, und er fand sich von Kindheitserinnerungen und verbotenen Wünschen überflutet. Er hatte das Gefühl, dass er wie im Zwang durch seine gesamte Vergangenheit gezerrt wurde, während seine Gedanken blitzartig Verknüpfungen erstellten.

Freud grub seine eigene verschüttete Stadt aus und zog daraus viele seiner grundlegenden Ideen. Indem er sich an die kindliche Verliebtheit in die eigene Mutter erinnerte und an die Eifersucht auf seinen Vater, stellte er die ödipale Beziehung als allgemeines Ereignis der Kindheit dar. Sein Unterbewusstsein stand für ihn nunmehr weit offen, weshalb er auch weitere universelle Prinzipien aufdecken konnte, wie unbewusste Schuldempfindungen und der komplizierte Mechanismus, aus dem Träume entstehen.

Träume waren für ihn besonders zuverlässige Ressourcen, »der Königsweg zum Unbewussten«. Sie schienen aus den tiefsten Schichten der Unterwelt zu sprießen, weswegen sie auch besonders unverständlich waren. Jeder Traum, selbst wenn er noch so absurd und zerstückelt war, entpuppte sich unter dem prüfenden Blick des entlarvenden Denkens als sinnreiche psychische Struktur. Man könnte Freuds Blick als mikroskopisch bezeichnen, durch ihn vergrößerte er die unsichtbaren Welten, die dem oberflächlichen, bewussten Verstand entgehen. Wenn Hinweise aus dieser Unterwelt die Oberfläche erreichten wie Reisende von einem anderen Planeten, brachten sie immer Botschaften über tiefere Wahrheiten mit.

Wenn man die Bedeutung eines Traums begreifen wollte, dachte Freud, musste man die Sprache des Traums sprechen. Obwohl Träume wie planlos vollgestopfte Geschichten erscheinen können, haben sie ihre eigene versteckte Ordnung und auch Regeln. Der Traumdeuter – der nun eine dreifache Rolle als Paläograph, Übersetzer und Codeknacker einnimmt – muss die versteckten Gedanken in einem Traum und die expliziten Inhalte eines Traums nebeneinanderstellen. Er muss sie inhaltlich gleich behandeln, zwei Versionen einer Sache in zwei verschiedenen Sprachen. Damit er aber in dem scheinbar sinnlosen Puzzle lesen kann, muss er zunächst einmal aufhören, über die Absurdität des Traums zu staunen. Er muss erkennen, dass der Traum irrsinnig scheinen mag, aber trotzdem eine eigene verrückte Logik hat. Hier folgte Freud wieder dem grundlegenden Prinzip des entlarvenden Denkens: dass also alles, was an der Oberfläche erscheint, repräsentativ für einen tieferen Zusammenhang steht. Freud erkannte, dass in Träumen Gedanken als Bilder auftauchen, abstrakte Ideen werden zu konkreten Szenen. Indem man allmählich jedes Bild mit einer Silbe oder einem Wort ersetzt, beginnt »der Stein zu sprechen«, und es wird klar, dass der Traum Träger einer klaren Botschaft ist.

Freuds entlarvendes Denken war bei der Traumdeutung erstaunlich beharrlich: Der erste Traum, den er als Teil seiner schmerzvollen Selbstanalyse interpretierte, ist in seinem Grundlagenwerk *Die Traumdeutung* so akribisch beschrieben, dass die Analyse fünfzehn dichte beschriebene Seiten ausmacht. Aber sogar nachdem er jedes einzelne Traumelement bis zu seinen Ursprüngen in Erfahrungen aus jüngerer oder ferner Zeit zurückverfolgt hatte, war die Interpretation für Freud noch immer unvollständig. Noch lange, sagte er, könnte er bei diesem Traum verweilen und »weitere Aufklärungen aus ihm entnehmen und neue Rätsel erörtern, die er aufwerfen ließ«.[9] Für Freud konnte man einen Traum niemals bis ins Letzte deuten; das Netz der Assoziationen war einfach zu eng geknüpft, um die Rätsel wirklich vollständig lösen zu können.

Träume waren für ihn die beste Richtschnur, aber sein entlarvendes Denken fand selbst in alltäglichen Versprechern und schlichtesten Witzen Brücken, die in ferne Regionen der Psyche führten. Wenn man einen vertrauten Namen falsch schrieb, ein Lieblingsgedicht vergaß, eine Sache auf mysteriöse Weise verlegte und sogar wenn man versäumte, der Ehefrau wie üblich einen Blumenstrauß an ihrem Geburtstag zu schicken – all das waren Botschaften, die entschlüsselt werden wollten. Sie waren allesamt Hinweise auf Wünsche oder Ängste, welche die Person sich selbst gegenüber nicht zugeben konnte. Indem er scheinbar grundlose und unerklärliche Ereignisse wissenschaftlich betrachtete, bewies Freud ein weiteres wichtiges Merkmal des entlarvenden Denkens: Jede scheinbare Zufälligkeit ist wie eine Durchgangstür in die tiefere und versteckte Ordnung der menschlichen Psyche.

Freud entwickelte sein Interesse an der theoretischen Relevanz von Fehlleistungen 1897, als er bei einem Besuch in Berlin eine Adresse nicht finden konnte, die er brauchte. Seine Analyse deckte ein ganzes Netzwerk komplexer Verdrängungen und Assoziationen auf. Während er das Manuskript der *Traumdeutung* korrigierte, schrieb er einem Freund, dass das Manuskript trotz aller seiner Bemühungen immer noch »2467 Fehler« enthalte. Diese genaue Zahl konnte er, wie er selbst feststellte, nicht willkürlich gewählt haben, also analysierte er sie. An diesem Beispiel wird noch einmal deutlich, dass jeder Denk-, Sprach- oder Verhaltensfehler für Freud wie ein Sprung in einer glatten Oberfläche war, durch den man in den Ozean des Unterbewussten blicken konnte.

Unsere irrationale Rationalität

Für wie rational halten wir uns? Wir müssen oft annehmen, dass wir vollkommen rational sind, damit wir handeln können. Wenn wir unsere Motive ständig infrage stellen würden, könnte uns das so sehr verunsichern, dass wir am Ende gar nichts mehr tun würden. Die aktuelle Forschung aber scheint die schlechten Nachrichten zu bestätigen, die Freud schon vor mehr als hundert Jahren überbracht hat: Wir sind äußerst irrationale Wesen.

Der Psychologieprofessor Alex Todorov hat in seiner Forschung zur Personenwahrnehmung – unsere ersten Eindrücke von anderen Menschen – ein erstaunliches Muster aufzeigen können. Er zeigte seinen Studenten kurz Bilder von Männergesichtern und bat sie, diese in Bezug auf verschiedene Eigenschaften zu bewerten, darunter auch deren Sympathie- und Kompetenzwerte. Die Gesichter waren nicht zufällig ausgewählt: Alle waren Porträts von Politikern aus einer Wahlkampagne. Seinen Studenten fehlte natürlich dieser politische Kontext. Todorov verglich die Ergebnisse des Wahlkampfs mit den Kompetenzwertungen, die seine Studenten vergeben hatten. Dabei kam er zu einem erstaunlichen Ergebnis: In etwa 70 % der Wahlkämpfe war der Gewinner derjenige, dessen Gesicht eine hohe Kompetenzbewertung bekommen hatte. Das heißt, dass Wähler, die eine durchdachte Meinung über einen Kandidaten zu haben meinen, ihre Entscheidung oft letztlich auf Basis einer irrationalen Einschätzung treffen, die schnell und automatisch in ihrem Innern stattfindet.

Der Wissenschaftler Daniel Kahneman wiederum sagt, dass ein Mensch ein bestimmtes Projekt optimistisch sehen kann, weil der Projektleiter ihn an seine Schwester erinnert, und dass man manchmal eine Person nicht mag, die vage an den eigenen Zahnarzt erinnert. Urteile werden oft durch schnelle unbewusste Empfindungen bestimmt, die ihnen vorausgehen. Natürlich wird man, wenn man nach einer Erklärung für sein Urteil gefragt wird, danach suchen und sicher eine finden. Anschließend wird man dann selbst an die Geschichte glauben, die man sich ausgedacht hat.

Die tatsächlichen Gründe dafür, dass wir eine bestimmte Aussage treffen oder einer Richtung folgen, hat oft nichts mit den Gründen zu tun, die wir später dafür nennen. Bevor unser langsamer Intellekt ins Bild kommt, können schon so viele Dinge passiert sein: Es kann zum Beispiel eine tiefe Emotion in uns aufgewacht sein oder eine unangenehme Erinnerung, die so weit weg ist, dass wir sie uns kaum als Einflussfaktor vorstellen können. Beide geben uns das Gefühl, dass eine Sache ›wahr‹ oder ›richtig‹ ist. ›Meinungen‹ und ›Überzeugungen‹, die wir mit Bestimmtheit für unsere eigenen halten, können das Ergebnis unbewusster und unkontrollierter Wünsche und Ängste sein. Natürlich denkt unser rationaler Verstand nicht gerne, dass tiefliegende Schichten von Empfindungen und Emotionen ihn beherrschen könnten. Wir stellen uns lieber vor, dass wir unsere Urteile unberührt von irrationalen Empfindungen und Emotionen treffen können. Doch je mehr Studien zu diesem Thema gemacht werden, desto öfter sind das Ergebnis Entdeckungen, die unser Selbstbild des bewussten und autonomen Autors der eigenen Urteile und Entscheidungen ernsthaft infrage stellen.

Schnelle emotionale Reaktionen können sogar in diesem Moment, in dem sie diesen Text lesen und seinen Wahrheitsgehalt bewerten, die Basis für Kohärenzurteile sein. Kahneman hat gezeigt, dass wir die Vorteile und Risiken von Dingen wie bestrahlten Lebensmitteln, rotem Fleisch, Atomkraft, Tattoos oder Motorrädern anhand unserer emotionalen Einstellung einschätzen. Der urteilende Verstand, sagt er, sei mehr der Verteidiger unserer unbewussten Emotionen als ihr Kritiker. Wenn wir nach Informationen und Argumenten suchen, beschränken wir uns unwissentlich auf Informationen, die zu dem passen, was wir bereits glauben. Wenn wir einen emotionalen Bezug zu etwas haben, ziehen wir erst unsere Schlüsse und halten dann nach Argumenten dafür Ausschau.

Freud hielt nichts von rationalen oder intellektuellen Erklärungen für Zwietracht zwischen Menschen. Er bemerkte einmal, dass bei Freundschaften, die aufgrund unterschiedlicher Ansichten zerbrechen, »nicht die wissenschaftlichen Differenzen so wichtig sind, sondern gewöhnlich eine andere Art von Animosität, Eifersucht oder Rachsucht den Impuls zur Feindschaft gibt. Die wissenschaftlichen Differenzen kommen später.«[10] Natürlich werden wir, wenn wir oberflächlich denken, nur das als echt ansehen, was uns oberflächlich begegnet, wir beziehen uns also auf Aussagen genau so, wie man sie uns präsentiert, ohne die Motive infrage zu stellen. Wenn jemand sagt, dass er aus einem bestimmten Grund wütend ist, nehmen wir das einfach so hin, und erwarten das Gleiche von unserem Gegenüber, wenn wir unsere eigenen Argumente bringen. Darum können oft selbst vernünftige Erklärungen und sogar deutliche Beweise einen Streit nicht beenden: Denn der Streit ist nicht aufgrund rationaler Gründe entstanden, und ein irrationales System, das von ganz anderen Motiven und Leidenschaften getrieben wird, kann man nicht rational überzeugen. Tatsächlich ist es so, dass ein Streit umso wahrscheinlicher unbewusste Motive mitschleppt, je emotionaler er aufgeladen ist.

Wir geben das wirklich nicht gerne zu, aber wir sind wirklich viel mehr »Emotionalisten« als Denker. Zunächst einmal haben wir ein bestimmtes Gefühl zu einer Sache, erst anschließend denken wir darüber nach. Stellen Sie sich vor, dass Sie aus drei Schichten bestehen: Da ist zum einen die tiefste und ursprünglichste Schicht, die aus Empfindungen und Instinkten besteht. Die mittlere Schicht besteht aus Emotionen, und erst die oberste Schicht macht das Denken aus. Wenn Sie etwas wahrnehmen, reagieren Sie darauf in genau dieser Reihenfolge: Instinkte, Emotionen, Gedanken. Die ursprünglichste Form der Wahrnehmung reagiert als Erstes, trägt dabei aber oft die Verkleidung vernünftiger Gedanken. Das lässt dem Denken manchmal nur noch die bescheidene Rolle übrig, irrationale Empfindungen und Emotionen zu rechtfertigen. Wenn uns jemand auf den ersten Blick abstößt, liegt das ganz offensichtlich nicht an etwas, das diese Person getan hat. Aber wir geben dieser Reaktion dann irgendeine gutklingende Erklärung. Meistens suchen wir dann nach weiteren Beweisstücken, die das erste Urteil bestätigen. Das macht es sehr schwer, seine Meinung wieder zu ändern; wir mögen diese Person dann einfach nicht. In ganz ähnlicher Weise hat man bei Bewährungsrichtern in einer Studie beobachtet, dass sie viel weniger gnädig urteilten, wenn sie hungrig und müde waren; ihre Empfindungen waren stärker als ihr rationales Urteilsvermögen – aber Sie können sich natürlich vorstellen, dass die Richter auf Nachfrage für jede ihrer Entscheidungen ganz und gar rationale Gründe nennen würden.

Mit Hilfe des entlarvenden Denkens können wir leichter die irrationalen Gedanken bemerken, die heimlich unsere Urteile beeinflussen. Zum Beispiel dann, wenn wir logisch eine unserer Meinungen rechtfertigen und dabei erkennen, dass es noch etwas anderes gibt, eine versteckte Anspannung, die wir überdecken wollen. Oder wenn wir in einer Diskussion »unkultivierte« Wünsche zu verstecken versuchen, Gewaltimpulse etwa oder erotische Bilder. Solche primitiven Triebe, die wir wie lästige Fliegen wegzuscheuchen versuchen, tauchen womöglich trotzdem wieder auf, als manipulatives Verhalten etwa, in Form starker Anspannung oder als plötzlicher, irrationaler Ausbruch. Das ist unangenehm für uns: Anscheinend laufen rationales Denken und emotionale Reaktionen parallel zueinander ab. Und wenn die emotionale Reaktion einen Effekt erzeugt, ist das rationale Denken dagegen hilflos, es kann nur verdrängen. Jeder vernünftige Mensch weiß, dass er nicht beleidigt oder eifersüchtig sein sollte. Leider scheinen sich unsere intensiven emotionalen Reaktionen von diesem Wissen nicht besonders beeindrucken zu lassen.

Das entlarvende Denken scheint die einzige Denkart zu sein, die tatsächlich die Sprache der Empfindungen und Gefühle verstehen kann. Es ist wie eine Brücke zwischen der rationalen und der irrationalen Sprache. Es kann in die unverständlichen und primitiven Anteile unseres Wesens dringen und deren ›verrückte Logik‹ erforschen. Aber die Voraussetzung dafür ist, dass wir unsere Irrationalität nicht länger verleugnen, dass wir nicht stur an unserem Selbstbild als rationale Menschen festhalten. Das kann die Tür zu einer ganz neuen Welt aufmachen und uns unmittelbare Reaktionen hinterfragen lassen. Vielleicht findet in manch einer Situation eher eine emotionale statt einer vernünftigen Reaktion statt? Vielleicht stecken hinter einer festen Meinung – einem politischen Argument etwa oder einer Filmkritik – eigentlich Assoziationen aus der eigenen Kindheit? Wenn man die tiefere Ebene der Dinge, die uns antreiben, in Betracht zieht, gibt uns das ein gesundes Misstrauen gegenüber der anderen Geschichte, die unser rationales Denken so elegant webt.

Der Geist ist stärker als die Psyche

Obwohl Freud dies niemals direkt zugegeben hat, zeigen die Briefe, die er im Laufe seines Lebens an Freunde geschickt hat, dass er auch noch ein anderes Unterbewusstsein kannte: ein positives nämlich. Dieses andere Unterbewusstsein war offenbar eine Quelle seiner wichtigsten Erkenntnisse und kreativen Leistungen. Zu einigen Gelegenheiten erklärte er, dass es »im untersten Stockwerk«[11] arbeite oder dass es »unterirdischerweise ordentlich vorwärts«[12] gehe. Wenn er sich auf ein Schreibprojekt vorbereitete, wartete er darauf, dass das Material aus seinem Unbewusstsein auftauchen würde. Dann erlebte er eine Art Wehenschmerzen. Während er in seiner Arbeit über das Unterbewusstsein hauptsächlich als Quelle von Neurosen sprach, schien er selbst noch ein tieferes Erleben zu haben: Als wäre das Verhältnis zwischen bewusst und unbewusst bei Freud anders als bei den meisten Menschen gewesen. Für Freud war das, was wir als unser Selbst bezeichnen würden, nur die Spitze des Eisbergs, die dünnste und oberflächlichste Schicht des eigentlichen Selbst, ein prozentual winziger Anteil aus vielen Ebenen, die der Wahrnehmung normalerweise entgehen. Man kann das sehr gut mit dem Verdauungsprozess vergleichen: Man isst einen Apfel, anschließend geschieht im Körper ein langer, komplexer Verdauungsvorgang, der ohne jede Kontrolle des bewussten Denkens passiert. Man kann davon ausgehen, dass Freud sich selbst größer wahrnahm, dass er sein Selbst wie einen unergründlichen tiefen Ozean erlebte. Sein bewusstes Denken war wie eine Welle an der Oberfläche, das Ergebnis großer, unbewusster Aktivitäten in der Tiefe.

Sie denken jetzt vielleicht, dass Freud daraus die Schlussfolgerung gezogen haben müsste, dass wir unserem unbekannten Selbst ausgeliefert seien. Das Gegenteil war jedoch der Fall: Freud war davon überzeugt, dass genau hier der Schlüssel zu echter Selbstbeherrschung lag.

Hinter allen Entdeckungen, die Freud machte, steckte die Überzeugung, dass die menschliche Psyche ihren eigenen verborgenen Gesetzen und Ordnungen folgte. Als Erster hat er versucht, die Struktur und Dynamik des menschlichen Unterbewusstseins klar zu umreißen. Er unterschied zwischen bewussten, vorbewussten und unterbewussten Schichten, und er beschrieb den ewigen Konflikt zwischen Libido, Ich und Über-Ich. Diese Einteilung mag fehlerhaft sein, dennoch war seine Kartierung der »unentdeckten Provinzen im Seelenleben«[13] der mutige Versuch, die Psyche wie eine wilde Innenwelt zu zeichnen, die genau wie Sonnensysteme und biologische Systeme bestimmten erkennbaren Gesetzen folgte.

Das impliziert jedoch eine noch viel weiter reichende Schlussfolgerung: Wenn man die Psyche als wissenschaftlich verständliches System erfassen kann, kann man ihr auch eine neue Ordnung geben. Wenn wir also unsere chaotische Psyche verstehen, können wir sie uns ganz zu eigen machen. Für Freud schien dies möglich. Wenn wir sie klar genug sehen würden, wenn unser »inneres Haus« genauso deutlich sichtbar wäre wie das »äußere Haus« mit Wohnzimmer, Speicher und Keller, dann müssten wir sie auch perfekt ordnen können. Diese innere Ordnung wäre nicht das Ergebnis von Verdrängung, sie wäre das natürliche Ergebnis eines durchdringenden Selbstverständnisses. Wir verdrängen nur das, wovor wir Angst haben, und wir haben nur Angst vor etwas, mit dem wir nicht umgehen können. Wenn wir es aber verstehen können, brauchen wir das innere Chaos nicht mehr zu fürchten. Wie Freud in einigen seiner erfolgreichsten

Fälle zeigen konnte, reicht es manchmal sogar aus, sich Gefühle einzugestehen, um sie zu heilen.

In seinem Privatleben hat Freud wieder und wieder gezeigt, wie seine ständige Selbstanalyse ihn die eigene Psyche erobern ließ. Der kathargische Feldherr Hannibal war einer seiner Helden, doch selbst wünschte Freud sich eine andere Art des Triumphs: Ihm ging es um die Eroberung seiner Selbst, er wollte seine Libido – seine ungestümen Emotionen und rastlosen Energien – nutzen, um seiner Lebensaufgabe zu folgen und Selbstbeherrschung zu erlangen. Er nannte dies ›Bewältigung durch Sublimierung‹: die Verfeinerung der eigenen Instinkte in einer Weise, die Libido in Kreativität umwandelt, in Wissensdurst und Menschenliebe. Letztlich war das Ergebnis seines entlarvenden Denkens, das tief in die dunkelsten Regionen seiner Psyche vorgedrungen war, eine Kontrolle durch tiefreichende Ordnung. Vielleicht lag es an dieser inneren Stärke, dass er die Welt zuletzt auf eine sehr noble Weise verlassen hat: Als er aufgrund eines Krebsleidens im Sterben lag, bat er seinen Arzt, Doktor Schur, ihm beim Sterben zu helfen. Schur war den Tränen nahe, als er Freud dem Tod mit Würde und ohne Selbstmitleid begegnen sah; nie, sagte er später, hatte er jemanden so sterben sehen.

Für die meisten von uns ist klar, dass wir unsere Wohnungen und Häuser in Ordnung halten sollten – das tut man einfach. Aber wie sieht es mit unserem Innenleben aus? Können wir es schaffen, uns genauso gut darum zu kümmern? Die meisten Menschen bringen regelmäßig den Müll weg, der in ihrem Haus anfällt, sortieren aber nicht die Gedanken, die ihnen durch den Kopf gehen. Auch unnötige oder sinnlose Gedanken nehmen aber mentale Energie in Anspruch. Versuchen Sie einmal zu beobachten, wie viele Gedanken in Ihrem Alltag keinen konstruktiven Zweck erfüllen. Und stellen Sie sich vor, wie Ihr Verstand funktionieren könnte, wenn er von diesen sinnlosen Aktivitäten frei wäre. Es ist offensichtlich, dass Sie klarer denken und entscheiden könnten, wenn mehr Ordnung in Ihrem Kopf herrschen würde. Um das zu erreichen, können Sie anfangen, ein Bewusstsein dafür zu entwickeln, welche Gedanken unnötiger Ballast sind – für diese Beobachtung braucht man weder ein Psychologiestudium noch eine Selbstanalyse in Freud'schem Ausmaß. Die Aufmerksamkeit lohnt sich, denn es gibt ja einen Grund für innere Hyperaktivität: Wir kennen uns selbst immer noch viel weniger, als wir meinen.

Leonardo da Vinci

**Denken aus jeder Perspektive
oder
Das Leben als unvollendetes Kunstwerk**

Es ist fast schon ein Klischee, ein Kapitel über Leonardo mit der *Mona Lisa* anzufangen, seinem berühmtesten Gemälde – seinem Rätsel, das er der Nachwelt überlassen hat. Ein scheinbar harmloses Porträt einer Frau ohne Augenbrauen, das Andy Warhol zur Ikone erklärt und das der amerikanische Präsident John F. Kennedy wie einen Staatsgast behandelt hat. Wenn man heute nach Frankreich reist und in Paris im Louvre gemeinsam mit fünfzig anderen Besuchern vor dem Ölgemälde steht, das da an der Wand hängt – überraschend klein und unauffällig für einen solchen Touristenmagneten –, fragt man sich vielleicht, was das ganze Theater eigentlich soll. Wenn man aber Glück hat, ist man für ein paar Momente lang allein mit dem Bild. Schaut man sie dann länger an – die Dame im schwarzen Kleid, deren genaue Identität niemand kennt –, wird man vielleicht merken, dass es einen eigenartigen Sog entfaltet. Meint man, etwas in dem Bild sehen zu müssen, weil es so berühmt ist? Oder kann es sein, dass der Blick und das rätselhafte Lächeln dem Besucher Fragen stellen, auf die er keine Antwort weiß? Möglicherweise ist das der Grund dafür, warum dieses Bild so berühmt und warum dieses sachte Lächeln hundertfach analysiert worden ist. Es ist, als würde man versuchen, die Lösung eines Rätsels zu finden, das der italienische Renaissance-Künstler vor mehr als fünfhundert Jahren in dieses Bild gemalt hat. Bis jetzt hat es noch keiner geschafft.

Einen kleinen, aber feinen Hinweis hat der Chirurg und Autor Leonard Shlain in seinem Buch *Leonardo's Brain* gegeben. Shlain unterzieht darin Leonardo da Vinci einer Art posthumem Gehirnscan. In der Folge behauptet er unter anderem, dass Leonardo ein besonderes Verständnis für die Feinheiten der menschlichen Mimik hatte. Leonardo wusste, meint Shlain, dass das Gesicht einer Person aus zwei Hälften besteht, die nur scheinbar symmetrisch sind. Sie werden von der jeweils entgegengesetzten Gehirnhälfte gesteuert. Bei den meisten Menschen wird die rechte Seite des Gesichts von der als eher rational geltenden linken Gehirnhälfte bestimmt. Sie können ihre rechte Gesichtshälfte deswegen besser bewusst kontrollieren. Die linke, schlechter steuerbare Seite des Gesichts hingegen verrät leichter, welche Gefühle im Inneren des Menschen vorgehen. Das sind sehr subtile Zeichen, die man in einem normalen Gespräch kaum bemerkt. Leonardo, meint Shlain, habe diese Feinheiten intuitiv verstanden. Das Lächeln der *Mona Lisa*, glaubt er, wirke auch deshalb so doppeldeutig, weil der Künstler ihre rechte Gesichtshälfte hervorgehoben hat, während die linke Seite im Schatten liegt. Andere Forscher haben festgestellt, dass die Augenpartie der *Mona Lisa* nicht mit ihrem Mund korrespondiert. Durch eine bestimmte Maltechnik hat Leonardo erreicht, dass der Betrachter das Lächeln nur sieht, wenn er das Gesamtbild betrachtet. Das wirkt irritierend: Wenn man genauer ihren Mund betrachtet, um zu sehen, ob sie wirklich lächelt, erscheint der Ausdruck auf einmal neutral. Der Künstler hat dem Bild eine verwirrende Tiefe gegeben, die über das bloße Porträt hinausgeht. Man sieht etwas in diesem Gesicht, ohne es bewusst zu begreifen.

Die linke Gesichtshälfte im Schatten, die rechte im Licht, die eigenartige Mimik: Es sind nur Details, kleine Aspekte im Lebenswerk Leonardos. Aber sie sind ein erster Hinweis darauf, was an seiner Perspektive auf die Dinge, die Menschen und die Welt so besonders war. Er war zunächst, darin ist man sich einig, ein extrem guter Beobachter. Die gleiche feine Wahrnehmung, die ihn die linke Gesichtshälfte der *Mona Lisa* in den Schatten legen ließ, spiegelt sich auch in einer enormen Menge an Notizen wider, die er hinterlassen hat. Darin notierte Leonardo zum Beispiel, wie Wasser sich unter der Oberfläche bewegt und wie die Flügel von Libellen arbeiten: »Die Libelle hat vier Flügel, und wenn sich die beiden vorderen heben, senken sich die hinteren. Jedes Flügelpaar jedoch muss für sich genommen in der Lage sein, das gesamte Gewicht des Tiers zu tragen.«[1] Was sein »außergewöhnlicher flinker Blick« sah, meinte der britische Kunsthistoriker Kenneth Clark, sei für die meisten von uns erst seit Erfindung der Zeitlupe nachvollziehbar.[2] Wo andere nur flirrende Bewegungen sehen würden, konnte Leonardo einzelne Bewegungen unterscheiden.

Er konnte also im wörtlichen Sinne *mehr sehen* als andere. Das allein ist aber noch keine zufriedenstellende Erklärung für ein Werk, wie es der Italiener in seinem nicht besonders langen Leben – er wurde 67 Jahre alt – geschaffen hat. Vieles davon ist verloren gegangen, vieles blieb auch unvollendet (auch wenn es verwundern mag: Er hielt nicht viel davon, Dinge zu Ende zu bringen). Das, was uns überliefert ist – vor allem etwa fünfzehn Gemälde und die erwähnten Notizbücher mit Tausenden Zeichnungen in seiner akkuraten, aber eigenartigen Spiegelschrift –, reicht aber aus, um jeden zu verblüffen. Man versteht einfach nicht, wie ein Mensch ein derart universelles Talent haben konnte. Der Mann war nicht nur ein extrem begabter Maler und Bildhauer, der einige der berühmtesten Kunstwerke der Welt gemalt hat, sondern auch ein extrem neugieriger und vielseitig talentierter Wissenschaftler. Nicht allein die Größe, sondern die Menge seiner Begabungen ist riesig. Er war Mathematiker, Geologe, Kartograph, Botaniker, Musiker, Architekt, Anatom, Mechaniker, Ingenieur und Naturphilosoph. Er entwarf unter anderem ein Auto, einen funktionierenden Fallschirm, ein Unterseeboot und, basierend auf seinen Beobachtungen über den Flug der Libelle, einen Vorläufer des modernen Hubschraubers. Damit nimmt er in der Geschichte eine Ausnahmeposition ein, die er sich mit niemandem teilen muss.

Ohne in die Fußstapfen der Verschwörungstheoretiker treten zu wollen, die ihre Ideen um Leonardos Werke gesponnen haben, muss man doch ehrlicherweise sagen: Wenn man sich mit der Arbeit dieses Mannes beschäftigt, wird man irgendwann unweigerlich den Bereich des Mystischen streifen – einfach deswegen, weil er ein paar Dinge produziert hat, bei denen nicht klar ist, wie er dazu in der Lage war. Ein gutes Beispiel sind seine Landkarten: Während der Zeit, in der er bei Cesare Borgia angestellt war, dem Herzog von Valentino, zeichnete er für seinen Arbeitgeber eine Karte der Stadt Imola. Die Karte an sich ist ein Kunstwerk, das heute gerne als Poster und Postkarte verkauft wird. Sie ist außerdem extrem detailliert und technisch präzise, jedes Haus und jede Straße von Imola sind darin zu sehen. Mehr noch: Die Stadt ist von oben zu sehen, aus einer Höhe von mehr als einem Kilometer. Bei späteren Karten wählte er eine noch höhere Perspektive. Wie hat er das geschafft? Er war wahrscheinlich überhaupt der erste Kartograph, der Höhenaufnahmen zeichnete, die heutigen Darstellungen entsprechen – und das ohne die entsprechenden Daten und Vermessungsgeräte zur Verfügung zu haben. Zu Leonardos Zeit maß man Entfernungen noch, indem man sie einfach zu Fuß ablief, und Landkarten wurden mit Drachen und Burgen dekoriert. Leonardos realistische Höhenaufnahme wirkt dagegen zeitlich fast deplatziert – wie ein Espressoautomat in einer mittelalterlichen Küche.

Als normaler Mensch steht unsereins einer solchen Universalbegabung noch etwas hilfloser gegenüber, als das bei einem »normalen« Genie der Fall wäre. Vielleicht ist das der Grund dafür, warum die Menschheit besonders heftig auf ihn reagiert. Um Leonardo da Vincis Arbeiten ranken sich alle möglichen Gerüchte, man hat sämtliche seiner Bilder nach versteckten Symbolen und Botschaften abgesucht, manche munkeln sogar, dass er ein Außerirdischer gewesen sei. Aber auch ohne diese abstrusen Erklärungsversuche scheint klar, dass das, was in Leonardos Kopf vorging, für einen Normalsterblichen unerreichbar ist. Doch stimmt das wirklich? Sicher, es braucht das Talent eines Leonardo, um eine *Mona Lisa* zu malen, aber wenn man sich nicht von seinen Werken einschüchtern lässt, kann man sich ansehen, an welchen Punkten man doch zu seiner Denkart Zugang findet. Denn das Besondere an diesem *uomo senza lettere*, diesem ungebildeten Mann, wie Leonardo sich selbst nannte, war sein extrem flexibler Blick.

Nahtlose Übergänge

Viele Menschen sind talentiert und intelligent, aber die meisten entfalten ihre Gaben in eine ziemlich klar definierte Richtung. Das gilt für Normalsterbliche genauso wie für Genies. Obwohl in der Geschichte der Menschheit wahrhaftig kein Mangel an brillanten Künstlern und Wissenschaftlern herrscht, ist es eine Tatsache, dass keiner von ihnen auf beiden Gebieten, Kunst *und* Wissenschaft, gleich stark war. Es gibt einen Grund dafür, warum Goethes *Faust* bekannter ist als seine *Farbenlehre* und warum Einstein nicht als Violinist in die Geschichte eingegangen ist. Das Talent eines Menschen schlägt normalerweise stärker in die künstlerische *oder* die wissenschaftliche Richtung aus. Nicht so bei Leonardo. »Kein anderes Individuum in der uns bekannten Geschichte der menschlichen Gattung hat sich sowohl in der Wissenschaft als auch in der Kunst derart hervorgetan wie der extrem neugierige, ungebildete, illegitime Landjunge aus Vinci«, schreibt Shlain.

Als uneheliches Kind bekam Leonardo weder eine ordentliche Schulausbildung, noch durfte er studieren. Diese aus heutiger Sicht ungerechte Behandlung verschaffte ihm aber nicht nur Nachteile, ja vielleicht brachte sie ihm sogar einen entscheidenden Vorteil. Schulwissen führt leicht dazu, dass bestimmte

Sichtweisen und Annahmen vorschnell als gegeben angenommen werden, die Perspektive verengt sich. Leonardo hatte einen vergleichsweise ungetrübten Blick, seine mangelnde Bildung sorgte dafür, dass er seine Neugier ungehemmt auf die ganze Welt ausdehnte, ohne zwischen ›wichtigen‹ und ›unwichtigen‹ Aspekten zu unterscheiden und automatisch Prioritäten zu setzen. Er drehte und wendete die verschiedensten Facetten der Welt im Geiste wie ein Kind, das einen interessant geformten Stein am Wegrand findet. Hier liegt der Schlüssel zu seiner Denkart: Er war nicht nur klug, er wandte seine Intelligenz auf alles an, was ihm begegnete, und wurde dabei nie endgültig fertig. Nicht umsonst wird ihm dieses Zitat zugeschrieben: »Kunst ist nie fertig, sie wird nur verlassen.« Nehmen wir ein einfaches, im Vergleich zu seinen großen Gemälden weniger berühmtes Beispiel aus Leonardos Werken, um sie genauer zu untersuchen: seine anatomischen Zeichnungen.

Im Jahr 1489 gelang es dem 36-jährigen Leonardo, einige menschliche Schädel in seinen Besitz zu bringen. Er muss sehr glücklich gewesen sein, denn es war ihm schon lange ein dringendes Bedürfnis gewesen, die Anatomie des Menschen zu untersuchen und zu zeichnen. Bereits als Kind hatte er tote Echsen und Wildtiere in sein Zimmer geschleppt und auseinandergenommen, später sezierte er größere Tiere. An menschliche Leichen heranzukommen war jedoch eine schwierige Sache. Menschen zu sezieren war illegal, wenn man kein Arzt war. Leonardos Wunsch, selbst Menschen auseinanderzunehmen, entsprang zunächst einer künstlerischen Motivation. Er wollte ein Buch schreiben, in dem alles stehen sollte, was ein Maler wissen musste. Und nach seiner Logik konnte man einen Körper nicht zeichnen, ohne genau zu wissen, wie er funktionierte – er wusste schließlich, dass das Innere eines Menschen die äußeren Körperformen bestimmte. Es sei deshalb nötig, schrieb er, dass der Maler sich mit Anatomie auskenne. [3]

Man muss bedenken, dass die menschliche Anatomie kaum

erforscht war, die zu Renaissance-Zeiten herrschenden Annahmen über die Funktion des menschlichen Körpers sind aus heutiger Sicht obskur. Der Künstler zog aus dem Wissensmangel seine eigenen Konsequenzen – er musste selbst nachsehen, und dafür war er sogar zum Gesetzesbruch bereit. Er soll zeitweise sogar Grabräuber bezahlt haben, damit sie ihm Leichen verschafften.

Leonardos anatomische Studien erstreckten sich über Jahrzehnte und entwickelten eine Eigendynamik. Im Laufe der Jahre zerlegte er über dreißig Tote, zog ihnen die Haut ab, zersägte ihre Knochen und öffnete ihre Schädel. Der Ingenieur in ihm begann, den menschlichen Körper als hochentwickelte »Maschine« wertzuschätzen. »Wenn auch der menschliche Geist durch vielfache Erfindungen mit verschiedenen Instrumenten auf dasselbe Ziel zugeht, nie wird er eine Erfindung machen, die schöner, leichter und kürzer wäre als die Natur«, notierte er. Leonardo, der immerhin ein Kind vom Land war, bewunderte die Natur und schätzte die direkte Beobachtung höher als alles andere: »Das Wissen ist Kind der Erfahrung.«

In einer Zeit, in der es noch keine Möglichkeit gab, die Leichen zu kühlen, hatte das drastische Konsequenzen: Der Sezierende konnte nur nachts arbeiten, bei Kerzenlicht und ohne Kühlung, der Gestank der Toten muss schlimm gewesen sein. Mit wissenschaftlicher Distanz notierte Leonardo, dass die Leichname zu schnell verwesten, um sie ausgiebig studieren zu können. Der grausige Anblick, den sein Arbeitsplatz geboten haben muss, ist seinen Zeichnungen nicht anzumerken. Sie zeigen den Blick eines Menschen, der Harmonie sucht und sie findet. Seine anatomischen Studien zeichnete er mit zarten Strichen und schattierte sie so, dass sie sich fast dreidimensional vom Papier abhoben. Das Ergebnis sind gleichzeitig präzise anatomische Abbildungen und feine Zeichnungen von großer Schönheit. Diese wissenschaftlich-künstlerischen Meisterwerke blieben über Jahrhunderte hinweg die exaktesten anatomischen Zeichnungen überhaupt.

Multiperspektivisches Denken

Für diese Arbeiten entwickelte Leonardo eine besondere Zeichentechnik, die Licht auf ein zentrales Prinzip seines Verstandes wirft. Leonardo scheint eine geistige Veranlagung gehabt zu haben, die ihn bei seiner Betrachtung der Welt keine feste Position einnehmen ließ. Er dachte *multiperspektivisch*. Die Renaissance war eine Zeit, in der Künstler die Perspektive entdeckten, aber kein anderer Künstler hat so viel Zeit wie Leonardo darauf verwendet, sie zu erforschen. In seinen Notizen beschrieb er genau, wie der Maler die einzelnen Elemente eines Bilds miteinander ins Verhältnis setzen und wie er mit Schatten arbeiten müsse, um dem Gesetz der Perspektive zu folgen. Er war nicht einfach nur Perfektionist, für ihn steckte darin ein tieferer Sinn. Er spielte mit Perspektiven, um verschiedene Aspekte eines Gegenstands zeigen zu können. So, wie er bei der Mona Lisa nicht nur die äußeren Formen zeigen wollte, sondern über subtile Nuancen ihrer Mimik tiefere Ebenen in das Bild einarbeitete, reichte es ihm nicht, einen Muskel, Knochen oder ein Organ aus einer einzigen Ansicht zu zeigen. Ihm war klar, dass, wenn er einen Gegenstand betrachtete, der Blick aus einer bestimmten Perspektive nie das Wesen einer Sache einfangen konnte. Man musste *gleichzeitig* die anderen möglichen Perspektiven mitdenken und darstellen. Nur so konnte der Betrachter der Wahrheit einer Sache näher kommen. Leonardo löste das Problem, indem er die Explosionszeichnung perfektionierte, eine multiperspektivische Abbildung, die den Gegenstand in seine Einzelteile zerlegt. Dafür zeichnete er ein Körperteil mehrmals auf dasselbe Papier, und zwar jedes Mal aus einer anderen Ansicht – den Schädel etwa im Profil, im Querschnitt und schräg von oben. So konnte der Betrachter gleichzeitig verschiedene Perspektiven auf ein Objekt sehen. Wie ein Videofilm über einen Menschen ihn besser darstellen kann als ein Foto, wurden Leonardos simultane Mehrfachansichten der Wahrheit einer Sache also gerechter als ein einziger Blickwinkel.

Multiperspektivität ist keine alltägliche Denkweise, die meisten Menschen, brillante Denker eingeschlossen, denken eher *eindimensional*. Man hat also eine automatische, oft unbewusste Präferenz, die eigene Perspektive auf eine bestimmte Sichtweise zu reduzieren. Das ist ökonomisch und, zumindest scheint es so, auch effizient – wer hat schon die Energie, sich allem mit gleichem Elan zuzuwenden? Eindimensionales Denken entspricht dem effizienzorientierten Geist unserer Zeit und vielleicht auch natürlicher Veranlagung. Wenn man eine beliebige Person auf der Straße ansprechen würde, könnte sie wahrscheinlich sagen, ob sie dem Leben eher als rationaler, rechnender oder eher als fühlender, sinnlicher Mensch begegnet, eher als »Künstler« oder als »Wissenschaftler«. Leonardo hingegen scheint nicht auf diese Weise festgelegt gewesen zu sein. Deswegen flossen seine Experimente und Beobachtungen, die man heute naturwissenschaftlich nennen würde, nahtlos in seine Kunst – wenn er etwa die Muskeln und Sehnen einer Figur mit anatomischer Genauigkeit malte. Und er behandelte seine Kunst wie eine Wissenschaft – wie man etwa an seinen Abhandlungen über die Malerei sehen kann. »Leonardos Methode, Wissenschaft und Kunst in seiner Arbeitsweise zu kombinieren, zeigt eine völlig neue Art des Bewusstseins auf«[4], bemerkte der Kunsthistoriker Michael Ladwein. Wahrscheinlich erklärt sich so Leonardos unerschöpflicher Wissensdurst: Das Verständnis war nie abgeschlossen, es gab immer noch weitere Ebenen und Ansichten zu berücksichtigen. Kunst und Wissenschaft waren keine Gegensätze, sondern verschiedene Möglichkeiten, die gleiche Wirklichkeit zu beschreiben.

Verwirrende Vielschichtigkeit

Ein weiteres Beispiel für Leonardos multiperspektivisches Denken, ebenfalls eine Art anatomische Studie, ist so berühmt, dass heute Millionen Menschen eine Kopie davon in ihrer Tasche mit sich herumtragen: Der »vitruvianische Mensch«, Leonardos Zeichnung eines nackten, aufrecht stehenden Mannes, der wie ein doppelt belichtetes Foto in zwei verschiedenen Körperstellungen zu sehen ist, hat es auf die Rückseite der italienischen 1-Euro-Münze geschafft. Leonardo zeichnete ihn etwa ein Jahr, nachdem er mit seinen Schädelansichten begonnen hatte. Es ist eine Proportionsstudie, gezeichnet mit Feder und Tinte, in der das ideale mathematische Verhältnis der Körperteile eines Menschen zueinander dargestellt wird. Obwohl der »vitruvianische Mensch« zum Leonardo-Symbol schlechthin geworden ist, handelt es sich dabei nicht um seine eigene Erfindung. Die Idee basiert auf Beschreibungen des römischen Architekten und Ingenieurs Vitruv, der im ersten vorchristlichen Jahrhundert neben Städtebau und Materialkunde auch die Lehre des »wohlgeformten Körpers« erläuterte. Die Idee dabei ist, dass der Körper eines erwachsenen Mannes mit ausgestreckten Armen sich sowohl in die Geometrie eines Quadrates, als auch in die eines Kreises einfügen kann. Der Mittelpunkt des Körpers, meinte Vitruv, sei der Nabel. Würde man bei einem auf dem Boden liegenden Menschen am Nabel einen Zirkel ansetzen, und einen Kreis um ihn schlagen, müsste der Kreis die Finger- und Zehenspitzen berühren. Das Quadrat ergibt sich aus der Länge von den Fußsohlen bis zum Scheitel, die der Länge beider ausgestreckter Arme entsprechen. Vitruv selbst hat seine theoretische Beschreibung nicht illustriert – das übernahmen spätere Zeichner. Im Vergleich zur Eleganz von Leonardos Version wirken die anderen Zeichnungen aber fast hilflos. Nur Leonardo schaffte es, in einer einzigen Zeichnung eine harmonisch proportionierte Figur zu schaffen, die er sowohl in den Kreis als auch in das Quadrat einpasste. Das gelang, indem er für das Quadrat einen anderen Mittelpunkt nahm als für den Kreis – er setzte ihn in den Schritt der Figur. Das Ergebnis ist eine perfekt proportionierte geometrische Figur, in die der menschliche Körper nahtlos hineinpasst, als wäre er eine abstrakte Form. Die Wirkung des Bildes wird dadurch verstärkt, dass Leonardo beide Ansichten, Kreis und Quadrat, übereinanderlegte, statt sie auf zwei verschiedene Blätter zu zeichnen. Auf diese Weise fügte er dem Bild noch eine weitere Dimension hinzu: Zeit. Der vitruvianische Mann ist aus zwei unterschiedlichen zeitlichen Perspektiven zu sehen, als würde er zwischen seinen beiden Körperhaltungen hin- und herspringen, wie bei einem Wechselbild. Nur ein Mensch, der daran gewöhnt war, unterschiedliche Perspektiven auf ein Objekt als Einheit zu denken, konnte auf diese Idee kommen.

Ausgerechnet eines seiner am meisten bewunderten Kunstwerke fing sofort nach seiner Fertigstellung an kaputtzugehen. In mehr als dreijähriger Arbeit hatte Leonardo das gut vierzig Quadratmeter große Fresko *Das letzte Abendmahl* gemalt, passenderweise an die Nordwand des späteren Speisesaals im Dominikanerkloster Santa Maria delle Grazie in Mailand. Bei dieser Arbeit ging der Erfinder mit ihm durch, und er verzichtete auf die traditionelle Fresko-Technik, bei der die Farben auf feuchten Putz aufgetragen wurden und die den Nachteil hat, dass der Maler schnell arbeiten muss. Stattdessen experimentierte er mit einer Methode, die besser zu seinem Arbeitsstil passte – Leonardo ließ sich gerne Zeit. Also zeichnete er direkt auf die trockene Wand und verwendete – anders als üblich – eine Farbmischung, die auf Eigelb und Leinöl basiert. Auf diese Weise konnte er das Bild immer wieder überdenken und korrigieren. 1498 war das Gemälde, das nach der *Mona Lisa* Leonardos berühmtestes Bild sein dürfte, fertig. Schon zu Leonardos Lebzeiten erregte das Werk großes Aufsehen, Kunstinteressenten und Neugierige nahmen teils lange Wege auf sich, um es sehen zu können. Der französische König Franz I. wollte sogar die gesamte Wand abtragen und nach Frankreich bringen lassen. Aber schnell zeigte sich, dass Leonardos Technik ein verheerender Missgriff gewesen war. Die feuchte Wand saugte die Farbe auf, sie verblasste, brach und bröckelte. Schon 1550 sah Leonardos frühester Biograph Giorgio Vasari nur noch »eine Sammlung an Flecken«[5] an der Wand des Refektoriums. Im

Laufe der Jahrhunderte wurde das Bild immer wieder restauriert, teils mit nicht besonders viel Feingefühl. Es ist auch den vielen Kopien zu verdanken, die Bewunderer angefertigt haben, dass es heute noch zu sehen ist.

Das letzte Abendmahl ist aus vielen Gründen ein faszinierendes Bild. Da ist zum einen wieder das gekonnte Spiel mit der Perspektive. Im *Abendmahl* zeigte Leonardo, dass er die Gesetze der Perspektive nicht nur beherrschte, sondern sie auch gekonnt verbiegen konnte. Was er damit für die Kunst leistete, gilt als bahnbrechend. Das *Abendmahl* steckt voller genau kalkulierter perspektivischer »Fehler«. Wer den Speisesaal des Klosters betrat, wusste Leonardo, musste das Bild von unten betrachten. Er wollte aber, dass es so wirkte, als würde der Betrachter es auf Augenhöhe sehen. Beim Malen verzerrte er deshalb absichtlich die Perspektive. So ist die Gestalt Jesu anderthalbmal so groß wie die seiner Tischgesellen. Die Tafel, an der sie sitzen, ist verkürzt – insgesamt drängen sich dreizehn Esser an einen Tisch, der eigentlich nur elf von ihnen Platz bietet. Auch im Hintergrund des Bildes steckt ein perspektivischer Trick: Der Raum, der auf den ersten Blick wie ein Rechteck wirkt, verengt sich in Wirklichkeit nach hinten. Das Bild wirkt so wie eine Verlängerung des natürlichen Raums.

Bemerkenswert am *Abendmahl* ist jedoch nicht nur das Spiel mit der geometrischen Perspektive. Es ist so vielschichtig, dass es scheinbar unendlich vielen Sichtweisen und Deutungen, ja sogar Verschwörungstheorien Raum bietet. Die wohl berühmteste lässt sich in Dan Browns internationalem Bestseller *Das Sakrileg* nachlesen. Bei näherem Hinsehen bemerkt man, dass man nicht genau sagen kann, was in der scheinbar eindeutigen Szene eigentlich passiert. Ist es der Moment, in dem Jesus seinen Jüngern erklärt: »Einer von euch wird mich verraten?« Oder ist es der Moment, in dem die eigentliche Konsekration stattfindet? Das Bild bietet Material für beide Sichtweisen, und man kommt zu dem Schluss, dass *beides* stimmt, also zwei zeitliche Ebenen gleichzeitig stattfinden, Vergangenheit *und* Zukunft. Manche Interpreten sehen in dem Bild sogar zukünftige Elemente: Jesus hält seine Füße unter dem Tisch auf eine unnatürlich wirkende Weise überkreuzt – in der Position also, die sie später am Kreuz haben werden. Der Kunsthistoriker Leo Steinberg nannte das Bild »ein Wunder an verdichteten Bedeutungen«. Er sah im *Abendmahl* Leonardos »einen intellektuellen Stil, der ständig Inkompatibles vereint, Zeitspannen blitzartig visualisiert, Gegensätze in wunderbarem Einklang«. Steinberg ist sich sicher, dass Leonardo absichtlich so gemalt hat, dass keine eindeutige – man könnte auch sagen: eindimensionale – Deutung möglich ist.

Man kann viel Zeit mit dem *Abendmahl* verbringen. Was auf den ersten Blick einfach wie die kunstvolle Darstellung einer berühmten biblischen Szene wirkt, entwickelt sich wie die *Mona Lisa* allmählich zum Rätsel.

Neue Brille gefällig?

»Der Ursprung von Leonardos außergewöhnlicher Kreativität war seine Fähigkeit, auf unterschiedliche Denkarten zuzugreifen«, glaubt die bulgarische Journalistin Maria Popova. Wie nun lassen sich daraus Erkenntnisse für unser eigenes Denken gewinnen? Um die Antwort zu finden, sollten wir einen Blick in Leonardos Kopf werfen – im wörtlichen Sinn, in sein Gehirn nämlich.

Ob wir die Welt aus einer eher rational-linearen oder eher aus einer emotionalen und fühlenden Perspektive betrachten, ob wir Biologie studieren oder Ausdruckstanz, spiegelt sich in der Art und Weise wider, wie unser Gehirn strukturiert ist und wie es die Welt ordnet. Populärwissenschaftlich werden diese Tendenzen gerne mit der Dominanz der rechten oder linken Gehirnhälfte gleichgesetzt. Dieses Hemisphärenmodell ist ein vereinfachtes Verständnis der Funktionsweise des Gehirns, es weist beiden Gehirnhälften klar abgesteckte, unterschiedliche Aufgabenbereiche zu. Demnach ist die linke Gehirnhälfte auf rationale, analytische und sprachliche Prozesse spezialisiert, die rechte Gehirnhälfte auf kreative, emotionale. Das Modell gilt als veraltet, weil man die Sache so schematisch nun auch wieder nicht erklären kann – beide Seiten sind an Vernunft, Emotionen und Sprache beteiligt. Es gibt also diese strikte Zweiteilung nicht. Richtig ist aber, dass es bei Menschen bestimmte Präferenzen gibt, welchen Bereich des Gehirns sie für bestimmte Tätigkeiten benutzen. Das Modell ist also weiterhin nützlich, weil es bestehende Tendenzen und auch eine gewisse Haltung der Persönlichkeit verdeutlicht. »In den Hemisphären mit ihren unterschiedlichen Komponenten und Fähigkeiten stecken unterschiedliche Persönlichkeitsschwerpunkte«[6], glaubt Professor Onur Güntürkün, der an der Universität Bochum das Zusammenspiel der Hirnhälften erforscht. Aus diesen Persönlichkeitsschwerpunkten setzt der Mensch ein Selbstbild zusammen, das die Art und Weise bestimmt, wie er allem im Leben begegnet. Es ist wie eine Brille, die fest an den Kopf geschraubt ist. Selten nur begegnet man einem Menschen, der in der Lage ist, diese Perspektiven zu wechseln, als würde er zwischen verschieden getönten Brillen frei wählen. Leonardo, so scheint es, konnte genau das.

Shlain erwähnt in diesem Zusammenhang einige interessante Auffälligkeiten, die er aus Leonardos Notizen, Arbeiten und Beschreibungen seiner Persönlichkeit zieht. Die Struktur eines Gehirns und das Ausmaß, in dem beide Gehirnhälften funktional spezialisiert sind, hängt, das legen verschiedene neurowissenschaftliche Studien nahe, unter anderem von Faktoren wie Geschlecht, Rechts- oder Linkshändigkeit und sexueller Präferenz ab. Als am stärksten spezialisiert gilt das Gehirn eines männlichen, heterosexuellen Rechtshänders. Bei den meisten Menschen, die diese Merkmale haben, ist die linke Gehirnhälfte dominant. Das Gehirn eines Linkshänders ist interessanterweise nicht einfach ein Spiegelbild des Rechtshänders, sondern allgemein symmetrischer. Gleiches gilt für Frauen und Homosexuelle. Außerdem ist das *Corpus callosum*, der Balken zwischen den beiden Hemisphären, der für den Informationsaustausch sorgt, aber auch eine Hirnhälfte hemmen kann, bei Linkshändern und homosexuellen Männern tendenziell stärker ausgeprägt als bei Rechtshändern – wie die Neurowissenschaftlerin Sandra F. Witelson zeigen konnte. Natürlich sind diese Befunde keine in Stein gemeißelten Tatsachen, die auf jedes Individuum zutreffen, sondern Verallgemeinerungen. Es geht um statistische Werte, die sich nach Studien glockenförmig verteilen: Sie treffen also auf einen großen Teil der Menschen zu, aber nicht auf alle. Trotz dieser Einschränkungen passen diese Werte zu Leonardo jedoch bemerkenswert gut: Er war Linkshänder (konnte allerdings beidhändig arbeiten) und schrieb in einer äußerst merkwürdigen Spiegelschrift von rechts nach links in seine Notizbücher. Es wird außerdem davon ausgegangen, dass er wahrscheinlich homosexuell war, wofür es einige Anhaltspunkte gibt: Er war nie verheiratet, hatte keine Kinder und erwähnte Frauen in seinen Notizen kaum, er scheint sie lediglich als visuell interessantes Material für seine Kunstwerke betrachtet zu haben. In jungen Jahren wurde er einmal verhaftet und landete im Gefängnis, weil man ihn homosexueller Handlungen beschuldigt hatte – damals eine Straftat. Seine mögliche Homosexualität, seine Linkshändigkeit und seine Spiegelschrift sind allesamt Hinweise darauf, dass Leonardos Gehirn symmetrischer und die Gehirnhälften vermutlich stärker miteinander vernetzt waren, als das beim Durchschnitt der Fall ist. Einen weiteren Hinweis darauf sieht Shlain in der Tatsache, dass Leonardo Metaphern und Rätsel liebte. »Damit das passieren konnte, muss es eine starke Verbindung aus Corpus-callosum-Fasern zwischen seiner rechten und seiner linken Gehirnhälfte gegeben haben.« Die rechte Hirnhälfte kann Dinge wie Metaphern, Körpersprache, Humor, Tonfall verstehen. Um dies aber in Worte fassen zu können, ist eine Zusammenarbeit der rechten und linken Gehirnhälfte nötig. Leonardo kommunizierte mühelos und ausgiebig in Metaphern und Bildern.

Man könnte ein solches Gehirn *symmetrisch* oder *ausgeglichen* nennen – oder auch *androgyn*. Denn die Eigenschaften, die verallgemeinernd mit der linken Gehirnhälfte in Verbindung gebracht werden – rational, analytisch, berechnend –, sind traditionell mit Männlichkeit konnotiert, die der rechten Hemisphäre – kreativ, emotional – mit Weiblichkeit. Hier liegt ein Schlüssel, der die multiperspektivische Denkstruktur zugänglich macht: »In allen Kulturen werden Männer dazu erzogen, ›maskulin‹ zu sein und die Anteile ihres Charakters, die kulturell als ›feminin‹ gesehen werden, gering zu schätzen und zu unterdrücken, von Frauen wiederum wird das Gegenteil erwartet. Kreative Individuen entwischen zu einem gewissen Grad diesen starren Geschlechterstereotypen«, schreibt der Psychologe Mihály Csíkszentmihályi in seinem Buch *Creativity: Flow and the Psychology of Discovery and Invention,* für das er und sein Team 91 besonders kreative Menschen interviewt haben. Bei Tests, erklärt Csíkszentmihályi, sei immer wieder aufgefallen, dass kreative Mädchen sich dominanter und rauer verhielten als ihre Geschlechtsgenossinen und dass kreative Jungen sensibler und weniger aggressiv als andere Jungen waren. »Eine psychologisch androgyne Person verdoppelt praktisch ihr Repertoire an Reaktionsmöglichkeiten und kann mit der Welt auf eine Weise interagieren, die ein viel reichhaltigeres und bunteres Spektrum an Möglichkeiten abdeckt. Es ist keine Überraschung, dass kreative Individuen mit größerer Wahrscheinlichkeit nicht nur die Stärken ihres eigenen Geschlechts haben, sondern auch die des anderen.«

Interessant ist, dass Androgynität in Leonardos Malereien und Skizzen immer wieder auftaucht. Das Gesicht der *Mona Lisa*, das Porträt Johannes des Täufers, der Jünger Johannes im *Abendmahl:* Sie alle sind schwer nur einem Geschlecht zuzuordnen. Man würde den Künstler und Erfinder Leonardo aber unnötig reduzieren, wenn man seine Denkart allein auf psychologische Androgynität zurückführen würde.

Es gibt Experten, die glauben, dass jede Gehirnhälfte nicht nur eigene Fähigkeiten, sondern auch ein eigenes Bewusstsein hat. Dazu gehört der britische Psychiater Iain McGilchrist, der in seinem Buch *The Master and his Emissary* davon ausgeht, dass die vielleicht wichtigste Funktion des *Corpus callosum* nicht im Informationsaustausch zwischen zwei Gehirnhälften besteht, sondern darin, eine Hälfte hemmen zu können. Das ist wichtig, weil das Bewusstsein – oder die Perspektive – beider Gehirnhälften einander ergänzen, sich aber auch widersprechen. McGilchrists These lautet, dass wir in einer Zeit leben, die vom Bewusstsein der linken Hemisphäre dominiert wird, in der wir die Welt mit abstraktem, rationalem, generalisierendem Denken betrachten, während die rechte Gehirnhälfte ein Weltbild kreiert, in der die Dinge sich immer wieder ändern und nie bis ins Letzte verstanden werden können. Leonardos Multitalent war vielleicht das Ergebnis einer eleganten Verschmelzung der Perspektiven und Fähigkeiten beider Seiten: Er war ein Pazifist, der Kriegsmaschinen entwarf, ein mitfühlender Vegetarier, der auf dem Markt Vögel kaufte und freiließ, aber auch begeistert Tiere sezierte. Man könnte das für Beliebigkeit halten – aber man kann es auch als die Fähigkeit eines Mannes sehen, verschiedene Perspektiven annehmen und validieren zu können. Er wusste, dass ein einziger Standpunkt niemals allgemeingültig sein konnte. Viel spricht dafür, dass er genau deswegen so kreativ war.

 Links- oder Rechtshändigkeit, Homo- oder Heterosexualität, ein weiblicher oder männlicher Körper: das alles sind Dinge, die wir kaum verändern können und meistens auch nicht wollen. Aber können wir, wie McGilchrist sagen würde, die Dominanz der linken Gehirnhälfte brechen, in unserem Denken und in unserer Perspektive gleichsam symmetrischer werden? Die Antwort auf diese Frage steht noch aus, aber es gibt bereits viele Hinweise darauf, dass es möglich sein könnte. Anders, als man früher geglaubt hat, erstarrt nämlich ein Gehirn nicht, sobald es ausgewachsen ist, sondern es verändert sich ein Leben lang. Alles, was wir erleben und erlernen, ob wir uns mit Physik beschäftigten oder mit Bauchtanz, Ölbilder malen oder dieses Kapitel lesen, nimmt auf seine Struktur Einfluss. Und allein das Bewusstsein darüber, dass unser Gehirn die Möglichkeit hat, zwei einander scheinbar völlig verschiedene Blicke auf die Welt und das Leben zu produzieren, zwei entgegengesetzte Denkarten, die jede für sich genommen vollkommen valide sind – zwei selbstständig bewusstseinsbegabte Einheiten in einer einzigen Person –, kann unsere Sicht verändern: Wir können uns bewusster über Aspekte unserer Wahrnehmung werden, die wir normalerweise eher beiseiteschieben oder als unwichtig abtun. Ein Mensch, der eine eher emotionale Sichtweise bevorzugt, tut gut daran, sich auch mit rationalen Denkarten auseinanderzusetzen. Ein von Logik geleiteter Mensch wiederum tut sich einen Gefallen, wenn er irrationale, gefühlvolle Sichtweisen zulässt. Das mag sich zunächst unnatürlich oder sogar unangenehm anfühlen – immerhin stellen wir dabei etwas infrage, das zu unserem Selbstbild gehört –, letztlich entsteht daraus aber ein flexibleres, kreativeres Denken. Es geht nicht darum, überhaupt keinen Standpunkt mehr zu haben, sondern die Möglichkeiten unserer Wahrnehmung besser auszunutzen. Jede fixe Perspektive ist eine Verarmung.

Leonardo, der Grenzenverwischer

Der Kunsthistoriker Kenneth Clark hat Leonardo als »den unermüdlichsten unter allen wissbegierigen Menschen der Geschichte« bezeichnet.[7] Wenn man davon ausgeht, dass Leonardo ein multiperspektivischer Denker war, ist klar, warum dieser Mann nie mit dem Suchen aufgehört hat: Solange es noch einen anderen Aspekt zu beleuchten gab, konnte er sich nicht zufriedengeben – und es gab immer noch mehr zu wissen.

Zu dieser Denkart scheint es aber noch einen breiteren Kontext zu geben. Leonardo scheint eine Art Einheitsbewusstsein gehabt zu haben – nicht im esoterischen Sinne, sondern als real erlebte intellektuelle und emotionale Wahrnehmung der Verbundenheit zwischen den Dingen. In einem seiner Notizbücher schrieb er über die »Prinzipien für die Entwicklung eines vollendeten Geistes«[8] folgende Anleitung:

1. Studiere die Wissenschaft der Kunst.
2. Studiere die Kunst der Wissenschaft.
3. Entwickele deine Sinne – lerne vor allem, zu sehen.
4. Erkenne, dass alles mit allem verbunden ist.

Diese vier Punkte sind ein Hinweis darauf, welche geistige Haltung hinter Leonardos multiperspektivischem Denken steckte. Kunst und Wissenschaft waren für ihn untrennbar miteinander verbunden, wie zwei Seiten einer Medaille. Deshalb flossen sie in seiner Arbeit mühelos ineinander. Die Verbundenheit der Dinge sah er in immer wiederkehrenden Parallelen, Verknüpfungen und Mustern. Er beschrieb, wie die Bewegungen auf der Oberfläche von Wasser, das Wellen und Kräuseln, der Struktur menschlicher Haare gleichen. Er erkannte, dass ein Stein, den man ins Wasser warf, Kreise erzeugte, die Schallwellen gleichen. Multiperspektivität bedeutete, dass man immer wieder andere Aspekte der Wirklichkeit betrachtete, ohne aber zwischen ihnen klare Trennlinien zu ziehen. Vielleicht ist das auch der Grund dafür, dass Leonardo seine Notizen nie geordnet hat. Er konnte einen Eintrag in eines seiner Bücher schreiben, und dann Jahre später einen weiteren Einfall auf das gleiche Blatt kritzeln. Viele Forscher machte er später damit wahnsinnig, aber für seine Denkart war das ganz logisch: Kategorien waren ihm egal, für ihn hatte jede Idee und jede Beobachtung, die er aufschrieb, einen Bezug zu allen anderen Gedanken, die er notiert hatte. Ein visueller Ausdruck dieser verschwimmenden Grenzen ist seine berühmte *Sfumato*-Technik (nebenbei ein weiterer künstlerisch-innovativer Beitrag, den er zum Thema Perspektive geliefert hat). Künstler vor ihm zeichneten die Umrisse ihrer Figuren auf dem Untergrund schwarz vor und malten sie dann aus. Leonardo erklärte, die Umgrenzung eines Körpers sei weder Teil des Körpers an sich noch Teil des ihn umgebenden Raums – und verwischte beim Malen die Grenzen zwischen seinen Figuren und ihrer Umgebung.

Wenn Sie selbst mit multiperspektivischem Denken experimentieren wollen, versuchen Sie vielleicht einmal, Ihre Perspektive als »Frau« oder »Mann« infrage zu stellen. Das klingt heutzutage vielleicht gar nicht mehr aufregend, da die Grenzen zwischen den Geschlechtern bereits viel verschwommener sind, als sie es früher waren (Leonardo hätte das wahrscheinlich gefallen). Dennoch gehört die eigentliche Geschlechtsidentität, das kann jeder Psychiater bezeugen, zu den Dingen, die wir für unerschütterlich halten. Wie wäre es, wenn Sie einmal damit spielen würden? Machen Sie sich bewusst, wie sehr Sie die Welt durch die Brille »Mann« oder »Frau« betrachten. Und dann versuchen Sie, die andere Brille anzuziehen. Wie verändert sich Ihre Wahrnehmung? Sehen Sie mehr oder andere Aspekte der Realität, als Sie es vorher getan haben?

Sie können dieses Spiel mit jeder Perspektive treiben, die Ihnen einfällt – wenn Sie überzeugter Fleischesser sind, können Sie die Perspektive eines Veganers einzunehmen versuchen oder eine politische Haltung, die Ihnen völlig fremd ist. Sie können sogar versuchen, mehr zu tun, als sich nur intellektuell in eine andere Meinung hineinzudenken. Wir nehmen normalerweise nur Überzeugungen an, die uns sympathisch sind. Aber lassen Sie ruhig einmal vorübergehend alle Zurückhaltung fahren und werden Sie als Fleischesser vorübergehend zum Veganer (oder umgekehrt), denken und fühlen Sie aus dieser Perspektive heraus. Sie müssen dafür nicht in ein Restaurant und das entsprechende Essen bestellen, das Ganze kann zu Hause in einem Armsessel passieren. Ihr Denkapparat ist in gewisser Weise nicht anders als Ihr Körper: Wenn er zu wenig bewegt wird oder immer nur die gleichen Bewegungen macht, wird er steif und unflexibel. Wenn man lernt, Perspektiven einzunehmen, die fremd und ungewohnt sind, ist das wie Gehirngymnastik, das Denken wird elastischer und kreativer.

Sokrates

Der philosophische Liebhaber
oder
Keine Angst vor dem Nichts

Der griechische Philosoph Sokrates sorgte schon immer für Begeisterung, aber auch für Verwirrung und Ärger. Das ist heute, fast 2500 Jahre nach seinem Tod, nicht anders als im alten Athen. Während aber die Athener sich einst mit einem Sokrates aus Fleisch und Blut auseinandersetzten, sich über ihn ärgerten und ihn verehrten, entzweien sich heutige Forscher an einer grundsätzlicheren Frage. Nämlich der, wer der historische Sokrates überhaupt war und was er wirklich gelehrt hat. Denn dieser Mann, der als Philosoph so sehr herausragte, dass alle Denker vor ihm sich mit der Bezeichnung »Vorsokratiker« zufriedengeben müssen, hat der Nachwelt nicht den Gefallen getan, auch nur ein Wort seiner Lehre aufzuschreiben. Das lag ihm einfach nicht, denn Sokrates war einer, für den Worte etwas Lebendiges waren, das immer wieder hinterfragt und mit Bedeutung gefüllt werden musste. Die Schrift, sagt Sokrates im Dialog *Phaidros*, gleiche der Malerei: »Denn die Erzeugnisse auch dieser stehen wie lebendig da, wenn du sie aber etwas befragst, schweigen sie sehr vornehm.«[1] Einmal aufgeschrieben, verlieren Worte ihre Kraft, sie erstarren auf dem Papier. Diese Einstellung ist bereits ein Hinweis auf Sokrates' Denkart.

Aber ehe wir uns diesem Denken widmen, müssen wir uns dem »sokratischen Problem« widmen. Also der Frage nach der Abgrenzung zwischen Sokrates' Vorstellungen und denen

Platons, seines berühmtesten Schülers, der die Lehren seines Meisters dokumentiert hat. Wenngleich auch zwei weitere sokratische Zeitgenossen, der Komödiendichter Aristophanes und der antike Politiker und Schriftsteller Xenophon über Sokrates schrieben, hat keiner dabei so viel Material produziert wie Platon. Gleichzeitig sind die sokratischen Dialoge und Reden, die Platon aufgezeichnet hat, philosophisch viel reichhaltiger als die des Aristophanes und des Xenophon. In ihnen stecken einige der brillantesten Denkstücke aus Sokrates' geistigem Nachlass. Was die Frage aufwirft: Hat Platon wirklich nur die Ideen seines Lehrers dokumentiert, oder hat er die Figur des Sokrates auch benutzt, um seine eigenen Ideen zu beschreiben? Viele gehen klar davon aus, dass Platon sich seines Lehrers in dieser Weise bemächtigt hat. Denn das würde nicht nur eine plausible Erklärung für Widersprüche zwischen den Quellen liefern, sondern auch für inkonsistente Aussagen des Sokrates bei Platon. Für dieses Kapitel ist dieser Punkt deshalb relevant, weil wir der sokratischen Denkart auf den Grund gehen wollen, nicht der des »hybriden Wesen, das ich Platsoc nenne«[2], wie der Sokrates-Biograph Paul Johnson abfällig schrieb.

Um es vorwegzunehmen: Wenngleich Forscher seit Hunderten von Jahren über diesen Punkt diskutieren, kam dabei nie ein Konsens zustande. Jeder muss und darf diese Frage daher selbst beantworten. Man kann sich dem Lager zuordnen, das den ›echten‹ Sokrates vor allem in den frühen Dialogen Platons zu sehen glaubt. Johnson schreibt, am Anfang sei Platon »noch unschuldig, also hingerissen genug von Sokrates' Denken und Methode« gewesen, »um beides akkurat wiederzugeben«.[3] Später dagegen habe Platon die Figur seines Lehrers als Marionette benutzt, um seine eigenen Vorstellungen zu verbreiten, insbesondere die Ideenlehre. Um den echten Sokrates aus den Texten zu destillieren, dürfte man demnach nur Platons frühere Werke akzeptieren. Dieses Vorgehen ist umstritten, weil die zeitliche Einordnung von Platons Texten nicht ausreichend geklärt ist.

Andere haben den ›echten‹ Sokrates gesucht, indem sie Platons Werke mit den übrigen Quellen abglichen. Was bei Aristophanes und Xenophon nicht auftaucht, muss demnach bei Platon bezweifelt werden. Dieses Vorgehen ist nachvollziehbar, aber es hat Schwachstellen: Es gibt sehr wenige Überschneidungen zwischen den Texten von Platon, Xenophon und Aristophanes. Wieder andere meinen, die Lehre der urbildhaften Formen, die »Ideenlehre«, sei Platon pur, der ›echte‹ Sokrates hätte diese Theorie nie vertreten. Aber selbst in den frühen Dialogen, die alle für ›echt‹ sokratisch halten, kommen Ideen bereits implizit vor.

Nimmt man hingegen jeden Satz, der in Platons Schriften in Sokrates' Namen gesagt wird, als dessen tatsächlichen Ausspruch, ergibt sich ein ziemlich komplexes Bild des Philosophen. Dieser Sokrates ist ein radikaler Denker, der über die Art und Weise lachen würde, in der manches heutige Philosophieseminar seine Lehre als starres Wissen behandelt. Sokrates selbst behauptet im dritten Buch von Xenophons *Memorabilia*, die Eigenschaften eines Menschen würden »sich in den Mienen und in der Körperhaltung, sei es beim Stehen, sei es in der Bewegung, ausdrücken«.[4]

Wenn er damit recht hat, man also von den äußeren Anzeichen auf das Wesen einer Person zu schließen vermag, dann lassen auch Sokrates' Gesicht und Körper Rückschlüsse darauf zu, wie schwer greifbar dieser Mann war. Seine Zeitgenossen beschrieben ihn als ziemlich hässlich. Er lief stets barfuß, badete unregelmäßig und trug auch im Winter nur einen dünnen Umhang. Gleichzeitig war er ein Mann, dessen Äußeres Eindruck machte: Er stählte seinen Körper im *Gymnasion* und besaß eine melodische Stimme, die er nie unnötig hob. Wenn er wütend war, was selten geschah, sprach er leiser. Er konnte Unmengen Wein trinken, ohne die Haltung zu verlieren, und hatte stets einen gleichmütigen Gesichtsausdruck, wie der römische Philosoph und Redner Cicero bewundernd schrieb. Ja, Sokrates war eine Erscheinung, die durchaus verwirren konnte. Auch seine Lehre war provozierend widersprüchlich. In einem Dialog konnte er überzeugend eine bestimmte Position verteidigen, nur um im nächsten Gespräch dann das Gegenteil zu behaupten. Mal scheint es, als würde er dem Menschen jede Möglichkeit echter Weisheit absprechen, dann wieder treibt er klare philosophische Vorstellungen voran. Er huldigt, dem Geist seiner Zeit entsprechend, der Erotik schöner Jungen, rührt sie aber nicht an. Und er hat deutlich mystische Züge: Er kommuniziert mit einer inneren Stimme, seinem *daimonion,* und steht manchmal lange Zeit einfach nur da und starrt ins Leere.

Im Vergleich zu diesem Bild eines Philosophen wirkt der reduzierte Sokrates geradezu blass. Er ist ein skeptischer Rationalist und Moralist, ein logischer Denker und religiöser Mann ohne mystische Qualität und ohne pikante erotische Interessen. Attraktiv an dieser Variante des Philosophen ist zweifellos, dass er einfacher zu handhaben ist und dass er gut zur westlichen Vorstellung eines Philosophen passt. Aber Sokrates war kein Philosoph, wie man ihn sich heute vorstellt. Er lebte in einer renaissanceartigen Atmosphäre, in dem Philosophie, Wissenschaft, Poesie und Mystik ineinander flossen, sich gegenseitig befruchteten, erst gemeinsam ein ganzheitliches Bild ergaben. Man muss ihn sich also in diesem Zusammenhang denken. Unsere heutigen eng gefassten Kategorien wären ihm künstlich und seltsam beschränkt vorgekommen. Wie Sokrates in einem bestimmten Moment auftrat, hing auch von den Menschen ab, mit denen er es zu tun hatte. »Sokrates (…) hat offensichtlich viele Themen gelehrt und darüber diskutiert, stundenlang und fast jeden Tag über einen Zeitraum von mindestens fünfundzwanzig, vielleicht mehr als vierzig Jahren. Da er selbst kaum eine oder keine eigene Doktrin vertrat, sondern mit Hilfe seiner Fragen die Wahrheit aus anderen herauslocken wollte, ist es wahrscheinlich, dass er viele verschiedene Themen mit verschiedenen Menschen diskutiert hat; diese Menschen, die ihren eigenen Verstand und ihre Wertsysteme gesucht haben, können tatsächlich sehr unterschiedliche Philosophien aus der Begegnung mit ihm mitgenommen haben«[5], schreibt Sanderson Beck in seinem Buch *Confucius and Socrates.*

Unsere Position zum »sokratischen Problem« ist daher die folgende: Wir nehmen Platon wörtlich und gehen davon aus, dass der in seinen Werken beschriebene Sokrates authentisch ist. Wie gut die scheinbare Widersprüchlichkeit von Figur und Aussagen des Sokrates zu seiner Denkart passt, wird sich im Laufe der nächsten Seiten zeigen.

Eine Hebamme der Wahrheit

Sokrates hatte sich einen ungewöhnlichen Ort für seine philosophischen Studien ausgesucht. Er philosophierte nicht in ehrwürdigen, kühlen Hallen, sondern im hitzigen Herzen Athens, der Agora. Auf diesem fast quadratischen Platz, auf dem die Götter ihre Tempel und politische Institutionen ihren Sitz hatten, auf dem Statuen an Helden erinnerten, brummte das Leben. Man musste seine Stimme heben, um diskutieren zu können, die griechische Sonne brannte, die Menschen drängten sich, es stank. Denn die Agora war auch ein Markt- und Versammlungsplatz, Tag für Tag trafen sich die Athener hier, tauschten Klatsch aus, kauften Fisch, Feigen und Brot. Hier lief Sokrates barfuß inmitten des Lärms und der Hitze umher und riss die Athener mit seinen Fragen aus ihrem Alltagstrott. Dabei war er, schreibt die Historikerin Bettany Hughes, »erschreckend unberechenbar«.[6] Er konnte plötzlich auf einen nichtsahnenden Passanten zuspringen und ihn mit einer philosophischen Grundsatzfrage überraschen: »(…) wie, Bester Mann, als ein Athener aus der größten und für Weisheit und Macht berühmtesten Stadt, schämst du dich nicht für Geld zwar zu sorgen (…), für Einsicht aber und Wahrheit und für deine Seele, daß sie sich aufs beste befinde, sorgst du nicht (…).«[7]

Auf diese Weise lernte auch Xenophon Sokrates kennen. Sokrates' bevorzugtes Publikum waren Heranwachsende und junge Männer, der junge Xenophon muss dem Philosophen ins Auge gefallen sein. Sokrates kam also auf ihn zu und fragte Xenophon zunächst unschuldig, wo er gewisse Haushaltsgegenstände kaufen könne. Dann, völlig unerwartet, fragte er: »Und wie sieht es mit einem tapferen und tugendhaften Mann aus?« Xenophon, man kann es ihm nicht verdenken, reagierte verwirrt. Darauf schlug Sokrates vor, dass der Bursche sich ihm anschließen möge, um der Sache weiter nachzugehen.

Dieses Vorgehen war typisch für Sokrates. Er verglich sich selbst mit einer Bremse, die ein edles, aber träges Pferd aufreizt. Er wollte die Menschen aus ihrem Trott herausreißen, ihnen die Augen dafür öffnen, dass sie ihr Leben einfach selbstverständlich nahmen, statt es zu hinterfragen. Bei manchen erregte er damit Anstoß, was nicht weiter verwunderlich ist. Er war, davon kann man wohl ausgehen, auf der Agora manchmal eine ziemliche Nervensäge. Trotzdem fühlten sich viele von dem Barfuß-Philosophen, der so anders war als die anderen Denker seiner Zeit, magisch angezogen. Denn Sokrates zeigte die Lebensrelevanz der Philosophie auf. Cicero schrieb später über ihn, er sei der Erste gewesen, der »die Philosophie aus den obern Welten herabrief, sie in Städten anlegte, in die Häuser führte, und sie in die Notwendigkeit versetzte, sich unmittelbar mit Dingen, welche geradezu das menschliche Leben, die Sitten, das Gute und Böse betrafen, zu beschäftigen«.[8]

Es gab zu dieser Zeit in Athen zwei Gruppen von Philosophen: Die einen lehrten, *was* man denken sollte, die anderen, *wie* man denken sollte. Sokrates gehörte klar zu den letzteren. Er war kein Weisheitslehrer, der anderen die Welt erklärte. An vorgefertigten Konzepten hatte er kein Interesse, er hinterfragte alles, inklusive seiner eigenen Meinungen. Er betrachtete sich als »Hebamme«, die anderen dabei half, eigene Weisheit zu »gebären«. Diese *Mäeutik* genannte Methode praktizierte Sokrates in den Dialogen mit seinen Mitmenschen. Selten hielt er seinen Zuhörern also einfach Vorträge über ein bestimmtes Thema, meistens stellte er Fragen wie: »Was ist Gerechtigkeit?«, »Was ist Wahrheit?«, »Was ist Mut?«. Er trat dabei nicht als Lehrer auf, sondern als Schüler, der vorgab, von anderen belehrt werden zu wollen. Das schmeichelte seinen Gesprächspartnern und brachte sie dazu, ihm die Welt zu erklären. Sie wussten nicht, worauf sie sich einließen. Indem Sokrates immer weiter nachfragte – freundlich, manchmal für seine »Naivität« um Entschuldigung bittend –, entpuppte sich das vermeintliche Wissen der Erklärenden als Scheinwissen.

Mit einer automatischen oder offensichtlichen Antwort ließ dieser verwirrende Philosoph sich nie abspeisen. Er fragte stets weiter, bis sich zeigte, dass die Definition oder Meinung seines Gesprächspartners falsch oder nicht durchdacht war, weil er sich in seinen Aussagen widersprach oder weil seine Antwort nur unter bestimmten Umständen stimmte. Auf diese Weise durchbrach Sokrates die Selbstsicherheit, mit der seine Gesprächspartner ihre Behauptungen trafen, und zeigte ihnen wieder und wieder, dass ihre Antworten, so gut sie auch klingen mochten, in sich hohl waren. Wer mit Sokrates sprach, bekam das Gefühl, dass er im Grunde von nichts eine Ahnung hatte.

Natürlich tat Sokrates das nicht einfach nur, um sich aufzuspielen oder den anderen ihre Dummheit unter die Nase zu reiben. Wäre es so gewesen, er hätte wohl kaum eine so begeisterte Anhängerschaft gehabt.

Verfolgt man den Erkenntnisprozess in Sokrates' Dialogen, kann man sehen, welche Denkart Sokrates seinen Zuhörern zeigen wollte. Er führte sie weg von einem *selbstsicheren Denken* und hin zu *direktem Denken*. Im selbstsicheren Denken steckte eine Art von Arroganz, die Sokrates entlarven wollte: die Selbstverständlichkeit, die wir an den Tag legen, wenn wir zu wissen meinen, was Liebe ist, was Gerechtigkeit, was Wahrheit oder Mut. »Aber woher wissen wir, dass etwas gerecht ist?«, würde Sokrates fragen, »wer hat uns das beigebracht?« Tatsächlich benutzen wir diese Begriffe, ohne ihre Bedeutung jemals wirklich selbst erkannt und definiert zu haben. Gerade weil die Bedeutung dieser Begriffe offensichtlich scheint, halten wir es nicht für nötig, sie groß zu hinterfragen. Wann immer wir meinen, dass wir mehr wissen, als wir es tatsächlich tun – und das ist fast immer der Fall –, ist selbstsicheres Denken am Werk. Direktes Denken dagegen bedeutet, dass nichts als selbstverständlich angenommen werden kann. Es basiert auf der Annahme, dass alles, was wir über die Welt denken, hinterfragt werden kann – und *muss*. Wer nicht selbst forscht, lebt nur ein vages Sammelsurium an Vorstellungen, die er von anderen übernommen hat. Man könnte dieses Denken auch abenteuerlustig nennen, denn es ist immer eine Reise ins Ungewisse.

Es ist kein Zufall, dass Sokrates berühmtestes Zitat »Ich weiß, dass ich nichts weiß« lautet. Seit Jahrhunderten fasziniert Menschen dieser Satz. Das hat einen gewissen ironischen Beigeschmack, weil Sokrates diesen Satz wohl nie so gesagt hat. Das vermeintliche Zitat stammt aus Platons *Apologie*, in der Sokrates vom Athener Chairephon erzählt, dem das Orakel in Delphi verkündet hat, dass niemand weiser als Sokrates sei. »Was meint doch wohl der Gott? und was will er etwa andeuten? Denn das bin ich mir doch bewußt, daß ich weder viel noch wenig weise bin«, wundert sich Sokrates. Und beschreibt, dass er die Sache auf seine Weise untersuche, indem er mit einem Staatsmann in Athen sprach, der als weise galt. »Im Gespräch mit ihm schien mir dieser Mann (…) am meisten aber sich selbst sehr weise vorzukommen, es zu sein aber gar nicht. Darauf nun versuchte ich ihm zu zeigen, er glaubte zwar weise zu sein, wäre es aber nicht; wodurch ich dann ihm selbst verhaßt ward (…) Ich scheine also um dieses wenige doch weiser zu sein als er, daß ich, was ich nicht weiß, auch nicht glaube zu wissen.«[9]

Sokrates behauptet also keineswegs, dass er gar nichts weiß. Sein »Nicht-Wissen« ist ein Bewusstsein der Tatsache, dass das menschliche Wesen Grenzen hat und es Dinge gibt, die kein Mensch wissen kann. Ein Schuhmacher mag sich mit Sandalen auskennen, ein Redner mit Rhetorik, das aber ist Expertenwissen. Angeeignetes Wissen war für Sokrates immer starr und unveränderlich. Es war keine Weisheit. Weisheit ließ sich nie festhalten, aufschreiben, auswendig lernen. Sie war das Ergebnis eines Moments, in dem sich der Geist plötzlich weitete und Platz für eine Erkenntnis machte. Und dieser Moment war immer flüchtig. Was man heute über »Liebe« verstanden hatte, musste man morgen wieder ganz von vorne zu verstehen versuchen.

Hier liegt auch der Grund dafür, dass Sokrates selbst nichts aufschrieb. Man hätte seine Erklärungen sonst als fertig durchdachte Weisheit überliefern können. Das war aber überhaupt nicht in seinem Sinne. Er wollte keine Inhalte vermitteln, sondern eine Denkstrategie. Schließlich war er selbst bereit, seine Erkenntnisse wieder und wieder anzuzweifeln, neu zu hinterfragen, das Gegenteil zu behaupten. Sokrates lehrte: Wer glaubt, alles verstanden zu haben, ist dümmer als einer, dem klar ist, dass sein Wissen Grenzen hat. Paradoxerweise ist »Nicht-Wissen« also eine übergeordnete Form von Weisheit.

In Platons Dialog *Alkibiades I* versucht Sokrates, diese Denkart seinem Lieblingsschüler beizubringen. Alkibiades ist ein reicher, vornehmer Athener, zu diesem Zeitpunkt kaum zwanzig Jahre alt und ebenso schön wie arrogant und eingebildet. Er ist der Meinung, dass er ein politisches Naturtalent sei und daher an Entscheidungen über Krieg und Frieden beteiligt werden sollte. Um seine politische Karriere in Gang zu bringen, will er als Redner vor die Volksversammlung treten. Sokrates nimmt sich den jungen Mann vor und zerlegt ihn nach Strich und Faden. Dabei bedient er sich dreier typischer sokratischer Mittel: Ironie, Logik und naive Fragen. Mit Ironie zeigt Sokrates die Arroganz und Oberflächlichkeit auf, die in Alkibiades' Aussagen steckt. Durch Logik bringt er die Widersprüche in Alkibiades' Antworten ans Licht. Er stellt absichtlich naive Fragen, um die offensichtlichen Schwachstellen in Alkibiades' Selbsteinschätzung zu zeigen. So fragt er etwa, wie Alkibiades die Versammlung in Athen denn beraten wolle. In medizinischen Fragen? Oder bei der Kunst des Schiffbaus vielleicht? Aber dafür würde sich wohl eher ein Arzt oder ein Schiffbauer eignen, da diese ja Experten in diesen Dingen seien. Wofür also sei Alkibiades der Experte? Alkibiades muss zugeben, dass er eigentlich nichts gelernt habe, was ihn für Staatsgeschäfte qualifiziere. Als Nächstes bittet Sokrates, dass Alkibiades für ihn definieren möge, was Recht und Unrecht seien – da dies zweifellos fundamentale Kenntnisse für einen zukünftigen Politiker seien. Der junge Mann räumt ein, dass er nie wirklich darüber nachgedacht hat. Er benutzt diese Begriffe einfach, ohne sich je wirklich Gedanken darüber gemacht zu haben. Mehr noch: Er kann sie von niemandem gelernt haben, da sich niemand genau im Klaren darüber ist, was diese Dinge bedeuten. Die Athener konnten einen Krieg für gerecht halten, denen ihre Feinde empörend unfair fanden. Durch Sokrates eindringliches Nachfragen verheddert Alkibiades sich in widersprüchlichen Definitionen, bis der zu Beginn des Dialogs noch so selbstsichere junge Mann schließlich vollkommen verwirrt ist: »Aber bei den Göttern, o Sokrates, ich weiß nicht, was ich behaupte, sondern ordentlich ganz verdreht komme ich mir vor. Denn bald dünkt es mich so, wenn du mich fragst, bald wieder anders«, klagt er.[10]

Was Alkibiades in diesem Moment erlebt, wird *Aporie* (griechisch: Ratlosigkeit, Auswegslosigkeit) genannt. Aporie ist ein wichtiger Bestandteil direkten Denkens. Es ist der Augenblick, in dem die eigenen Überzeugungen in sich zusammenfallen. Kein Stein bleibt mehr auf dem anderen, der Mensch steht in den Trümmern und im aufgewirbelten Staub seiner Gedankengebäude und sieht erst einmal gar nichts mehr. Es ist ein sehr wichtiger Moment, denn erst hier, meinte Sokrates, fing man mit dem Denken überhaupt erst an. Das selbstsichere Denken hat eine glänzende Fassade, die ein äußerst wackliges Gebäude aus ungeprüften Vorstellungen und widersprüchlichen Informationen verdeckt. Erst, wenn es zusammenbricht, ist der Weg frei für unabhängiges, kreatives, forschendes Denken.

Von Alkibiades' Selbstsicherheit ist am Ende des Dialogs nichts mehr übrig, er steht vor Sokrates wie ein Kind, das alles zum ersten Mal lernt. Genau das ist der Punkt, an den der Philosoph ihn bringen wollte. Er erklärt Alkibiades, dass, wer andere regieren will, sich erst selbst regieren können muss. Dafür allerdings muss er direktes Denken betreiben. Erst, wenn man in der Lage sei, das Leben in seinen Grundsätzen zu hinterfragen, mache man es sich zu eigen. Nur auf Basis der eigenen Erkenntnis, meint Sokrates, könne man wirklich frei handeln. Wer sich selbst nicht kenne, sei nicht mehr als ein Sklave. Das übrigens gelte nicht nur für Alkibiades, sondern auch für ihn selbst, erklärt er, und für jeden anderen Menschen. Wissen im Sinne von angeeignetem oder unbezweifeltem Wissen bringt selbstsicheres Denken hervor, Nicht-Wissen dagegen eine andere Form von Weisheit, die sich nicht konzeptualisieren lässt. Direktes Denken ist also keineswegs ein rein dekonstruktiver Prozess, der alle Überzeugungen in sich zusammenstürzen und den Menschen haltlos durchs Leben taumeln lässt. Dekonstruktion ist die Voraussetzung für unmittelbare Einsicht. In ihrem Kern steckt die Bereitschaft, das eigene Wissen zu hinterfragen, und die Grenzen erworbenen Wissens anzuerkennen. Letztlich kann nur dieser Prozess eigene, authentische Erkenntnisse gebären. Man kann also gut verstehen, warum Sokrates sich als »Hebamme« bezeichnete.

Selbsterkenntnis als Seelenpflege

Sokrates war ein direkter Denker, er begnügte sich also grundsätzlich nicht mit der Wiederverwertung der Gedanken anderer. Er ging den Dingen selbst auf den Grund, denn für ihn war »ein ungeprüftes Leben nicht lebenswert«[11], wie er zu sagen pflegte. Sein Mittel der Wahl war dabei der Dialog, und Worte waren Vehikel, mit denen er und seine Gesprächspartner der Wahrheit immer näher zu kommen suchten. Es ist also nur folgerichtig, dass Sokrates größten Wert auf die Beschaffenheit seiner Vehikel legte, dass er ein Meister der Worte war.

Auf den ersten Blick war er damit ganz auf einer Linie mit seinen Zeitgenossen, denn das Athen des fünften Jahrhunderts vor Christus huldigte der Rhetorik. Das hatte zu einem großen Teil politische Gründe: Der Stadtstaat war eine direkte Demokratie, jeder freie Bürger konnte in der Volksversammlung auftreten und sein Rederecht in Anspruch nehmen. Entscheidend war dabei, dass das Publikum nicht aus Politikern bestand, sondern aus Laien. Mit einer gut durchkomponierten und überzeugend vorgetragenen Rede konnte man hier bestens punkten, Überzeugungskraft ging mit sehr realem politischem Gewicht einher. Wer Einfluss haben wollte, tat also gut daran, sich an einen Sophisten zu wenden, einen gelehrten Fachmann also, und sich die Kunst des Redens lehren zu lassen. Dabei vertraten die Sophisten den Standpunkt, dass die Inhalte einer Rede weniger wichtig waren als die äußere Form. Ein guter Rhetoriker konnte über Dinge, von denen er keine Ahnung hatte, überzeugender reden als ein sprachplumper Experte. Die Sophisten perfektionierten also die Kunst der Rede als Manipulation und Verschleierung, die auch heute noch eine so wichtige Rolle in der Politik spielt.

Sokrates' Einstellung zur Sprache war das extreme Gegenteil. Mit den Sophisten hatte er etwa so viel gemeinsam wie ein Ernährungsexperte mit Food-Designern. Auf seine eigene, beständige Weise arbeitete er gegen Lehren, die, im wahrsten Sinne, mehr Schein als Sein produzierten. Wie meisterhaft Sokrates dabei selbst die Rhetorik beherrschte, zeigt sich im Dialog *Phaidros*. Hier hält Sokrates seinem Gesprächspartner bei einem Spaziergang auf dem Land aus dem Stegreif einen überzeugenden Vortrag über den Sinn- und Unsinn der Verliebtheit – aber nur, um gleich anschließend eine noch packendere Rede mit gegenteiligem Inhalt zu halten. Er weiß also genau, wie man mit den richtigen Worten manipulieren kann und wie wenig das mit Wahrheit zu tun hat.

Im Dialog *Gorgias* wiederum macht er sich daran, die Rhetorik umzudefinieren, oder vielmehr: ihre eigentliche Bedeutung herauszuarbeiten. Das tut er ausgerechnet im Gespräch mit einem der größten Rhetoriker der damaligen Zeit. Gorgias mag ein großer Redekünstler sein, im sokratischen Verhör ergeht es ihm wie allen anderen: Er fängt an, sich zu widersprechen, bis er am Ende selbst nicht mehr weiß, was er eigentlich denkt. Sokrates wiederum nutzt das Gespräch, um seine eigene Sicht der Dinge darzustellen: Perfekte Redekunst bedeutet nicht, dass das Wort die Wahrheit verdeckt. Es muss zur Wahrheit hinführen. Rhetorik an sich hat also keine Bedeutung, sie ist reiner Schein, sofern sie nicht der Suche nach Weisheit dient. Sokrates hätte an einem Ausspruch Nietzsches großen Gefallen gefunden: »Jedes Wort ist ein Vorurtheil.« [12]

Weil Sokrates größten Wert darauf legte, dass Worte nicht unreflektiert benutzt wurden, sind Begriffsklärungen ein Herzstück seiner Philosophie. »Der Beginn der Weisheit ist die Definition der Begriffe« ist ein Zitat, das Sokrates zugeschrieben wird. Wenngleich nicht erwiesen ist, dass es tatsächlich von ihm stammt, beschreibt dieser Ausspruch seine Einstellung hervorragend. Das Bemühen um die Definition eines Begriffs *ist* der philosophische Forschungsprozess, *ist* der Prozess direkten Denkens. Ein Großteil seiner Dialoge beginnt sinngemäß mit der Frage »Was ist das?«. Selbstsicheres Denken bedeutet, dass man die Antwort auf diese Frage, den Sinn eines Begriffs, bereits kennt. Direktes Denken findet statt, wenn man sich der Bedeutung des Begriffs selbst nähert. Aristoteles, Schüler Platons und selbst einer der berühmtesten Philosophen der Antike, griff diesen Gedanken auf, als er zwischen der Nominaldefinition, die nur Meinungen wiedergibt, und der Realdefinition unterschied. Letztere steht für das, was eine Sache *ist*, und nicht dafür, was über sie gedacht wird. Eine echte Definition erfasst also die Essenz oder das Wesen einer Sache. Oder, um in unserem Vokabular zu bleiben: Sie erfasst eine Sache direkt. Wenn man eine Sache aus vorgefertigten und übernommenen Vorstellungen herauslöst, ist das, was übrig bleibt, eine unmittelbare Begegnung mit der Sache an sich. Mit ihrer Seele, oder moderner ausgedrückt, ihrem Wesen. In gleicher Weise führt dieser Prozess auch zur Selbsterkenntnis. Wenn man sich durch den Prozess des Dialogs allen erworbenen Wissens entkleidet, ist eine daraus folgende Einsicht das Produkt des ›nackten‹ Selbst. Nicht umsonst verweist Sokrates in seinen Gesprächen wieder und wieder auf die Tempelinschrift des Orakels von Delphi: »Erkenne dich selbst.« Die Suche nach Wahrheit bedeutete für ihn Seelenpflege. »Denn nichts anderes tue ich, als daß ich umhergehe, um Jung und Alt unter euch zu überreden, ja nicht für den Leib und für das Vermögen zuvor noch überall so sehr zu sorgen als für die Seele (…).«[13]

Hier bekommt Sokrates' Denkweise unmittelbare praktische Bedeutung: Denn für den Philosophen war das Streben nach (Selbst-)Erkenntnis die einzige Grundlage richtigen Handelns. Fehler im Handeln passieren laut Sokrates, weil wir meinen, dass wir etwas wissen, von dem wir in Wirklichkeit keine Ahnung haben. Trotzdem handeln wir danach. Wenn man versucht, ein Brot zu backen, ohne etwas vom Brotbacken zu verstehen, ist das nicht so tragisch. Wenn man allerdings moralische Begriffe benutzt, ohne eine direkte Einsicht in sie gehabt zu haben, kann das zu verheerenden Entscheidungen führen. Das ist die Konsequenz, auf die er Alkibiades in ihrem Zwiegespräch über dessen mögliche politische Karriere aufmerksam macht: »Merkst du nun wohl, daß auch die Fehler im Handeln aus dieser Unwissenheit entstehen, daß wer nicht weiß doch meint zu wissen?«[14] So kommt es etwa, dass ein gänzlich unerfahrener Bursche meint, er könne bei Entscheidungen über Krieg und Frieden mitreden. Das Problem ist, sagt Sokrates, nicht sein fehlendes Wissen, das Problem ist, dass er sein Unwissen ignoriert. Aus dem Streben nach Erkenntnis wiederum leitet Sokrates eine höhere, oder: direkte Moral ab. Ein Mensch nämlich, der sich selbst hinterfragt, erkennt, dass er eigentlich keine eigenen moralischen Begriffe hat. Er besitzt an

Moral nur das, was er gelernt und übernommen hat. Diese Moral kann aber nie seine eigene sein. Deshalb ist er auch dafür anfällig, gegen sie zu verstoßen, denn er besitzt keine eigenständige Einsicht in ihren Wert. Direkte Moral ist eine Konsequenz aus eigenständigem Forschen. Wer selbst Dinge wie »Gerechtigkeit« und »das Gute« erforscht, leitet daraus sein Handeln ab. Sokrates glaubte an die Menschen: Er meinte, dass ein Mensch nur dann falsch handeln konnte, wenn er es nicht besser wusste.

Nun könnte man sagen, dass Sokrates den Menschen vielleicht zu viel zutraute. Muss nicht jedes Individuum, das nach »dem Guten« fragt, zu einem anderen Ergebnis kommen? Genau das führt uns aber zu einem sehr interessanten Aspekt direkten Denkens. Wie bereits erwähnt, steht direktes Denken im Gegensatz zu selbstsicherem Denken. Letzteres basiert auf Informationen, die man sich angeeignet hat. Diese Informationen sind naturgemäß immer widersprüchlich, weil es verschiedene Meinungen dazu gibt. Man könnte also mit Recht behaupten, dass man unmöglich eine allgemeingültige »Gerechtigkeit« finden kann. Sokrates sah das anders. Er meinte, dass man mit Hilfe seiner Denkstrategie das universelle Prinzip einer Sache wie »das Gute« erkennen konnte.

Dieser Ansatz ist Grundlage der Ideenlehre, die Sokrates seinem jungen Gefährten Phaidros im gleichnamigen Dialog erklärt. Sokrates geht mit dem Athener auf dem Land spazieren – an sich ein sehr ungewöhnliches Verhalten für den Philosophen, der die Stadt nur sehr ungern verließ. »Die Felder und die Bäume nun wollen mich nichts lehren, wohl aber die Menschen in der Stadt«[15], sagte er. Aber die Gesellschaft des Phaidros dürfte ihm den Ausflug versüßt haben. Vielleicht inspirierte auch die schöne Umgebung den Philosophen, denn er erzählte seinem jungen Schüler hier, unter einer Platane sitzend und vom Plätschern einer Quelle begleitet, eine Sage, eine poetische Geschichte über die Seele: Diese zieht in einen Körper ein, wenn sie ihre Flügel verliert, und aus dem göttlichen Reich herabsinkt. Dort, auf der Erde, trägt der beseelte Mensch eine unbewusste Erinnerung an jenes göttliche Reich in sich und an seine Qualitäten: das Gute, das Schöne und das Wahre, das »wahrhaft Seiende«. Wenn also der Mensch in der irdischen Welt ein Objekt oder einen Menschen betrachtet und in ihm Gutes, Wahres oder Schönes sieht, dann erinnert er sich in diesem Moment an die Ursprungsformen dieser Dinge, die Ideen. Ein guter Mensch »besitzt« nicht das Gute. Durch ihn reflektiert sich dem Betrachter das Gute an sich. »Das aber ist eben Wiedererinnerung an Jenes, was einst unsere Seele sah, als sie mit ihrem Gott wandelte (...).«[16]

Es gibt also, meint Sokrates, eine andere Möglichkeit, eine Sache zu verstehen, als Informationen über sie zu besitzen. Wer sie wirklich erkennen will, muss ihrer Essenz direkt begegnen. Direktes Denken führt also zur Erkenntnis der »Idee« einer Sache. Wenn Sie das nächste Mal etwas Schönes sehen, einen Sonnenuntergang zum Beispiel, können Sie sich dieses Prinzip bewusst machen: Für Sokrates waren schöne Dinge (wie Sonnenuntergänge), wahre Dinge (wie Philosophie) oder liebevolle Handlungen (wie in Beziehungen) irdische Formen, die an die Essenz von Schönheit, Wahrheiten und Liebe im Reich der Ideen erinnerten. Wenn man also einen Sonnenuntergang betrachtet oder Liebe zu einem Partner fühlt, verbindet man sich demnach mit der grundlegenden Idee der »ultimativen« Schönheit oder Liebe. Direktes Wissen bedeutet in diesem Zusammenhang, dass man das innerste Wesen einer Sache erkennt, nicht nur ihre oberflächliche oder situationsgebundene Erscheinungsform.

An diesem Punkt wird deutlich, dass direktes Denken aus drei Schritten besteht: 1. das eigene Scheinwissen über eine Sache erkennen, 2. sich des eigenen Unwissens bewusst werden, und 3. der Idee der Sache an sich unmittelbar begegnen. Durch diesen Prozess kommt der Mensch mit einer Art autonomer Intelligenz in Berührung, die im gleichen Moment aufwacht, indem er sich von Vorstellungen und Vorurteilen befreit hat und eine Sache frei von allen vorgefertigten Annahmen betrachtet.

Falsche und echte Stabilität

Sokrates hat mit seinen Fragen einen mentalen Mechanismus herausgefordert, der sich nicht gerne geschlagen gibt. Forscher wissen seit Jahren, dass Menschen eine Tendenz zur Selbstüberschätzung haben. In der Forschung wird dieses Phänomen als eine der am häufigsten vorkommenden kognitiven Verzerrungen untersucht, man nennt es den *Overconfidence Effect*. Besonders oft hat man diesen Effekt untersucht, indem man Versuchspersonen gefragt hat, wie sicher sie sich in Bezug auf die Richtigkeit bestimmter Vorstellungen oder Antworten seien. Erstaunlicherweise lagen sie besonders oft genau dann falsch, wenn sie sich besonders sicher waren. Aber der Effekt greift noch viel weiter. Das Bild, das sich aus der Forschung ergibt, ist verblüffend: Wir machen ständig schwere Fehler bei der eigenen Bewertung unseres Wissens und unserer Fähigkeiten. Marsha T. Gabriel und Joseph W. Critelli stellten bei einer Studie mit College-Studenten fest, dass alle Teilnehmer ihre eigene Intelligenz zu hoch bewerteten, die männlichen Teilnehmer überschätzten außerdem sehr häufig ihre Attraktivität. Eine Umfrage an der Universität Nebraska wiederum ergab, dass die teilnehmenden Professoren sich zu 94 Prozent als überdurchschnittlich fähige Lehrer einschätzten.

Auf den ersten Blick erscheint dieses Verhalten sinnlos, gefährlich sogar, und tatsächlich haben Forscher lange gerätselt, wie sich Selbstüberschätzung als eine Grundtendenz menschlichen Verhaltens festsetzen konnte. Dann stellten Dominic Johnson und James Fowler 2011 in der Zeitschrift *Nature* interessante Ergebnisse ihrer Forschungen zum Overconfidence Effect vor: Mit Hilfe von Modellrechnungen konnten sie feststellen, dass eine überhöhte Einschätzung der eigenen Fähigkeiten unter bestimmten Bedingungen einen Wettbewerbsvorteil bringen kann. Ein Mensch, der seine eigenen Fähigkeiten und Kräfte überschätzt, tritt selbstbewusster auf – und hat manchmal damit tatsächlich Erfolg. Man denke nur an einen arroganten Geschäftsmann oder an Menschen, die ein eher mittelmäßiges Aussehen durch Selbstbewusstsein wettmachen. Aber nicht nur Individuen überschätzen sich, sondern auch Nationen. Das kann katastrophale Folgen haben. Johnson und Fowler nannten hier beispielsweise die Finanzkrise von 2008 und den Irak-Krieg 2003. Selbstüberschätzung bringt auch Politiker und Unternehmer dazu, Situationen falsch zu beurteilen, unrealistische Erwartungen zu haben und falsche Entscheidungen zu treffen. Es ist also kein Wunder, dass Scott Plous, ein Psychologie-Professor der Universität Stanford, den Overconfidence Effect als potenziell gefährlichste aller kognitiven Verzerrungen bezeichnet hat.

Selbstüberschätzung hat aber noch eine tiefere Ebene. Hinter vermeintlich sicherem Wissen steckt ein ganz ursprünglicher Wunsch nach Sicherheit. Sie ist ein Überlebensinteresse – wir wollen *wissen,* woran wir sind. Lieber haben wir falsche Überzeugungen als gar keine Ahnung. Wer hat nicht schon einmal eine Diskussion erlebt, in der er vehement auf einen bestimmten Punkt bestanden hat, obwohl er eigentlich gar nicht sicher war, ob er recht hatte? Unsere Annahmen über die Welt schaffen ein mentales Koordinatensystem, in dem wir uns bewegen. In diesem System wird so wenig gezweifelt wie möglich, und zwar erst recht, wenn es um Grundfragen des Lebens geht. Von manchen Dingen gehen wir einfach sicher aus. Warum? Darauf hat das selbstsichere Denken keine Antwort. Es sucht sie auch nicht, denn mit Zweifeln gehen Verwirrung und Unsicherheit einher. Sie können aus einem selbstgewissen Menschen ein verwirrtes Kind machen.

Genau hier liegt das Problem dieser Denkart: Sie tut so, als würde sie Sicherheit geben, in Wirklichkeit aber ist sie instabil. Sie verträgt keine Erschütterungen ihrer Überzeugungen, denn das macht ihr Angst. Sie kann nicht zu viele Zweifel zulassen, weil ihr sicheres Gedankengebäude sonst zusammenfallen würde. Gleichzeitig ahnt sie, bewusst oder unbewusst, dass ihre Überzeugungen im Leben aus Informationen und Erfahrungen zusammengestückelt sind, die einer ernsthaften Überprüfung kaum standhalten. Denn unser Wissen ist in sich immer widersprüchlich. Was man in der Schule lernt, stimmt nicht unbedingt mit den Informationen der Familie überein, deren Informationen wiederum widersprechen wahrscheinlich denen der Nachbarn oder zumindest den Vorstellungen der Menschen in anderen Ländern. Was natürlich eine grundsätzliche Frage ins Spiel bringt: Was wissen wir eigentlich? Gibt es irgendeine Annahme, die man uns nicht wegnehmen könnte? Wenn man dieser Frage bis an ihr Ende folgt, stellt man fest, dass im Grunde alles, was wir wissen, im luftleeren Raum hängt. Das ist eine ungemütliche Erkenntnis. Deshalb sind die meisten von uns sehr darauf bedacht, sich davor zu schützen. Lieber bestehen wir auf irgendwelchen Überzeugungen und Grundsätzen, als uns den Boden unter den Füßen wegziehen zu lassen. Das zeigt sich auch in unserem geradezu absoluten Vertrauen in die Wissenschaft. Die meisten von uns sind selbst keine Wissenschaftler und können Studien gar nicht sinnerfassend lesen, dennoch sind wir geneigt, allem zu glauben, das mit einer wissenschaftlichen Studie belegt ist. Sie werden eher an die Existenz eines Overconfidence Effects glauben, wenn, wie weiter oben geschehen, ein paar Forscher dazu zitiert werden. Der Grund dafür ist einfach: Wir stecken tief im selbstüberschätzenden Denken, dem unbedingten Glauben, dass Informationen »Wahrheit« bedeuten.

Natürlich nehmen wissenschaftliche Forschung und Informationen einen wichtigen Teil in unserem Leben ein. Aber es ist auch klar, dass wir nicht alle Fragen des Lebens anhand von Informationen beantworten können. Wenn ich wissen will, wie ein gutes Leben aussieht, werde ich dazu keine wissenschaftlichen Studien heranziehen. Ich kann es natürlich probieren, aber das Ergebnis wird nicht besonders befriedigend sein, denn ich kann das Thema aus allen möglichen Richtungen erforschen – soziologisch, psychologisch, anthropologisch etc. –, ohne am Ende eine eindeutige Antwort zu haben. Eine selbstständige Einsicht ist also unverzichtbar, wenn man auf grundlegende Fragen Antworten bekommen will. Sie passiert jedoch nicht von allein, man muss diese Fähigkeit selbst kultivieren.

Eine unbedingte Voraussetzung für direktes Denken ist, dass man Verwirrung und Unwissen aushalten kann. Deshalb erfordert diese Denkart etwas Mut. Sokrates hatte ihn. Er war ein unerschrockener Denker. Verwirrung machte ihm überhaupt nichts aus, manche seiner Gespräche, besonders die frühen Dialoge, scheinen sich endlos zu verzweigen und immer weiter zu gehen, ohne je ein Ergebnis zu finden. Irgendwann enden sie einfach, scheinbar erkenntnislos, in *Aporie*. Für Sokrates war das kein Problem, denn er wusste, dass Verwirrung nur dann beängstigend ist, wenn man sie nicht versteht. Sie ist kein Monster, das den Verstand überfällt und ihn in ein nebliges Reich zwingt, sondern ein notwendiges Zwischenstadium auf dem Weg zur Einsicht. Man kann nicht einfach sofort zur Erkenntnis springen, sondern muss auf dem Weg das Tal der *Aporie* durchqueren. Wenn man sich das klarmacht, verliert der Zustand der Verwirrung seinen Schrecken.

Der Clou an der Sache ist, dass direktes Denken eine Form von Stabilität kreiert, von der das selbstüberschätzende Denken nur träumen kann. Dieses ist ständig damit beschäftigt, seine Überzeugungen aufrechtzuerhalten. Das braucht Energie und bringt eine gewisse Starre mit sich, die mit Stabilität *verwechselt* wird. Darin steckt ein großer Denkfehler. Überzeugungen bringen keine Sicherheit, denn sie können immer ins Wanken gebracht werden.

Die einzig echte Stabilität liegt in der Fähigkeit, alles im Leben infrage stellen zu können. Wer keine Angst vor Verwirrung und Nicht-Wissen hat, steht immer noch da, wenn alle Überzeugungen zusammenbrechen. Wann immer ihm der Boden unter den Füßen weggezogen wird, entdeckt er aufs Neue, dass er fliegen kann. Die Fähigkeit, diesen Zustand lieben zu lernen, ist die Voraussetzung dafür, dass neue Erkenntnisse entstehen können, die nicht auf alten Informationen beruhen.

Deshalb konnte Sokrates auch dem Tod in aller Ruhe begegnen: Nachdem ihn die Stadt zum Tod durch Gift verurteilt hatte, weil er »die Jugend verführt« und »den Göttern gefrevelt« hatte, verbrachte er seine letzten Tage genauso, wie er es immer am liebsten getan hatte. Er führte philosophische Gespräche mit seinen Besuchern, ja er schrieb, zum ersten Mal in seinem Leben, sogar Gedichte. Die Möglichkeit zur Flucht, die nicht schwer gewesen wäre, lehnte er ab, weil er Athen nicht verlassen wollte. Stattdessen trank er an seinem letzten Tag ruhig den Schierlingsbecher. Der Tod ist die ultimative Verwirrung, das ultimative Nicht-Wissen. Für Sokrates waren beide an diesem Punkt schon gute Freunde.

Der Philosoph als griechischer Lover

Wenn man sich Sokrates ansieht, wie er auf Gemälden und als Statue abgebildet wurde – nobel, aufrecht und streng –, könnte man meinen, der Philosoph sei ein ganz und gar vergeistigter, an menschlichen Dingen völlig desinteressierter Mensch gewesen. Dieses Bild könnte kaum weiter entfernt von der Wahrheit sein. Es stimmt, Sokrates war ein beherrschter Mann, aber in ihm brannte ein gewaltiges Feuer. Seine Dialoge sind voller Poesie und Sinnlichkeit. Und auch in seinen Zuhörern entzündete er eine Leidenschaft, die sie sich selbst nicht erklären konnten. »Denn wenn ich ihn höre, so hüpft (…) mir das Herz (…) und Thränen entstürzen meinen Augen bey seinen Worten. Auch sehe ich, dass Anderen dasselbe widerfährt«[17], beschrieb es ein Zeitgenosse.

Was war das für ein Mann, der solche Reaktionen hervorrufen konnte? Was war das für ein Philosoph, den es täglich aus dem Haus zog, der nicht im stillen Kämmerlein über seinen Fragen brüten mochte, der immer den Kontakt zu Menschen suchte? Der in seinen Gesprächen wieder und wieder die Wahrheit umgarnte, sie umwarb, sie mit poetischen Worten umschrieb? Es ist kein Zufall, dass das griechische Wort Philosophie wörtlich »Liebe zur

Weisheit« bedeutet. Aber der Begriff trifft es nicht ganz, denn die Art Zuneigung, die das griechische Wort »Philia« bezeichnet, ist eine freundschaftliche Form von Liebe. Sokrates und die Weisheit waren viel mehr als nur Freunde.

Wenn man ihre Beziehung verstehen will, muss man Platons *Gastmahl* lesen, von vielen als sein Meisterwerk bezeichnet. Bei dem Mahl sind allerlei noble Männer zu Besuch, und man beschließt, sich an diesem Abend nicht zu betrinken, sondern abwechselnd Reden über Eros zu halten, den Gott der sexuellen Liebe. Eros ist es, der dafür sorgt, dass Menschen von Verlangen ergriffen werden, dass sie leidenschaftlich brennen und wie magnetisch zum Objekt ihres Begehrens hingezogen werden. Sokrates' Rede ist der philosophische Höhepunkt des Abends. Er überrascht mit einer Geschichte über seine Lehrerin Diotima, die ihn, wie er sagt »das Wesen der Liebe« gelehrt habe. Diotima gibt Sokrates eine interessante Deutung des Eros: Er sei, erklärt sie, das Verlangen der Sterblichen nach Unsterblichkeit. Den gewöhnlichen Menschen treibt dieses Verlangen in den körperlichen Liebesakt, er macht sich »unsterblich«, indem er Kinder zeugt. Doch es gebe, lehrt Diotima, auch eine höhere Form von Zeugung und erotischer Liebe. »Es gibt nämlich auch solche, deren Seele noch zeugungslustiger ist als ihr Körper, in dem, was der Seele zukommt, zu erzeugen und fort und fort zu erzeugen. Was aber kommt ihr zu? Weisheit und alle andere Tugend.«[18] Der erotische Drang des Philosophen zieht ihn also zur Weisheit hin. Er nähert sich ihr, in dem er sein Verlangen von einem einzelnen Objekt auf ein allgemeines Prinzip ausdehnt. So beschreibt Diotima die stufenweise philosophische Erkenntnis der Schönheit: Der Philosoph begreift, dass ein begehrter Körper Schönheit nicht besitzt, sondern am Prinzip (oder: der Idee) der Schönheit teilhat. Indem er sich umblickt, erkennt er mit der Zeit immer umfassendere und höhere Objekte der Schönheit: Die Qualität der Schönheit in allen schönen Körpern, dann die Schönheit von Tugenden und Handlungen und die geistige Schönheit philosophischer Erkenntnis. Schließlich begegnet er dem Schönen *an sich*. Diese geistige Erfahrung, dieses Einswerden mit der Ursprungsidee, sei, so Diotima, das höchste Ziel erotischer Erfüllung.»(…) von einem zu zweien und von zweien zu allen schönen Körpern, und von den schönen Körpern zu den schönen Bestrebungen, und von den schönen Bestrebungen zu den schönen Erkenntnissen – bis man innerhalb der Erkenntnisse bei jener Erkenntnis endigt, die von nichts anderem als von jenem Urschönen selber die Erkenntnis ist, und so schließlich das allein wesenhafte Schöne erkennt.«[19] Das Verlangen, der Eros, wird zum Mittler zwischen dem Menschen und dem Göttlichen – dem Reich der Ideen.

Diotima hat Sokrates gut unterwiesen, er ist ihrer Lehre sein Leben lang gefolgt. So versteht man auch, wieso Sokrates einerseits ein feuriges Verlangen nach schönen Jünglingen zu haben schien, er sie aber nicht anrührte – noch nicht einmal den prächtigen Alkibiades, der sich im *Gastmahl* bitter über Sokrates' Kälte beklagt. Er hat keine Chance: Sokrates nutzte den Eros nicht als Mittel körperlicher Befriedigung, sondern als Weg der Transzendenz – genau so, wie seine Lehrerin es ihm beigebracht hatte. Mehr als alles andere liebte und vergötterte Sokrates die Wahrheit, er war buchstäblich von Sehnsucht nach ihr ergriffen. Er war kein trockener Philosoph, er war in seiner ganzen Denkart ein Lover, ein erotischer Denker.

Man könnte sogar sagen, dass er mit seinen Dialogpartnern eine Art subtiles Liebesspiel trieb. Das Gespräch war wie ein Zeugungsakt, der Erkenntnis gebar. In seinen Dialogen näherte der Philosoph sich seinem Gegenstand immer mehr, indem er buchstäblich immer tiefer in ihn eindrang. Im Idealfall kam er ihm schließlich so nah, dass eine direkte Begegnung, eine unmittelbare Erkenntnis stattfand, die nichts mit Wissen im gewöhnlichen Sinne zu tun hat. Diese unmittelbare Begegnung, dieses Einswerden, ist die erotische Qualität direkten Denkens.

Man kann sich erotisches Denken vergegenwärtigen, wenn man an eine lange Liebesbeziehung denkt. Zu Beginn der Beziehung sind die Partner voller Verlangen nacheinander – von Eros ergriffen, wie die alten Griechen sagen würden. Nach einer Weile aber lässt das Gefühl nach oder verschwindet ganz. Man kennt einander scheinbar zu gut, um noch die gleiche Aufregung zu spüren wie am Anfang. Tatsächlich aber sieht man einfach das Unbekannte im Partner nicht mehr. Man ahnt, was er im Restaurant bestellen wird, noch bevor er es getan hat, man weiß, wie der andere morgens nach dem Aufwachen aussieht, man muss nicht raten, welche Musik er mag. Diese Informationen machen aber nicht *den Partner* aus, sondern nur das *Wissen* über den Partner. Schafft man es, aus irgendeinem Grund zu ›vergessen‹, was man alles über den Partner weiß – weil man ihn zum Beispiel auf einmal in einer unbekannten Situation erlebt oder weil man ihn lange nicht gesehen hat –, ist die Begegnung wieder unmittelbar. Man ist, selbst wenn es nur für eine kurze Zeit ist, wieder verliebt.

In gewisser Weise war Sokrates sein ganzes Leben lang verliebt. Er verbrachte seine Tage damit, dass er sein Denken ständig in den Zustand der Unwissenheit zurücksetzte. Auf diese Weise begegnete er der Welt wie zum ersten Mal und spürte immer wieder den magnetischen Drang, die Distanz zwischen sich und den Dingen zu überwinden, bis in ihre feinsten, innersten Schichten hinein.

Wenn Sie diesem Denkmodell folgen wollen, nehmen Sie zum Beispiel einen Moment, in dem Sie eine moralische Entscheidung treffen müssen. Sagen wir, es geht um die Frage, ob Sie einen bestimmten Betrag für wohltätige Zwecke spenden sollten – oder ob Sie sich für das Geld selbst etwas Schönes gönnen. Wenn Sie zu dieser Frage fünf Ihrer Freunde um ihre Meinung bitten, werden Sie fünf verschiedene Antworten bekommen, weil jeder auf Basis seiner bereits vorhandenen Annahmen antworten wird. So kommen Sie nie zu einer echten Einsicht, selbst wenn Sie lange nachdenken. Letztlich werden Sie einfach der Antwort folgen, die Sie am überzeugendsten finden. Der Konflikt bleibt dabei bestehen, denn Sie haben eigentlich keine Klarheit gewonnen, sondern nur andere Möglichkeiten beiseitegeschoben. Versuchen Sie stattdessen einmal, direktes Denken zu praktizieren: Legen Sie alle Informationen und Vorannahmen, die Sie über die Sache haben, beiseite. Vielleicht ist es leichter für Sie, wenn Sie die Informationen aufschreiben – mit der Intention, dass Sie jeden Gedanken, der auf dem Papier landet, dort quasi ablegen, sodass er Ihnen nicht mehr durch den Kopf geht. Wenn keine Informationen übrig sind, Ihr Kopf also völlig leer ist, betrachten Sie die Sache erneut. Schauen Sie sie einfach an und wehren sich nicht gegen die Tatsache, dass Sie in diesem Moment nichts wissen. Vielleicht fühlt sich Ihr Gehirn ganz und gar leer an, vielleicht reagiert es verwirrt, möglicherweise fühlt sich das nicht angenehm an. Wenn Sie es schaffen, dabei ruhig zu bleiben und in dieser Leere oder diesem nebligen Gefühl nicht blind nach einer Lösung zu suchen, werden Sie merken, dass der Nebel sich irgendwann von selbst verzieht. Und plötzlich werden Sie eine neue, unmittelbare Einsicht haben, die wie aus dem Nichts kommt. Dieser Moment ist eine fast sinnliche Erfahrung, ein direkter Kontakt mit der Sache an sich. In diesem Moment haben Sie, wie einst Sokrates, die Philosophie vom Himmel auf die Erde geholt.

Hannah Arendt

Aktives Denken
oder
Eichmann als Metapher

Im Jahr 1964 führte der Journalist Günter Gaus in seiner TV-Sendung *Zur Person* ein inzwischen legendäres Gespräch mit Hannah Arendt. Es begann mit einer eigenartigen Debatte: Gaus bestand darauf, dass Arendt eine Philosophin sei, während Arendt sich freundlich, aber bestimmt dagegen wehrte. Gaus wirkte verdutzt. Es gab ja keinen Zweifel daran, dass Arendt von der deutschen Philosophie her kam, sie hatte bei großen Lehrern wie Martin Heidegger und Karl Jaspers studiert. Sie selbst war die Autorin gefeierter philosophischer Klassiker wie *Elemente und Ursprünge totaler Herrschaft* und *Vita activa oder Vom tätigen Leben*, und überhaupt war alles, was sie je geschrieben hatte, ganz klar das Ergebnis einer intensiven Auseinandersetzung mit den Ideen von Sokrates und Kant, Hegel und Heidegger. Warum also sollte eine Denkerin mit diesem Status sich dagegen wehren, dass man sie dem Kreis der Philosophen zurechnete?

Für Hannah Arendt war dieser Widerstand wichtig. Sie sah sich nicht als Philosophin, ihren Kompetenzbereich wollte sie, wenn überhaupt, als »politische Theorie« bezeichnet sehen. Dieses Verhalten ist ein wichtiger Hinweis, wenn man ihre Denkweise verstehen will. Es ging ihr im Gespräch mit Gaus nie einfach nur um eine oberflächliche Definition ihres Forschungsgebiets. Es ging um ihre Haltung in der Welt, ihre fundamentale Einstellung zum Leben, um die sich ... nun ja, ihre ganze Philosophie drehte.

Ein guter Ansatzpunkt, um die Trennlinie zu verstehen, die Arendt hier zog, ist die Beziehung zu dem Lehrer, der sie am meisten beeinflusst hat: Martin Heidegger. Als Arendt ihn 1924 an der Universität Marburg traf, war das für beide ein aufregendes Ereignis. So sehr, dass sich daraus eine vier Jahre andauernde heimliche Liebesgeschichte zwischen dem 35 Jahre alten Heidegger, der verheiratet war, und seiner erst 18 Jahre alten jüdischen Studentin entwickelte.

Heidegger machte nicht nur auf Arendt großen Eindruck. Die Studenten strömten in seine Vorlesungen, man verbreitete das Gerücht, dass hier zum ersten Mal seit langer Zeit »das Denken (...) wieder lebendig geworden«[1] sei. Wie Arendt selbst später erklärte, hatten die geistig hungrigen Studenten das Gefühl, »es gibt einen Lehrer; man kann vielleicht das Denken lernen«.[2] 45 Jahre nach ihrer ursprünglichen Begegnung mit dem berühmten Philosophen schrieb Arendt:

»Man folgte dem Gerücht, um das Denken zu lernen, und was man nun erfuhr, war, daß Denken als reine Tätigkeit (...) zu einer Leidenschaft werden kann, die alle anderen Fähigkeiten und Gaben nicht so sehr beherrscht als ordnet und durchherrscht. Wir sind so an die alten Entgegensetzungen von Vernunft und Leidenschaft, von Geist und Leben gewöhnt, daß uns die Vorstellung von einem *leidenschaftlichen Denken*, in dem Denken und Lebendigsein eins werden, einigermaßen befremdet.«[3]

»Das Denken als reine Tätigkeit« aber – das in vieler Hinsicht ja die Definition an sich der Philosophie sein könnte – war, das zeigte sich mehr und mehr, nicht das, was Arendt selbst am Denken interessierte. Mit der Zeit entwickelte sie eine kritische Distanz zur Philosophie als Innenschau, und besonders zu Heideggers Lehre. Je mehr Arendt ihre eigene besondere Denkart bewusst wurde, störte sie etwas an Heidegger. Sie sah einen ausgeprägten Mangel an Betroffenheit, eine Selbstversenkung, die der realen Welt sehr fern war – »seine Selbstischkeit, seine radikale Abtrennung von allen, die seinesgleichen sind«[4], machte ihr seine Lehre weltfremd. Arendt bereitete diese Denkart Sorgen, man dachte dabei, wie sie feststellte, ständig über sich selbst nach, als wäre man ein geschlossener Kreis, der zur Welt gar keinen echten Bezug hat.

Heideggers Nähe zu den Nationalsozialisten, wenn es auch keine direkte Verbindung zu Arendts ernüchterter Erkenntnis gab, bestätigte ihr, dass die Philosophie an sich, egal, wie tief sie gehen mag, nicht notwendig zu moralischem Handeln in der Welt führen musste. Dieser Bruch zwischen Philosophie und Handeln hat ihr Denken sicher geformt: Sie sah die beiden nun als verschiedene Bereiche, zwischen denen es keine Brücke gab, als könnte es kein durchdachtes Handeln geben. Zwanzig Jahre, nachdem das Paar sich getrennt hatte, verzieh Arendt Heidegger schließlich seine Nazi-Vergangenheit, und die beiden wurden wieder Vertraute. Die Freundschaft hielt bis zu Arendts Tod 1975, aber sie kehrte nie wieder zu der Vorstellung von der Rolle des Denkens als reine Philosophie zurück, die sie von ihrem Lehrer gelernt hatte.

Der Heidegger ihrer Jugend war damals, 1924, »der heimliche König im Reich des Denkens«. Aber es gab andere Einflüsse, welche die junge Frau nach und nach aus dem Reich dieses Königs holten. Sie bekam Zweifel an der traditionellen Vorstellung, die man von Philosophie hatte, und konnte Heideggers eigenen Lehrer, den Philosophen Edmund Husserl, nicht ignorieren, der eine friedliche Revolution in der Philosophie gefordert hatte, weg von der ewigen Selbstbetrachtung: Zurück zu den »Sachen selbst«![5] Als sie an die Universität Heidelberg wechselte und dort Heideggers Freund Karl Jaspers traf, war dessen konkreter Ansatz für sie eine echte Offenbarung: »Philosophieren ist wirklich, wenn es ein Einzelleben in einem gegebenen Augenblick durchdringt.«[6]

Arendt wurde klar, dass sie keine Sympathie für reine Introspektion hatte, sie bezeichnete das als ein Denken, das in sich selbst zurückschlägt und »an der eigenen Seele seinen einzigen Gegenstand«[7] findet. Introspektion hieß für sie, dass man sich von der Welt abtrennt: Man verliert das Interesse an der Welt und fokussiert nur noch ein einziges Objekt, das innere Selbst. In dieser Isolation wird das Denken »unbegrenzt, weil kein Außen es mehr behelligt; weil kein Handeln mehr verlangt wird«.[8] Man wird der Welt gegenüber gleichgültig und will vom »schlechten Außen« nichts mehr wissen. Ein ganzes Leben lässt sich in dieser Haltung verbringen: »So umgibt sie [die Reflexion] zugleich alles Subjektive mit der Weihe der Objektivität, Öffentlichkeit, höchster Interessantheit.«[9] Der Hang zur Introspektion, stellte Arendt fest, sei der Fehler ihrer Jugend gewesen.

Ohne den Schutz, den der Rückzug auf sich selbst bietet, machte sich Arendt auf einen Weg, der sie von der traditionellen Philosophie fortführte. Ihre endgültige Wandlung verdankte sie einem geschichtlichen Ereignis, das »schlechte Außen« mischte sich ein, »behelligte« ihr Denken und brachte sie dazu, in einer Weise engagiert zu sein, die sie sich nie hätte träumen lassen.

»Ich war nicht mehr der Meinung, dass man jetzt einfach zusehen kann«

In ihrer Jugend, erzählte Arendt 1963, habe sie sich weder für Geschichte noch für Politik interessiert. »Wenn ich überhaupt aus etwas ›hervorgegangen‹ bin, so aus der deutschen Philosophie.«[10] Diese naive politische Haltung änderte sich mehr und mehr in den frühen dreißiger Jahren des letzten Jahrhunderts: Sie war in einer anti-akademischen Stimmung und konzentrierte sich lieber auf das aktuelle Zeitgeschehen. Durch den Wahlerfolg der Nazis bei den Reichstagswahlen 1930 konnte sie nur noch wenig Verständnis für andere Denker aufbringen, denen die immer schwärzere politische Situation egal zu sein schien. Aber erst 1933, als nach dem Reichstagsbrand eine Reihe von Menschen verhaftet wurde, drehte sich Arendts politisches Denken völlig um.

Man kann sich dieses Jahr als eine Zeit vorstellen, in dem für sie Philosophie und Handeln zu einer einzigen Sache wurden. Das lässt sich klar an ihrer mutigen Entscheidung ablesen, in Berlin zu bleiben. Obwohl sie an diesem Punkt schon monatelang übers Auswandern nachgedacht hatte, war ihr nun klar, dass sie nicht mehr tatenlos zusehen konnte. Sie bot ihre Wohnung als Zwischenstation für Gegner des Hitler-Regimes an, die fliehen wollten. Zum ersten Mal empfand sie eine Befriedigung dadurch, dass sie nicht nur passiv nachdachte, sondern in der echten Welt handelte und Widerstand leistete. Diese Zeit war ihr Einstieg in die Realität des Handelns und die Grundlage, auf der sie später einen entscheidenden Beitrag zur politischen Theorie entwickeln würde.

Die Phase illegaler Verhaftungen, die 1933 viele politische Gefangene in die Kellerzellen der Gestapo oder in Konzentrationslager brachten, war, erklärte Arendt Günter Gaus später im TV-Gespräch, »ein unmittelbarer Schock, und von dem Moment an habe ich mich verantwortlich gefühlt«. Dieses neue Gefühl der Verantwortung, sagte sie weiter, habe jede Spur von Unschuld in ihr ausgelöscht. Hinzu sei noch ein weiterer Schock gekommen, der persönlicher war, sie aber vom akademischen Denken noch weiter entfernt habe. »Dann wurde das allgemein Politische ein persönliches Schicksal, sofern man herausging«, und Arendt fand zu ihrem Entsetzen heraus, dass ihre Freunde, die sie gekannt und denen sie vertraut hatte, jetzt freiwillig mit den Nazis kollaborierten. »Das war, als ob sich ein leerer Raum um einen bildete. Ich lebte in einem intellektuellen Milieu (...) Und ich konnte feststellen, dass unter den Intellektuellen die Gleichschaltung sozusagen die Regel war (...) Und das habe ich nie vergessen. Ich ging aus Deutschland, beherrscht von der Vorstellung – natürlich immer etwas übertreibend: Nie wieder! Ich rühre nie wieder irgendeine intellektuelle Geschichte an. Ich will mit dieser Gesellschaft nichts zu tun haben.«

Arendts naiver Glaube an die moralische Überlegenheit der Intellektuellen brach an diesem Punkt völlig in sich zusammen.

Sie fing an, nach den Wurzeln des Bösen zu suchen und nach den Bedingungen, die richtiges Urteilen und Handeln in der Welt möglich machen. Der Wechsel von der Philosophie zur Politik hielt Arendt eine ganze Weile von der Welt der Intellektuellen fern. Sie flüchtete nach Paris und engagierte sich gegen den Krieg und für den Zionismus. Hier fing sie an, nicht mehr in individuellen, sondern kollektiven Begriffen zu denken. Einst hatte sie sich als Weltbürgerin gesehen, jetzt erkannte sie: »Wenn man als Jude angegriffen wird, muss man sich als Jude verteidigen.« Da die jüdischen Probleme nicht ihre eigenen waren, wurde aus ihrem persönlichen Problem ein politisches. Sie lehnte ein Denken ab, in dem das eigene Subjekt das Zentrum des Daseins ist, und fing an, ihr individuelles Schicksal geschichtlich als Teil eines Wir-Bewusstseins zu erzählen. Die einzelne Person war nur ein Teil allgemeinerer Strukturen und wurde durch sie geformt: von den Bedingungen, in die sie hineingeboren wurde, von ihrer Wohngegend, von ihrer sozialen Gruppe. Das Problem des menschlichen Daseins, schloss Arendt, müsse in den allgemeinen Strukturen liegen – oder, mit anderen Worten, in der politischen Sphäre.

Aus genau dem gleichen Grund war Arendt der Auffassung, dass jede echte Veränderung in der Welt, jede wirklich revolutionäre Erneuerung, nur im politischen Bereich stattfinden könne. Eine Bewegung, die sich aus der politischen Arena heraushielt und ihre Ideologie nicht in konkrete Ziele und Änderungsvorschläge anhand der aktuellen Situation übersetzen konnte, musste abstrakt und ineffizient bleiben. Wenn man in der Welt handeln wollte, musste man sich politisch engagieren. Deswegen stand sie der Frauenbewegung oder der zionistischen Bewegung zunächst kritisch gegenüber, weil die sich vor allem im sozialen Bereich bewegten und sich sozialen Fragen widmeten. In Paris beobachtete sie, wie die französischen Sozialisten sich mit dem Klassenkampf beschäftigten, internationalen Entwicklungen gegenüber aber ganz apathisch blieben – und so nichts zur Judenfrage beitragen konnten. Ebenso staunte sie über das Versagen der Juden, politisch zu denken, über ihr eigenes Interesse hinaus und mit Blick auf ihr allgemeines Schicksal: »... wir machen uns nicht klar, dass wir selbst nicht so sehr betroffen sind wie das gesamte jüdische Volk.«[11]

Das Jahr 1937 zerstörte die Hoffnungen der jüdischen Bevölkerung. Viele Juden schlugen daraufhin eine Rückkehr ins Ghetto vor: Man müsse sich aus der kulturellen Gemeinschaft der Europäer zurückziehen und sich auf das eigene Judentum konzentrieren. Arendt sah darin eine dramatisch falsche Reaktion in Zeiten, in denen die Feinde der Juden immer mehr an Macht gewannen. Sie glaubte, dass stattdessen eine politische Einsicht passieren müsste: Eine Rehabilitierung der Juden konnte nur in einem politischen Kontext passieren, im Kampf gegen die Kräfte, die sie bedrohten. Ein Rückzug würde ein Versagen bedeuten, weil man nicht erkannt hatte, dass ganz Europa Zerstörung drohte. Es reichte deshalb nicht, wenn man den Zionismus als isolierte Bewegung sah. Während andere anhand der Entwicklungen in Europa starr unter Schock standen, drängte Arendt auf eine neue jüdische Politik und auf eine jüdische Armee, die gegen Hitler kämpfen konnte, sie leistete sogar Attentätern auf nationalsozialistische Figuren rechtlichen Beistand.

Wie man leicht sehen kann, passierte der völlige Wandel in Arendts Denken nicht, weil sie eine innere Einsicht hatte, die völlig unabhängig von den Ereignissen um sie herum passierte. Eine Erkenntnis zu haben, die nur im Innern stattfindet, passt natürlich sehr gut zu dem Idealbild eines Philosophen. Wie besonders ihr Denken war, zeigt sich also bereits an der Art und Weise, in der sich ihre Sicht änderte: Der Grund dafür waren die historischen und politischen Veränderungen in Europa, die sie miterlebte. Ihr Denken war im Geschehen der Welt involviert und mit deren Wandlungen verstrickt. Es war ein *aktives Denken*.

Aktives Denken ist eine hochgradig engagierte Form des Denkens. Es ist eine Vorbereitung auf das Handeln in der realen Welt.

Mehr noch, aktives Denken ist für sich genommen schon eine Form des Handelns. Zum Akt des Denkens an sich gehört bereits ein Bewusstsein dafür, dass man Verantwortung hat und am Geschehen der Welt teilnimmt. Denken wird oft als Rückzug von der Welt verstanden – man entzieht sich den Ereignissen und widmet sich der stillen Innenschau. Aktives Denken dagegen fühlt sich der Verantwortung im Außen verpflichtet. Die bequeme Position des reinen Beobachters ist keine Option, weil man begreift, dass richtiges Urteilen und Handeln nur dann möglich sind, wenn man voll an der Welt teilnimmt.

Für Arendt war das Denken ein Werkzeug, mit dessen Hilfe der Mensch eine neue Aufmerksamkeit in seine Handlungen fließen lassen konnte. Für Tagträume oder Gedankenfluchten war kein Platz, ebenso wenig für eine innere Versenkung, mit der man sich ganz von der Welt zurückzog. Ihre Denkart ist das genaue Gegenteil des ziellosen und absichtslosen Denkens: Arendts Denken bedeutet kraftvolles Engagement.

Hannah Arendts politisches Denken war nicht durch die Grenzen dessen eingeschränkt, was man heute für gewöhnlich als politischen Betrieb ansieht: parlamentarische Sitzungen und Abgeordnete, die im Interesse ihrer Wähler über Entscheidungen diskutieren. Für sie war die Politik der gesamte öffentliche Raum, in dem Menschen zusammenkommen, urteilen und handeln. Hier passierten Austausch, Auseinandersetzungen und Dialog. Politisch denken können hieß: so zu denken, dass man in der realen Welt urteilen und agieren konnte.

Arendt behauptete, dass im alten Griechenland Philosophie und Politik noch untrennbar miteinander verbunden gewesen seien. Mit der Zeit habe man beides immer mehr voneinander getrennt, bis aus der Philosophie ein reines Denken geworden sei, von weltlichen Dingen völlig abgetrennt. Für sie betraf dieses Problem aber noch viel mehr als nur die Philosophie: Das Denken des Einzelnen war tendenziell unbeteiligt und pflichtvergessen. Um es einmal unverblümt auszudrücken: Normales Denken ist fast wie gar nicht denken, als würde man jede mentale freiwillige Tätigkeit einstellen, mit der man Dinge hinterfragen und selbst beurteilen kann. Man könnte sagen, dass Arendt gehofft hat, das Denken aus den Händen abstrakter Denker befreien und es dem Individuum geben zu können, damit es seine eigene Denkfähigkeit wirklich und aktiv nutzen lernen konnte. Aus diesem besonderen kritischen Bewusstsein entstand ihre politische Theorie.

Der Mann, der mit dem Denken aufgehört hatte

Am Ende des Zweiten Weltkriegs war Arendt noch immer in Paris und half dort jüdischen Flüchtlingen und Antifaschisten. Sie fing nun an, die Idee einer Einheit von Gedanken und Handeln auszuformulieren. Allmählich bewegte sie sich weg von politischen Aktionen und hin zu dem ehrgeizigen Versuch, eine neue politische Wissenschaft in die Welt zu rufen. Das erste Ergebnis war ihr Buch *Elemente und Ursprünge totaler Herrschaft*, mittlerweile ein Klassiker. Dieses Buch, geschrieben von einer bis dahin unbekannten Frau, die aus der Philosophie kam und noch nie zuvor eine historische oder politiktheoretische Schrift auf Buchlänge abgefasst hatte, bekam überwältigendes Lob von den Kritikern. Es war ihr erster Schritt auf einem Weg, der sie international berühmt machen sollte.

In *Elemente und Ursprünge totaler Herrschaft* blickt Arendt Schreckensregimen wie der Naziherrschaft und dem Stalinismus ins Gesicht und untersucht genau die Merkmale totalitärer Kontrolle. Dabei identifiziert sie vier totalitäre Elemente. Erstens, eine Ideologie, welche die gesamte Menschheitsgeschichte erklärt sowie das Regime und seine Politik rechtfertigt. Dazu gehört der Mythos eines überlegenen Volkes und eines ewigen Feindes. Das zweite Element ist der totale Terror, wie er sich in den Konzentrationslagern der Nazis und den Arbeitslagern der Sowjets manifestiert hat. An dritter Stelle steht die Zerstörung menschlicher Bindungen und an vierter schließlich eine Herrschaft der Bürokratie – eine gesichtslos kontrollierende Macht.

Das vielleicht bemerkenswerteste an diesem Buch ist Arendts Erkenntnis oder Warnung, dass die bloße Existenz dieser Regime eine sehr gefährliche Möglichkeit für die gesamte Menschheit eröffnet: Die Möglichkeit eines völligen Verschwindens der Politik, des öffentlichen Raums also, in dem Menschen kommunizieren und handeln können. Politik ist nur unter bestimmten historischen Bedingungen möglich, und es gibt eine Regierungsform, die sie völlig auslöschen kann: Indem sie zunächst einer Gruppe von Menschen ihre Menschlichkeit abspricht, und später einer anderen. Selbst in einer Demokratie gibt es die Gefahr, dass totalitäre Elemente Einfluss erhalten können; wenn zum Beispiel der Sieg über ein nicht-demokratisches Regime rechtfertigt, dass man ihm mit allen Mitteln die Demokratie aufzwingt, oder wenn, wie es in den fünfziger Jahren des letzten Jahrhunderts in den USA passiert ist, eine patriotisch gefärbte Moral einen Kreuzzug gegen freies Denken im Namen demokratischer Werte eröffnet. Deshalb muss, meint Arendt, das Wissen um totalitäre Elemente tief im Bewusstsein verankert werden, um zu verhindern, dass sich in einer demokratischen Nation eine gut versteckte totalitäre Kontrolle ausbreitet.

Auf einer tieferen Ebene erkannte Arendt, dass der Totalitarismus ein anti-politischer Prozess ist, der dazu führt, dass alles Denken aufhört. Dies kann auch dann passieren, wenn Menschen ohne jeden Zwang von außen in einen Zustand der Gedankenlosigkeit verfallen und politischer Beteiligung aus dem Weg gehen. Arendt stand der Demokratie, wie wir sie kennen, sehr kritisch gegenüber – einem System also, in dem sämtliche Verantwortung an einige wenige Auserwählte übergeben wird, die politisch alle repräsentieren. Sie glaubte, dass das Gegengift für den Totalitarismus eine partizipatorische Demokratie sei oder eine Räterepublik: spontan gebildete Organe des Volkes, ohne Parteiorganisationen und sogar für die Anführer unberechenbar.

Hier lässt sich Arendts aktives Denken bereits gut erkennen: Das engagierte und verantwortungsbewusste Denken des Individuums war das einzige Element, welches die Macht des Bösen in der Politik im Zaum halten konnte.

In ihrem zweiten klassischen Werk entwickelte Arendt ihre »neue Politikwissenschaft« weiter. Dabei konzentrierte sie sich auf die Tatsache, dass die Philosophie darin versagt hatte, den Menschen echte, praktisch anwendbare Handlungsmöglichkeiten in der Welt zu bieten. Sie beschrieb, wie Denker sich von der Welt abwandten und dieses Desinteresse als höheren Wert darstellten. Seit Sokrates, meinte sie, sei das Hauptinteresse der Philosophen gewesen, wie sie möglichst ohne jede Störung durch das Politische ihrer Beschäftigung nachgehen konnten. Sie stellte die Frage: Wie können wir das Politische ernst nehmen? Oder mit anderen Worten: Wie kann der Mensch das Denken zu einem Werkzeug des Handelns machen? Arendt war der Auffassung, dass, wenn man Denken und Handeln zusammenführte, dies die Menschen dazu ermuntern konnte, zu *denken, um zu handeln*. Es konnte außerdem die Aufmerksamkeit der Philosophen zurück auf die Welt lenken, wo politische Ereignisse – der Weltkrieg, Totalitarismus und Atombomben – verzweifelt danach verlangten.

Arendt wurde getrieben von dem Wunsch, eine neue Art des Handelns in der Welt zu sehen. Sie zog daraus einen bemerkenswerten Schluss: die Wichtigkeit einer *Vita activa*, eines tätigen oder politischen Lebens also. Dabei unterschied sie das »Handeln« von »Arbeit« und »Herstellen«, beides eingeschränkte menschliche Tätigkeiten, bei denen man sich um die lebensnotwendigen Dinge kümmert beziehungsweise in einem linearen Prozess Dinge produziert. Handeln fand dann statt, wenn man etwas Neues und Unvorhersehbares in die Welt brachte, wobei man unbedingt auf andere Menschen angewiesen war. Mit anderen Worten: Damit Handeln passieren konnte, brauchten die Menschen den öffentlichen Raum. Im privaten Raum konnte man sich um materielle Bedürfnisse kümmern, für das Handeln aber war Pluralität unverzichtbar, man brauchte die Beziehungen der Menschen untereinander.

Arendt machte sich Sorgen darüber, dass dieser öffentliche Raum und damit die *Vita activa* allmählich an Bedeutung verloren. Sie glaubte, dass das öffentliche Leben in der christlichen Ära seine tiefe politische Bedeutung eingebüßt hatte. Das Handeln war darauf reduziert worden, dass man sich um die Notwendigkeiten des täglichen Lebens kümmerte, die Freiheit war in die weltfremde Dimension der Kontemplation verlagert worden. Nur in der *Vita contemplativa*, in der eigenen inneren Welt, konnte man so Wahrheit und Freiheit finden. Zweitens war die Trennlinie zwischen dem öffentlichen und dem privaten Raum verschwommen. Nationen waren wie große Haushalte geworden, die sich bürokratisch um alle sozialen und ökonomischen Angelegenheiten des Individuums kümmerten. Der öffentliche, freie Raum war so durch den »sozialen Raum« ersetzt worden.

Hier können wir erneut klar *aktives Denken* ausmachen: Arendt wollte eine Revolution in der Philosophie herbeiführen, indem sie den Menschen als ein aktives Wesen definierte. Sie hoffte, dass das Denken, wenn es sich auf das Handeln und auf menschliche Angelegenheiten konzentrierte, eine neue Form des Handelns in der Welt hervorbringen könnte. Zu ihrer Zeit, in der die furchtbaren Folgen von Nationalsozialismus und Stalinismus in der Welt zu spüren waren und scheinbar ein »Ende aller Ideologien« markierten, schien es keine Rolle für die Kraft der Intellektuellen zu geben. Arendt wollte dem Akt menschlichen Denkens neuen Sinn und neue Bedeutung geben.

Sie hoffte, dass das freie Denken zur letzten Rettung des Menschen werden konnte, wenn alle moralischen Strukturen in sich zusammenfielen und man nur noch selbst beurteilen konnte, wie man in einer solchen Welt richtig handeln konnte. Sie suchte eine Möglichkeit, die Freiheit des politischen Raums selbst dann zu schützen, wenn alles andere versagte. Ihre Lösung war, dass in solchen Zeiten der einzig verfügbare moralische Kompass im

Innern des Menschen zu finden war. Ohne Bezug auf äußere Normen musste er sich selbst fragen, was er vertreten konnte. »Ich kann bestimmte Dinge nicht tun, weil ich danach mit mir selbst nicht weiterleben könnte.«[12] Moralische Ideologien in jeder Form wies sie zurück, sie drängte die Menschen dazu, selbstständig zu denken, sich von ihrem eigenen *aktiven Denken* leiten zu lassen.

Das war die Krux von Arendts politischem Denken: Es ging immer darum, die Fähigkeit des Individuums zum Denken und Urteilen zu erhalten, da Nicht-Denken die Wurzel alles Bösen war. Nachdenklichkeit andererseits – die Fähigkeit des Menschen, mit sich selbst in einen Dialog zu treten, seine Erfahrungen zu betrachten und daraus eine Lehre für sich und andere zu ziehen – war die einzige Hoffnung auf eine authentische Moral. Denken brachte Menschen dazu, sich die Vergangenheit anzusehen, und sich so »in die Dimension der Tiefe zu begeben, Wurzeln zu schlagen und sich so selbst zu stabilisieren, sodass man nicht bei allem Möglichen – dem Zeitgeist, der Geschichte und einfach der Versuchung – hinweggeschwemmt wird.«[13]

Wer das nicht kann, wird falsch handeln, warnte Arendt. Ein äußerst kontroverses Beispiel, das sie hierfür lieferte, war Adolf Eichmann, über dessen Gerichtsverfahren sie in einer Serie für den *New Yorker* berichtete. Eichmann war SS-Obersturmbannführer und einer der wichtigsten Organisatoren der systematischen Judenvernichtung gewesen. Er war verantwortlich für die Logistik der Massendeportationen von Juden in Ghettos und Konzentrationslager während des Zweiten Weltkriegs in Osteuropa. 1960 nahm der israelische Geheimdienst Eichmann in Argentinien gefangen. Der Prozess, der ihm gemacht wurde, erregte weltweit Aufmerksamkeit. Eichmann wurde darin für schuldig befunden und 1962 zum Tod durch Erhängen verurteilt.

Bis zu diesem Punkt hatte Arendt das ultimative Böse des Totalitarismus als ein allgemeines Phänomen betrachtet. Der individuelle Fall Eichmann gab ihr dann die Möglichkeit, dem Bösen ins Gesicht zu sehen und nach tiefer wirkenden Kräften und

Ideen zu suchen, die totalitäre Formen hervorbringen konnten. Wie alle anderen Berichterstatter hatte sie sich darauf vorbereitet, einem völlig inhumanen Monster zu begegnen. Mit Schrecken erkannte sie, dass es nichts dergleichen zu sehen gab. In diesem Menschen war eine Leere, und diese hatte offenbar Eichmanns bösartiges Handeln ermöglicht. Während die meisten Menschen das extreme Böse fassungslos betrachteten und hilflos nach einer Erklärung dafür suchten, wie Menschen überhaupt zu solchen Dingen fähig sein konnten, hatte das Böse bei Eichmann gar keine Tiefe, die man erforschen konnte.

Arendt beobachtete Eichmann intensiv und erkannte schließlich, dass sie ihre frühere Vorstellung eines »radikalen Bösen« – eines dämonischen Bösen, das im Menschen angelegt war – überdenken musste. Die Taten der Nazis, so unglaublich sie waren, konnte man nicht damit erklären, dass man sie einfach als millionenfach mordende Monster und Dämonen darstellte. Da war etwas anderes, etwas, das vielleicht nicht weniger furchterregend war, vor dem »das Wort versagt und (…) das Denken scheitert«, und das diese Dinge möglich gemacht hatte: die Banalität des Bösen, die Fähigkeit des Menschen, Schlechtes zu tun, wenn man sich selbst des Denkens beraubte.

Wenn man dem Bösen in seiner extremen Form begegnet, sagte Arendt, ist man natürlich versucht, »auf allgemeine Äußerungen über die Bösartigkeit des Menschengeschlechts«[14] zurückzugreifen, trotzdem ist eines sicher: »dass nämlich in Auschwitz jeder für sich selbst entscheiden konnte, ob er gut oder böse sein wollte.«[15] Menschen wie Eichmann schalteten ihre Kapazitäten zum Denken und Handeln einfach ab und wurden damit zu Menschen, die keine echten Beweggründe hatten, so Arendt. Während seines Gerichtsverfahrens zeigte sich, dass Eichmann überhaupt nicht zu unabhängigem Denken fähig war. Er konnte mechanisch moralische Grundsätze herunterrasseln – was zeigt, wie nutzlos moralische Maximen ohne das Denken sind. Indem er vor Gericht sachlich und ohne Reue erklärte, dass er dem Willen anderer gehorcht hatte, sagte er, dass er im Grunde keine Person war. Er wies jede Verantwortung von sich, fühlte sich davon überhaupt nicht betroffen.

Aus diesem Grund dachte Arendt, dass man Eichmanns Taten weder bestrafen noch verzeihen konnte – es gab einfach niemanden, dem man vergeben konnte. Mehr noch, aufgrund von Eichmanns bürokratischer Mentalität urteilte sie, dass er richtig und falsch überhaupt nicht voneinander unterscheiden konnte, deswegen war er in gewissem Sinne nicht wirklich »schuldig«. Um das Recht zu haben, für »schuldig« befunden zu werden, hätte Eichmann verstehen müssen, was er getan hatte, sein eigentliches Verbrechen bestand aber darin, dass er mit dem Denken aufgehört hatte. Gedankenlos hatte er Menschen ausgelöscht, und das Gefühl, zu einer Bewegung zu gehören, war ihm viel wichtiger gewesen als der Glaube an die Ideologie dahinter.

Viele, die Arendts Serie lasen, verurteilten sie als »seelenlos«, sie dagegen merkte, dass sie endlich frei von der emotionalen Verstrickung war, die ein gutes Urteilsvermögen verhindert. Für sie fing damit eine neue politische Moral an, die auf der menschlichen Fähigkeit aktiven Denkens beruhte, das ein Urteil erst möglich machte. Denken war der einzige Schutz des Menschen davor, Schlechtes zu tun, deswegen hatte der Mensch eine moralische Verpflichtung zum gründlichen Nachdenken, um richtige Einschätzungen treffen zu können. Aber sogar gute Menschen haben Angst vor dem Urteilen. Sie fürchten, dass eigenständige Urteile sie arrogant und überheblich machen könnten. Arendt hatte darauf eine scharfe Antwort: »Wenn man sich (…) sagt: Wer bin ich denn überhaupt, mir ein Urteil anzumaßen? – ist man schon verloren.«[16]

Denken wir oder tagträumen wir bloß?

Man hört heutzutage viele Menschen darüber klagen, dass sie »zu viel« denken. Was sie damit meinen, ist das Gefühl, dass ihr Kopf quasi vor sich hin plappert, dass zu viele Sorgen, Nöte, Frust darin in Dauerschleife abgespielt werden. Immer mehr Menschen versuchen, ihr unruhiges und hyperaktives Denken mit Entspannungsmethoden und Meditation zu beruhigen. Es stimmt: Ein ruhiger Geist klingt nach etwas, das man gerne haben möchte, besonders dann, wenn das Leben zu anstrengend und intensiv wird.

Arendt aber will uns das genaue Gegenteil vermitteln: dass unser Denken nicht aktiv genug ist; dass Menschen ihre Fähigkeit zum richtigen Denken und Handeln herunterfahren. Wenn man sich Arendts eigene Denkart ansieht, wird klar, dass wir meistens gar nicht aktiv denken, sondern eigentlich tagträumen. Tagträume können manchmal durchaus intensiv sein, aber sie haben überhaupt keinen Wert, wenn es darum geht, dass man klarer denken und im Leben wach und engagiert sein will. Denken als freiwillige Handlung, bei der man alle seine geistigen Kräfte sammelt, um selbst etwas zu verstehen, ist im Leben der meisten Menschen ein ziemlich seltenes Ereignis. Interessanterweise stützen aktuelle Forschungen Arendts Kritik am menschlichen Denkverhalten.

Forschungen über kognitive Verzerrungen haben gezeigt, dass das menschliche Gehirn eigentlich nicht gerne denkt. Meistens verharrt es in einem Energiesparmodus. Mentale Anstrengungen unternimmt es nur dann, wenn es keine andere Wahl hat, wenn man zum Beispiel eine schwierige Aufgabe bei der Arbeit angehen muss oder wenn akute Krisen gelöst werden müssen. In solchen Momenten gibt das Gehirn alles, was es kann. Wann immer die Zeiten aber entspannter sind, also meistens, ist es nicht freiwillig aktiv. Es geht dann zum mentalen Autopiloten über, bei dem das Denken assoziativ und reaktiv wird.

Das ist natürlich verständlich: Für das Gehirn ist klar, dass man nie wissen kann, wann das nächste Mal eine Krisensituation passieren wird, und in diesem Moment muss es sich extrem konzentrieren können. Solange die Umstände keinen solchen Einsatz fordern, muss es sich nicht weiter anstrengen. Der Autopilot reicht für die meisten Dinge im Alltag völlig aus, man kann sich dabei ohne Probleme mit Freunden unterhalten, Fernsehen gucken oder sich ums Abendessen kümmern. Den Autopilot-Modus definiert die kognitive Forschung als die Tendenz des Gehirns zu *kognitiver Leichtigkeit*.

Wenn Sie jetzt kurz den Verdacht hatten, dass kognitive Leichtigkeit damit zu tun hat, dass das Gehirn gerne faul ist, haben Sie recht. Das Gehirn gibt sich gewissermaßen Mühe, um einen mühelosen Zustand zu erreichen. Es ist wie die natürliche Faulheit des Körpers, der keine Lust hat, sich im Fitnessstudio besonders anzustrengen – und wenn, dann bitte nur ganz kurz. Wenn man sein Denken anstrengt, fühlt sich das an, als würde man einen Muskel maximal anspannen; bald schon sucht das Gehirn nach einem Ausweg, um sich wieder ausruhen und die Gedanken ziellos vor sich hin treiben lassen zu können. Mehr noch, für das Gehirn ist Faulheit ein Privileg, das eine wichtige Bedeutung hat: Es gibt in diesem Moment keine Bedrohung, alles ist in Ordnung. Darum assoziiert das Gehirn kognitive Leichtigkeit mit einer guten Stimmung und einem angenehmen Gefühl.

Die Sache wird allerdings komplizierter, wenn man sich klarmacht, dass das Gehirn kognitive Leichtigkeit auch mit »Wahrheit« assoziiert. Das heißt, dass eine einfache Antwort wie eine richtige Antwort erscheint und ein schnelles Urteil wie ein korrektes Urteil. Wie wir zwischen falsch und richtig unterscheiden, hängt allzu oft von einem heimlichen Wunsch des Gehirns ab, nicht zu viel nachdenken zu müssen, eine Sache abzuhaken, ohne sich allzu sehr anzustrengen. Forschungen haben gezeigt, dass wir meistens im »faulen« Modus des Gehirns Dinge beurteilen, wir nutzen keineswegs die Kapazitäten unserer Gehirne aus, die sich auch tief in eine Sache hineindenken und genau beobachten können.

Das ist noch viel unangenehmer, wenn man Eichmann als Metapher sieht. Obwohl Eichmanns Fall viel schlimmer und unvorstellbarer ist als jedes Fehlurteil, das wir jemals im Leben treffen werden, hält er uns doch den Spiegel vor – als Mann, der sein

Denken schlafen gelegt hat; als Mann, der sein Nicht-Denken und Nicht-Urteilen sogar als seine zentrale Qualifikation stilisiert hat. In seinem Fall hat das zu einem furchtbaren Ergebnis geführt. Aber wenn wir für einen Moment das Extreme seiner Taten beiseitelassen, kommen wir vielleicht zu dem ehrlichen Schluss, dass es auch in uns einen Teil gibt, der lieber nicht so viel nachdenken möchte.

Arendts Geniestreich besteht nicht darin, dass sie uns alle zu Philosophen machen wollte, sondern dass sie uns zu zeigen versucht hat, wie die Tendenz, nicht denken zu wollen, unsere Menschlichkeit schwächt, unsere Fähigkeit, aktiv am Geschehen der Welt teilzunehmen. In diesem Sinne ist es sogar gefährlich, das Denken als Bürde zu sehen oder als etwas, das man nicht tun muss, solange alles gut läuft. Während heutzutage jeder von sich behauptet, ein Individuum zu sein, erinnert Arendt daran, dass nur absichtliches Denken – wenn man die Tendenz des Gehirns zu minimaler Anstrengung überwindet – uns wirklich unabhängig denken lässt. Für Arendt ist erst derjenige Mensch ein Individuum, der bewusst und leidenschaftlich nachdenkt, und nicht einfach jemand, dessen Gehirn gut genug funktioniert, um nötigenfalls reagieren zu können oder um hastige und oberflächliche Urteile zu fällen.

Das Forschungsfeld kognitiver Psychologie will die verschiedenen Arten aufzeigen, in denen das Gehirn in einem unangestrengten Zustand Urteile fällt und meint, sie seien richtig. Mit »urteilen« ist hier natürlich gemeint, dass man eine Einschätzung darüber trifft, ob etwas richtig oder falsch ist. Der fundamentale Fehler des Denkens, den dieses Forschungsgebiet beschreibt, ist das *automatische* oder *schnelle Denken*; es ist die Ursache aller kognitiven Fehler. Arendts *aktives Denken* setzt bei genau dieser grundlegenden Tendenz an. Vielleicht kann also aktives, absichtliches und, ja, manchmal anstrengendes Denken kognitive Fehler minimieren. Aber wie kommt man dahin?

Einer der hartnäckigsten kognitiven Fehler des menschlichen

Gehirns ist der Glaube, dass eine Aussage oder eine Erfahrung, die sich immer wiederholt, wahr sein muss. In seinen Anfängen ist das fast schon lustig, man nennt es dann »Attentional Bias«: Wenn man wieder und wieder einen bestimmten Gedanken denkt, beeinflusst man damit signifikant die eigene Wahrnehmung. Deshalb nehmen Patienten, die unter Angststörungen und chronischen Schmerzen leiden, verstärkt Informationen wahr, die mit ihrem Problem zu tun haben, etwa wütende oder schmerzhaft verzogene Gesichtsausdrücke. Aber wir lassen uns nicht nur von unseren eigenen repetitiven Gedanken fälschlich von etwas überzeugen: Der »Wahrheitseffekt« zum Beispiel besagt, dass das menschliche Gehirn tendenziell meint, eine bestimmte Information müsse stimmen, wenn man sie mehrfach hört oder liest. Eine Studie hat gezeigt, dass Teilnehmer, die wieder und wieder die Information bekamen, dass Basketball 1925 eine olympische Disziplin wurde, diese Information seltener infrage stellten.

Der Effekt aber, der wohl am besten Arendts tiefste Sorge beschreibt, ist der »Bandwagon-« oder »Mitläufereffekt«. Vereinfacht gesagt bedeutet er, dass Menschen bestimmte Dinge nur deshalb tun, weil andere sie bereits getan haben. Je mehr Menschen eine bestimmte Sache tun oder glauben, desto größer ist die Wahrscheinlichkeit, dass auch andere das tun werden. Sie würden auf die gleiche Weise *handeln,* egal, was sie selbst glauben oder welche eigenen Informationen sie haben, diese würden sie ignorieren oder sich darüber hinwegsetzen. Wenn zum Beispiel eine Reihe Konsumenten ein bestimmtes Produkt gut finden, setzt ein Mitläufereffekt ein, der viele weitere Verkäufe nach sich zieht, weil nun auch andere meinen, dieses Produkt müsse gut sein. Ein weiteres Beispiel ist unser Wahlverhalten: Viele wählen die Partei oder die Kandidaten, von denen sie meinen, dass sie wahrscheinlich gute Erfolgschancen haben werden – nicht der Inhalte wegen, sondern weil das der Tenor in den Medien ist.

Warum ist das so? Ein wichtiger Grund ist unser automatisches Denken, das in seiner Geistesabwesenheit leicht betäubende Wiederholungen akzeptiert. Wenn man sich klarmacht, dass unsere Urteilsfähigkeit so leicht durch Wiederholungen beeinflusst wird, egal, ob sie falsch oder richtig sind, ist das eine klare Warnung: Es zeigt uns, wie gefährlich es sein kann, dem automatischen Denksystem voll nachzugeben. Und das stimmt nicht nur für Arendts »Banalität des Bösen«, sondern auch für etwas, das man die »Banalität des Guten« nennen könnte.

Denn sogar die eigene Moral – die Werte und Handlungen, die man als »gut« ansieht – verkommt leicht zur bloßen, faulen Gewohnheit. Menschen, die »Gutes tun«, sind oft nicht unbedingt Menschen, die viel nachdenken. Darum können auch noble Grundsätze wie »Liebe deinen Nächsten« dem wachen Geisteszustand, den Arendt fordert, entgegenwirken. In diesem Sinne unterscheiden sich gute Ideologien nicht allzu sehr von schlechten; beide schläfern das Denken ein und sorgen dafür, dass man die Verantwortung, selbst nachzudenken, abgibt.

Wenn man eine bestimmte Ideologie annimmt, ein fixes moralisches Prinzip, leitet man daraus einen Standpunkt ab. Man wird zum Beispiel politisch links oder rechts. Das geht mit einem gewissen Selbstbewusstsein einher: Man weiß immer, wofür man steht – und natürlich ist es immer das »Gute« – und was man ablehnt, was natürlich das »Schlechte« ist. Der Nachteil dabei ist, dass man so neue politische Situationen oder komplexe Sachverhalte gar nicht in Betracht zieht. Einfach gesagt, hört man mit dem Denken auf, weil man meint, dass man in dieser Sache schon zu Ende gedacht hat. Man folgt so blind der eigenen Ideologie. Interessanterweise lehnte Arendt Ideologien ab und weigerte sich, sehr zur Enttäuschung vieler ihrer Studenten, sich konservativ oder liberal zu positionieren. Mehr noch, sie wollte andere auch nicht als Lehrerin beeinflussen und ihnen sagen, was sie denken und wie sie handeln sollten. Sie glaubte, dass »die Festlegung einen leicht an einen Punkt bringen kann, wo man aufhört zu denken«.[17]

Natürlich reicht es nicht, sich einfach nur aller Ideologien zu entledigen. Viele tun das, und kommen deswegen noch lange nicht an einen Punkt, an dem sie aktiv denken. Wenn man Ideologie und externe Moralvorstellungen ablegt, lehrt uns Arendt, geht das mit einer großen Verantwortung einher, weil man von da ab in jedem Moment allein entscheiden muss, wie richtiges Handeln aussieht. Das heißt, dass man die eigene Aufmerksamkeit schulen muss, es gibt keine fixe Position mehr, auf die man sich stützen könnte. Man muss die Annahmen des eigenen automatischen Denkens anzweifeln und moralische Gewohnheiten infrage stellen, man muss sich die eigene Vergangenheit betrachten und sich darüber wichtige, manchmal provokative Fragen stellen.

Ein guter Anfangspunkt für aktives Denken ist das folgende Gedankenexperiment: Stellen Sie sich das Leben jedes einzelnen Menschen als ein kleines Land vor, das von diesem Individuum regiert wird. Jede Wahl und Entscheidung, die dieser Mensch trifft, ist die Art und Weise, von der er meint, dass so die ganze Welt wählen und sich entscheiden sollte. Ihr individuelles Leben ist also wie ein Muster für Handlungen und Verhalten, denen alle folgen sollten. Sie haben damit eine Menge Verantwortung im Leben – wie würden Sie handeln, wenn Sie genau wüssten, dass über sieben Milliarden Menschen Ihrem Beispiel folgen würden? Stellen Sie sich vor, dass jeder Aspekt Ihres Lebens mit dieser enormen Verantwortung getränkt wäre. Dieses Gedankenexperiment kann Ihnen helfen, das Gefühl globaler Verantwortung zu verstehen, von dem Arendt sich gewünscht hat, dass es dem menschlichen Denken zur zweiten Natur werden würde.

Liebe zur Welt

»Ich habe so spät, eigentlich erst in den letzten Jahren, angefangen die Welt wirklich zu lieben«, schrieb Arendt an ihren Mentor Karl Jaspers. »Aus Dankbarkeit will ich mein Buch über politische Theorien *Amor Mundi* nennen.« Obwohl dieses Buch letztlich einen anderen Titel bekam – *Vita activa* –, zeigt Arendts Wunsch, die philosophische Tradition des *Contemptus Mundi*, die Geringschätzung alles Weltlichen, mit einer Liebe zur Welt zu ersetzen, einen tieferen Antrieb ihres aktiven Denkens auf. Im Gegensatz zum zurückgezogenen und in sich selbst versunkenen Philosophen konnte ihr Denken sich nie von der Welt abwenden. Es war der Welt stets zugewandt, die »sich immer nur zwischen den Menschen in ihrer Vielfalt bilden kann«.[18] Getrieben von der Sehnsucht nach einem Gemeinschaftsgefühl, konnte es seine Bestimmung nur als Teil des menschlichen Netzwerks sehen. Arendts Denken war nie ein Monolog; es war seinem Wesen nach dialogisch und beziehungsbetont, da sie das Leben als etwas sah, das in der Zwischenmenschlichkeit stattfand.

Arendt war sich darüber im Klaren, dass große Denker selten Interesse an Zwischenmenschlichkeit hatten. Aufgrund ihrer besonderen Denkart aber war sie überzeugt, dass Wahrheit nur da existieren konnte, wo sie über Gespräche menschlich wurde. Darum war sie so begeistert von der Idee einer Räterepublik, für sie die einzige politische Form, die Totalitarismus wirklich verhindern konnte: Menschen, die zusammenkamen und gemeinsam handelten. Ihre Hoffnung beruhte nicht auf Theorien und Konzepten, war nicht isoliert von den Menschen, sondern beruhte auf »jenem unsicheren, flackernden und oft schwachen Licht, welches einige Männer und Frauen (…) in ihrem Leben und ihren Werken anzünden«.

Arendts »liebevolles« Denken fand seinen Ausdruck im aktiven Denken, in dem sie sich dazu verpflichtet hatte, die Welt zu akzeptieren, statt vor ihr wegzulaufen. Während viele ihr Denken wie einen inneren Zufluchtsort nutzten, um von der Grausamkeit und den Enttäuschungen der Welt wegzukommen, nutzte Arendt ihren geistigen Raum als Möglichkeit, ihre Liebe zur Welt in einem aktiven Geistesleben auszudrücken. In philosophischer Hinsicht wollte sie ein Denken vorstellen, das sich von der Welt in einen »Denkraum« zurückziehen konnte, ohne diese zu ignorieren oder zu verachten. Daraus entwickelte sich ihr letztes Buchprojekt, das sie niemals fertigstellen konnte: *Vom Leben des Geistes*.

Darin überraschte Arendt viele Leser damit, dass sie sich plötzlich vom politischen Bereich entfernte und die Welt der Philosophie betrat. Ihr Leben war wie ein Kreis, der sich hier schloss: Erst bewegte sie sich weg von der Philosophie zum politischen Denken, dann wieder hin zur philosophischen Kontemplation. Aber dieser Kurswechsel überraschte nur dann, wenn man oberflächlich hinsah. Arendt unternahm hier nämlich ganz einfach den großen Versuch, sich einer *inneren* Politik zuzuwenden. Dabei teilte sie die Welt in drei geistige Systeme auf: das Denken, das Urteilen und das Wollen. Sie wollte darlegen, wie eine verantwortungsbewusste Regierungsführung im eigenen Geiste stattfinden konnte, wie diese drei Bereiche sich die Gewalt wie bei einer Regierung teilen konnten. Sie stellte sich vor, dass keine dieser Fakultäten die anderen dominieren sollte, jede sollte ihre eigene Freiheit haben. Die Voraussetzung für eine solche geistige Harmonie war die innere Freiheit des Einzelnen. Selbst in der »inneren Republik« des Menschen sollte keine Stimme kaltgestellt oder ungehört sein. So schlug sie zum Beispiel einen Friedensvertrag zwischen Denken und Wollen vor; einen Vertrag, der einen langen historischen und philosophischen Kampf beenden würde, weil es immer schien, dass man das eine opfern müsste, um dem anderen nachgehen zu können. Mit sich selbst sein war eine andere Form menschlicher Pluralität, und innere Harmonie war eine andere Form von »Liebe zur Welt«.

In ihrem letzten Buch legte Arendt endlich ihre eigene Denkweise offen: ein Denken, das sich in der Welt menschlicher Angelegenheiten zurückhält, nicht, um Konflikte zu vermeiden oder in Kontemplation zu versinken, sondern um Bedeutung zu suchen, eine sinnhafte Geschichte erzählen zu können. Indem der Mensch nach der Bedeutung von Handlungen suchte, selbst wenn sie böse waren, gewann er das Privileg, urteilen zu können. Die

Rolle des Denkens bestand also darin, das Fundament für ein gutes Urteilsvermögen zu legen. Es bereitet uns so immer wieder darauf vor, allem, mit dem wir im täglichen Leben konfrontiert werden, begegnen zu können. Durch das Denken kommen alle eigenen Meinungen und Vorurteile ans Licht und werden abgelegt, bis man leer ist, kein vorgefertigtes System mehr nutzt und den Dingen frei begegnen kann. Die eigene Urteilsfähigkeit, die das Ergebnis echten Denkens ist, war die eigentliche politische Aktivität des Verstandes. Aber um ein gutes Urteilsvermögen zu entwickeln, konnte man sich der Realität nicht fernhalten. Es war eine moralische Verpflichtung, der echten, konkreten Welt zu begegnen. Mehr noch, es war eine Handlung aus Liebe.

Was würde es mit unserem Leben machen, wenn wir unser Denken als aktives Werkzeug nutzen würden? Es könnte überraschende Vorteile bringen. Das menschliche Denken ist eine wertvolle Ressource, die meistens mit vollen Händen verschwendet wird, indem man sich der Welt mental widersetzt, statt kreativ mit den Dingen zusammenzuarbeiten. Allzu oft ist Denken nicht mehr als ein Dahintreiben, ein Wegtreiben von der Welt. Dann wieder ist es intensiv damit beschäftigt, alles auszublenden, was in seiner Umgebung passiert. Was würde passieren, wenn man in einer schwierigen Situation diese wertvolle Ressource nicht einfach verschwenden, sondern als konstruktives Werkzeug einsetzen würde, um kreativ und verantwortungsvoll handeln zu können? Wie wäre es zum Beispiel, wenn man, statt frustriert und passiv im Stillen über seine Arbeitsumstände zu schimpfen, sich die Frage stellen würde: »Was könnte mein Beitrag dazu sein, die Arbeitsbedingungen in meinem Job zu verbessern?«

Stellen Sie sich Ihr Denken vor, wie es der Situation begegnet, mit voller Aufmerksamkeit da ist, als aktiver Kollaborateur. Vielleicht könnte das zu einer *echten Aktion* führen statt zu der sonst üblichen automatischen *Re-aktion*.

Charles Darwin

**Dynamisches Denken
oder
Eine Kraft wie hunderttausend Keile**

Als wir uns mit Charles Darwin beschäftigt haben, kamen wir irgendwann an einen Punkt, an dem wir verblüfft eine Pause machen mussten. Wir versuchten, uns gedanklich zurückzuversetzen an einen Zeitpunkt, an dem Evolution und natürliche Selektion noch keine selbstverständlichen Tatsachen in unserem Bewusstsein gewesen waren. Wir schafften es nicht. Dies war der Moment, in dem uns klar wurde, wie selbstverständlich Darwins Ideen einfach zu unserer Wirklichkeit gehören. Seine Erklärung, wie Arten entstehen, ja, wie *wir* entstanden sind, haben sich so fest in unseren Köpfen eingenistet, dass es kaum möglich ist, die Natur noch irgendwie anders zu sehen. Versuchen Sie es ruhig einmal. Versuchen Sie einmal, nicht an Evolution zu denken, wenn Sie sich fragen, warum Kängurus Taschen an ihrem Bauch tragen oder warum Menschen und Schimpansen sich so eigenartig ähnlich sehen. Wahrscheinlich wird es Ihnen sehr schwerfallen. (Es sei denn, sie sind Kreationist. In diesem Fall werden Sie dieses Kapitel ohnehin nicht lesen wollen.)

Genau das ist es, was Darwins Ideen so besonders macht: Sie sind, zumindest in einer prinzipiellen Form, zu wirklichem Allgemeinwissen geworden. Über Einsteins allgemeine Relativitätstheorie könnte man das nicht sagen. Ein Grund dafür ist sicher, dass sich Darwin Mühe gegeben hat, seine Theorie in einer für die Allgemeinheit verständlichen Sprache darzulegen. Bis heute ist Darwins wichtigstes Werk, *On the Origin of Species (Über die Entstehung der Arten)*[1], eines der wenigen Fachbücher, das auch von Laien viel gelesen wird. Aber es liegt wohl auch daran, dass Darwin das Leben an sich erklärt, das Werden unserer eigenen Existenz.

Umso erstaunlicher ist die Tatsache, dass diese Erklärung, ohne die wir uns die Welt kaum noch vorstellen können, noch keine hundertsechzig Jahre alt ist. Darwin hat *On the Origin of Species* erst im November 1859 veröffentlicht. Bis zu diesem Punkt galt auch unter Wissenschaftlern das Dogma, dass Arten unveränderlich waren. Es gab sie einfach, denn Gott hatte das so eingerichtet. Darwins Hauptwerk zog der Welt den Boden unter den Füßen weg.

Man könnte meinen, der Mann, der das fertiggebracht hatte, müsste ein echter Draufgänger gewesen sein. Ein Rebell, den die Meinungen anderer nicht scherte, der Provokation genoss. Nichts könnte der Wahrheit ferner sein. Es ist eine Ironie der Geschichte und Darwins eigenen Lebens, dass eine der revolutionärsten Ideen, die es je gegeben hat, von einem Mann in die Welt gesetzt wurde, der gesellschaftliche Aufregung jeder Art eigentlich ganz gerne mied. Er war ein respektierter Mann aus einer angesehenen Familie und wollte, dass das so blieb. Er lebte konservativ, liebte Regelmäßigkeit, hasste Aufregung und große soziale Ereignisse. Zu seiner tiefreligiösen Frau pflegte er eine innige Beziehung. Ihm war klar, dass sie nicht besonders gut darauf reagieren würde, wenn er ihr einen natürlichen Mechanismus vorstellte, der ganz ohne Gott auskam. Ganz zu schweigen von den zeitgenössischen Biologen, die ebenfalls fest von einem Schöpfergott ausgingen – oder zumindest so taten. Und schließlich waren die Zeiten in Europa ohnehin unruhig, er wollte nicht noch weiter dazu beitragen. Nicht nur bei Darwin, sondern bei vielen seiner Zeitgenossen hatten radikale politische Strömungen ein Bedürfnis nach Stabilität geweckt, ein Festhalten an konservativen Werten. Die industrielle Revolution hatte viele Arbeitsplätze überflüssig gemacht, in der Luft lag das Klima sozialer Unruhen. Die Eliten der Gesellschaft standen neuen Ideen, die möglicherweise diese umstürzlerische Atmosphäre befeuern konnten, sehr skeptisch gegenüber. Darwins Evolutionstheorie aber war ein echtes Pulverfass. Sie stellte nicht nur traditionelle Vorstellungen infrage, sondern stürzte alles um, was man über die natürliche Ordnung der Dinge und die Rolle des Menschen in der Schöpfung dachte. Darwin war das natürlich völlig klar. Und es bereitete ihm, im wahrsten Sinne, schwere Bauchschmerzen. Ungefähr zur gleichen Zeit, in der er seine ersten Notizen zur Wandelbarkeit der Arten machte, entwickelte er unerklärliche Krankheitssymptome, die ihn sein ganzes Leben lang begleiten sollten. Ihm war so oft und so regelmäßig schlecht, dass er in seinem Arbeitszimmer eine eigene Nische einrichten ließ, in der er sich erbrechen konnte. Die Gedanken, die in ihm gärten, passten überhaupt nicht zu seinem Charakter und dem, was er nach außen präsentieren wollte. Der Mensch Darwin bestand aus einem drängenden, revolutionären Geist, gefangen in einer zurückhaltenden Persönlichkeit. Wer das Haus der Darwins besuchte, traf einen höflichen britischen Herrn, der Rosen und Tauben züchtete. Man ahnte nicht, dass hinter dieser illustren Tätigkeit ein Motiv steckte, das alles andere als harmlos war. Der Mann ging keinem Hobby nach: Darwin beobachtete seine Blumen und Tiere intensiv, spürte beharrlich den innersten Mechanismen der Natur nach.

In ihren Grundzügen stand seine Theorie schon kurz nachdem er von seiner legendären Reise auf dem Vermessungsschiff HMS Beagle zurückgekehrt war. Er wusste, dass Arten veränderlich waren, dass der Herrgott nicht jeden Vogelschnabel persönlich geformt und mit dem dazugehörigen Tierchen auf einem ganz bestimmten Stückchen Erde platziert hatte. Aber es dauerte lange, sehr lange, bis er endlich mit seinen Ideen herausrückte. Die zwanzigjährige Pause, die zwischen den ersten Notizen zur Evolution und dem Erscheinen von *On the Origin of Species* verging, hat so viele spätere Forscher verblüfft, dass sie als »Darwin's

Delay« in die Geschichte eingegangen ist. Fast wäre Darwin sich damit selbst gewaltig in die Quere gekommen. Wenn bestimmte Umstände Darwin nicht zur Veröffentlichung gezwungen hätten, wären seine Thesen vielleicht erst posthum veröffentlicht worden, zusammengekramt aus seinen Notizen. Letztlich aber schob das Leben selbst ihn voran, zwang seine Ideen aus Darwins Arbeitszimmer im ländlichen Downe heraus und auf die Bühne einer Welt, die sich danach selbst nicht wiedererkannte. So unangenehm das für den Naturforscher zum damaligen Zeitpunkt war – letztlich passte diese Entwicklung perfekt zu ihm. Man könnte sagen, dass der alltägliche Kampf, den Darwin in der Natur erkannte, das ständige, zerstörerische, kreative Ringen widerstrebender Kräfte, auch in Darwins Innern stattfand.

Blick hinter den Schleier

Im Herbst 1836 kehrte Darwin von seiner Reise auf der HMS Beagle zurück. Sofort machte er sich auf den Weg zum Haus seiner Familie, wo noch niemand wach war. Ohne jemanden zu wecken, legte er sich schlafen. Am nächsten Morgen, als man beim Frühstück saß, kam Darwin dazu und überraschte die versammelten Verwandten, die ihn fünf Jahre lang nicht gesehen hatten. Nachdem sein Vater sich von der ersten Verblüffung erholt hatte, betrachtete er seinen Sohn und bemerkte erstaunt: »Ei, die Gestalt seines Kopfes ist ganz anders geworden.«[2]

Das war wohl kaum der Fall, denn Darwin war zum Zeitpunkt seiner Abreise mit 22 Jahren schon ein ausgewachsener junger Mann gewesen. Der Ausspruch des Vaters passte trotzdem, denn wenn sich auch die Form seines Kopfes nicht geändert hatte, so war ganz sicher etwas mit dessen Inhalt passiert. Für Darwin, der in der Schule sehr mittelmäßiges Interesse am Unterricht gezeigt hatte – »Nichts hätte schlechter für die Entwicklung meines Verstandes sein können«[3], wie er später in seiner Autobiographie bemerkte –, war die Beagle-Reise die erste echte geistige Herausforderung.

Das Forschungsschiff war im Auftrag der britischen Kriegsmarine unterwegs gewesen, um die südamerikanischen Küsten zu vermessen. Darwin kam als Begleiter des jungen Kapitäns Robert FitzRoy mit, und auch, um der Reise etwas mehr Prestige zu geben – ein Naturforscher an Bord machte sich gut. Zwar war Darwin von Anfang bis Ende seekrank, aber in jeder Minute, in der er nicht damit beschäftigt war, seinen Zwieback und seine Rosinen im Leib zu behalten, war er wie in Ekstase. Die exotische Natur und die seltsamen, bunten Tiere, die der junge Engländer sah, versetzten ihn in ein »Delirium des Entzückens«.[4] Der Rausch hielt ihn aber nicht davon ab, sehr genau hinzuschauen, und sein Verstand arbeitete auf Hochtouren. Er beobachtete, sammelte Daten und Proben, präparierte gefangene Tiere. Und er wunderte sich. Wieso gab es nur in Australien Beuteltiere und anderswo nicht? Was hatte es mit den nutzlosen Stummelflügeln mancher Vogelarten auf sich, die nicht fliegen konnten? Und warum entdeckte er auf einer Klippe an der Insel Santiago weiße Muschelschalen, die als waagerechtes Band über den Felsen liefen – gut dreizehn Meter über dem Meer? Es war klar, dass dieser Felsen einmal unter Wasser gestanden haben musste. Konnte es ein Beweis dafür sein, dass die Form der Erde nicht statisch, sondern in Bewegung war?

1835 war das Jahr, in dem Darwin auf den Galápagos-Inseln im Pazifischen Ozean landete, nach mehr als dreieinhalbjähriger Reise. Diese Gruppe vulkanischer Inseln liegt isoliert da, etwa 1000 Kilometer entfernt vom Festland. Auf den ersten Blick machten die Inseln keinen einladenden Eindruck. »Die trockene und ausgedörrte Oberfläche, die von der Mittagssonne aufgeheizt wurde, machte die Luft dicht und schwül – wie bei einem Ofen. Wir hatten das Gefühl, dass sogar das Gestrüpp unangenehm roch«[5], schrieb er. Obwohl er sehr unter der Hitze litt, sammelte Darwin hier fünf Wochen lang begeistert Vögel, Insekten und Leguane ein und packte sie zu seiner Sammlung auf der Beagle. Während er über die Inseln stieg, machte er sich einen Spaß daraus, die dort heimischen Riesenschildkröten zu ärgern und auf ihnen durch die Gegend zu reiten, wobei er meistens schnell runterfiel. Die Inselbewohner machten ihn darauf aufmerksam, dass man an der Form der Rückenpanzer erkennen konnte, welches Tier von welcher Insel stammte. Darwin merkte es sich. Nicht nur die Schildkröten aber waren besonders. Auch an den Vögeln, die um ihn hüpften und flogen, war etwas Merkwürdiges. Warum, fragte er sich, sahen die Spottdrosseln, die er auf der Insel San Cristóbal fand, anders aus als die auf der Nachbarinsel Floreana? Hier hatten die Drosseln dunkle Federn auf der Brust, weiße Streifen auf den Flügeln und längere Schnäbel. Er begann mit dem Gedanken zu spielen, dass die verschiedenen Arten sich aus gemeinsamen Vorfahren entwickelt haben könnten. Womöglich sogar ohne schöpferisches Lenken, am Ende gar – zufällig. »Wenn es für diese Feststellungen auch nur die kleinste Grundlage geben sollte, würde es sich sehr lohnen, die Zoologie von Inselgruppen zu untersuchen. Derartige Tatsachen untergrüben die Unveränderlichkeit von Spezies«[6], notierte sich Darwin im Stillen.

Man muss sich klarmachen, was das für eine unerhörte Aussage war. Zu Darwins Zeit war Biologie noch keine weltliche Disziplin. Viele Naturbeobachter waren Geistliche, sie suchten und fanden in der Natur Spuren des Schöpfers. Zeitgenössische britische Forscher und Philosophen vertraten die These, dass Gott die Welt eigenhändig bis ins letzte Detail erschaffen hatte. Jede Spezies war von ihm auf einen Teil der Erde gesetzt worden. Warum gerade dort, wusste nur der Allmächtige, »Wissenschaft *war* in einem gewissen Sinn Religion«.[7] Der Oberbegriff für diese Anschauung lautete »Naturtheologie«, das dazugehörige Standardwerk *Natural Theology* stammte von William Paley. Der legt darin eine bis heute berühmte Idee dar – die eines Gottes als »Uhrmacher«. Dahinter steckte der simple Gedanke: Jedes »Design muss einen Designer gehabt haben. Jener Designer muss eine Person gewesen sein. Jene Person ist GOTT«, schrieb Paley.[8] Ein Designer schuf natürlich fertige Werke, sie entwickelten sich nicht. Die Nachkommen von Katzen, Hühnern oder Blüten mochten sich von ihren Eltern etwas unterscheiden, aber es gab nie eine grundlegende Veränderung. »Spezies sind in der Natur eine reale Existenz, und es gibt keinen Übergang von einer zu einer anderen«, wie der britische Philosoph und Wissenschaftshistoriker William Whewell voller Überzeugung erklärte. Wenn Darwin an der Unveränderlichkeit der Arten zweifelte, stellte er damit nicht nur Gott, sondern auch die Grundlage der zeitgenössischen Naturwissenschaft infrage.

Bei seiner Landung in England hatte er 1529 in Alkohol konservierte Tiere, 3907 Häute, Knochen und trockene Präparate sowie Notizbücher dabei, in denen er 2000 Seiten mit geologischen und zoologischen Beobachtungen gefüllt hatte. Jetzt musste er sehen, was er aus all diesen Knochen, Schnäbeln und Krallen lernen konnte. Langsam und mit Hilfe anderer Wissenschaftler arbeitete er sich durch seine Sammlung. Mit dem Ornithologen John Gould diskutierte er über die Vögel, die er von den Galápagos-Inseln mitgebracht hatte. Nicht nur die Verteilung unterschiedlicher Spottdrosseln über die Inseln war auffällig, sondern auch die der Finken. Ohne es zu wissen, hatte Darwin vierzehn verschiedene, eng verwandte Finkenarten mitgebracht. Wie bei den Drosseln unterschieden sie sich äußerlich leicht, vor allem durch die Schnäbel. Darwin muss in den Sinn gekommen sein, wie absurd die naturtheologische Erklärung dafür wäre. Warum nur hätte Gott eng verwandte Vogelarten auf benachbarten Inseln verteilen sollen? Wozu die Mühe, einen Vogelschnabel dutzendfach abzuwandeln – war der Allmächtige etwa so penibel? Für Darwin widersprach das jedem gesunden Menschenverstand. Er begann, eine Verbindung zwischen den Lebensräumen von Tieren und der Ausprägung ihrer Arten zu erahnen. Konnten die Vögel sich an die Nahrungsbedingungen ihrer jeweiligen Inseln angepasst haben? Dann hätten zum Beispiel jene Vögel kurze Schnäbel, die

Früchte knacken mussten, und solche Tiere lange Schnäbel, die in der Rinde toter Äste nach Larven suchten.

Je mehr seiner Beagle-Mitbringsel Darwin untersuchte und von Forschern identifizieren ließ, desto mehr bestätigte sich seine Idee, dass die Verteilung von Spezies über den Planeten nicht zufällig war. Es gab eine innere Logik, ein Zusammenspiel zwischen Lebewesen und Geographie. Eng verwandte Lebewesen verteilten sich über von den Lebensbedingungen her unterschiedliche, aber einander geographisch nahe Habitate, wie etwa die Drosseln und Finken auf den Galápagos-Inseln, Zebra-Arten in Afrika oder die ausgestorbenen Riesenfaultiere, die Darwin in Südamerika ausgegraben hatte und in deren Region er auch kleinere, lebende Faultierarten gesehen hatte. In ähnlichen Lebensräumen wiederum fand man jedoch sehr unterschiedliche Arten, wenn sie weit voneinander entfernt waren. In den Sumpfgebieten Europas gab es Bisamratten und Biber, in den Sumpfgebieten Südamerikas dagegen Wasserschweine und Biberratten. In Australien, und nirgendwo anders, gab es Beuteltiere. »Es war offensichtlich«, schrieb Darwin Jahrzehnte später, »dass diese Fakten, und auch viele andere, sich nur mit der Annahme erklären ließen, dass Spezies sich allmählich ändern; dieses Thema verfolgte mich.«

Darwin war zwar ein sehr genauer, geradezu pedantischer Beobachter; das allein aber erklärt seine Entdeckung nicht. Andere hatten genau die gleichen Fakten vor Augen gehabt und nicht die gleichen Schlüsse gezogen. Es gab jedoch einen entscheidenden Unterschied in der Art und Weise, *wie* Darwin beobachtete: Sein Denken war *dynamisch*, er sah überall Bewegung. Für ihn war die Natur offensichtlich extrem variabel, und diese Vielfalt passte einfach nicht zu den starren Konzepten der Naturtheologie. Man hätte sie fast mit Gewalt in diese Denkart pressen müssen.

Diese Mühe machte Darwin sich gar nicht erst, sondern tat etwas, das in gewisser Weise viel leichter war: Er gestattete seinen Gedanken die gleiche Dynamik wie der Natur, die er beobachtete. Deshalb konnte er sich fragen, was die Bewegungen in der Natur antrieb. Die meisten seiner Zeitgenossen hingen an einer *statischen Denkweise*. Im Prinzip war die Natur für sie eine fixe Angelegenheit, in der es für nichts und niemanden einen großen Bewegungsspielraum gab. Das ist nicht weiter überraschend, denn ihre Denkweise entsprang einem Glaubenssystem, das ebenfalls sehr starre Züge hatte. Der Gott, der ihre Welt geschaffen hatte, war ewig und unveränderlich, und dementsprechend war seine Schöpfung immer gleich. In diesem Denken konnte es die dynamischen Zusammenhänge, die Darwin zwischen Spezies und ihrer Umgebung sah, nicht geben. Alles war an seinem Platz und blieb dort. Es gab keine Verbindungen und Wechselwirkungen, sondern fixe Tatsachen, die man bestenfalls beobachten und beschreiben konnte. Wenn man Skelette von Riesenfaultieren ausgrub, dann hatte es diese eben einmal gegeben, und jetzt gab es sie nicht mehr. Heute lebende, kleinere Faultiere waren kein Zeichen dafür, dass die Art sich weiterentwickelt hatte. Wenn man Tauben züchtete und jede Generation ein bisschen anders aussah, war auch das kein Zeichen für Entwicklung, sondern für leichte Abweichungen von der eigentlichen, unveränderlichen Form.

Den Unterschied zwischen Darwins Sichtweise und der seiner Zeitgenossen kann man sich wie den zwischen einer dreidimensionalen bildgewaltigen Naturdokumentation und einem leicht zitternden Standbild vorstellen. Darwins Kollegen hatten eine quicklebendige, bunte, pulsierende Natur vor sich, nahmen aber nur einen winzigen Teil der Bewegungen wahr, die tatsächlich darin passierten. Der Grund ist einfach: Das gewöhnliche Denken mag Veränderungen nicht, deswegen ignoriert es sie. Sein Bewegungsspielraum ist deswegen stark eingeschränkt. Es kann kleine Ideen und Theorien hervorbringen, aber nie einen Gedanken, der alles bis dahin Gewesene infrage stellt. Deshalb kann es nie in aller Konsequenz nach den Ursachen für Phänomene fragen, weil immer an dem Punkt zu denken aufgehört wird, an dem eine etablierte Maxime ins Wanken geraten könnte.

Darwin hingegen drängte die Tatsache, dass es in der Pflanzen-

und Tierwelt zahlreiche Abweichungen innerhalb der gleichen Art gab, nicht als unerwünschten Störfaktor an den Rand, sondern sah, dass diese Veränderungen eine *zentrale* Bedeutung in der Natur haben mussten. Je mehr Material er sammelte, desto mehr schälte sich die Gewissheit heraus, dass in der Natur überhaupt nichts für die Ewigkeit fixiert war. Wenn man einmal akzeptiert hatte, schrieb Darwin aufgeregt in Notizbuch »C«, dass Arten sich verändern konnten, dann »fiel der Schleier!«[9] Der Schleier war die traditionelle Vorstellung, dass das Leben auf der Erde sich nicht veränderte. Es war die biblische Geschichte der Genesis, in der alle Arten in einem einzigen Schöpfungsakt in ihrer endgültigen Form geschaffen wurden.

Das Rezept der Natur

Anfang Oktober 1846 war von den Tausenden Schätzen, die Darwin von seiner Beagle-Reise mitgebracht hatte, noch ein einziger Behälter übrig. Darin eingelegt waren Rankenfüßer. Diese eigentümlichen Tiere leben im Wasser und setzen sich an Steinen, Walen und Schiffen fest. Darwin hatte sie vor der Küste Chiles gesammelt, und als er sie ein gutes Jahrzehnt später auspackte, wollte er eigentlich nur einen Aufsatz über die Tierchen schreiben. Stattdessen verbrachte er die nächsten acht Jahre an seinem Schreibtisch, umgeben vom Alkoholdunst der konservierten Tiere, und betrachtete das winzige Innenleben der Rankenfüßer unter dem Mikroskop – manche Exemplare waren nicht größer als ein Stecknadelkopf. Was ihn ins Grübeln brachte, war, dass er die je nach Typ mal muschel-, mal schneckenartigen Wesen nur schwer einordnen konnte. Die Tierchen waren extrem unterschiedlich, und zwar sowohl innerhalb der Gattung als auch innerhalb der Spezies. Ihre sexuelle Ausstattung etwa: Manche Rankenfüßer waren Zwitter, andere hatten ein eindeutiges Geschlecht, wieder andere lagen irgendwo dazwischen. Immer wieder fragte er sich, wenn er eines der Krebstierchen unter dem Mikroskop seziert hatte und verblüfft das Ergebnis betrachtete, wo eine Unterart endete und wo eine neue Art begann. Er begriff, dass die Natur noch unendlich viel variabler war, als er gedacht hatte. Bis dahin hatte Darwin vermutet, dass Variationen bei wilden Spezies viel seltener vorkommen müssten als bei Haustieren. Die Rankenfüßer bewiesen ihm das Gegenteil.

Eben diese Variabilität bereitete ihm bei der systematischen Einordnung der Tiere enorme Kopfschmerzen. Bis dahin hatte niemand sie zufriedenstellend klassifizieren können, Darwin wollte das ändern. Gleichzeitig stand er den vorhandenen Systemen, nach denen Biologen Lebewesen zu ordnen versuchten, sehr kritisch gegenüber. Ihn störte, dass diese Systeme zwar nachvollziehbar waren, aber dass niemand fragte, »wonach wir bei unseren Klassifikationen der Natur eigentlich suchen«. Manche ordneten Tiere nach ihren äußeren Merkmalen, andere anhand ihrer inneren Struktur. Darwin reichte das nicht. Dynamisches Denken sucht nicht nach bloßen Tatsachen, sondern nach Prozessen und nach den Grundlagen dieser Prozesse. Er wollte nicht nur wissen, *was* es war, das Tiere innerhalb einer Art miteinander verband, sondern auch, *warum* es diese Verbindung gab. Die Frage des *Warum* stellten die anderen Taxonomen aber gar nicht, weil sie statisch dachten und davon ausgingen, dass die ultimative Antwort schon klar war. Wie immer lautete sie: Gottes Wille. Sie suchten also nicht nach den Ursachen, sondern strebten bloß danach, wie Darwin klagte, »die Gesetze aufzudecken, nach denen die Lebewesen anzuordnen es dem Schöpfer beliebt hat«.[10] Für ihn waren das nichts als »hohle, hochtrabende Sätze«.

Er hatte natürlich eigene Ideen davon, wie man Arten klassifizieren sollte. Seine Beagle-Reise hatte ihn gelehrt, dass es nahezu überall Bezüge zwischen den Arten gab. Auch andere Forscher hatten Hinweise gefunden, der Naturforscher Richard Owen etwa hatte auf die Ähnlichkeit zwischen den Skeletten von Reptilien und Vögeln hingewiesen. Aber er hatte darin nicht das erkannt, was Darwin mit zunehmender Erregung zu sehen begann: dass die Natur bestimmte Baupläne immer wiederverwendete und dass es dafür einen tiefer liegenden Grund geben musste. Im Unterschied zu den meisten seiner Kollegen hatte Darwin bereits akzeptiert, dass Evolution ein Fakt war. Und wo es Entwicklung gab, musste es auch einen Ursprung geben. Genau diesen Ursprung erahnte Darwin, wenn er die Ähnlichkeiten der Baupläne betrachtete. »Wir sehen in diesen Fakten eine tiefe organische Verbindung, die durch Raum und Zeit erhalten geblieben ist«,[11] schrieb er.

Schon fast ein Jahrzehnt vor den Rankenfüßern hatte er dafür ein Bild in sein Notizbuch »B« gekritzelt: Unter der zögerlichen Überschrift »I think« malte er ein Gebilde, das wie ein blattloser Baum aussah, ein Verzweigungsdiagramm. An das Ende jedes Zweiges schrieb er einen Buchstaben, der für eine bestimmte Art stand. So ergab sich ein Bild, bei dem jedes Tier und jede Pflanze, jeder Frosch, jede Biene und jeder Strauch *aus einem einzigen, ursprünglichen Stamm* entsprangen. Aus diesem gemeinsamen Ursprung entwickelte sich die schier unendliche Vielzahl an Formen, die man in der Natur findet. Wenn man Spezies klassifizierte, konnte es also nicht nur darum gehen, ihre äußeren oder inneren Merkmale zu beschreiben, sondern darum, gemeinsame Ursprünge aufzudecken. Dabei war die Embryologie hilfreich. Darwin glaubte, dass »der Bau des Embryos uns im Allgemeinen mehr oder weniger deutlich den Bau ihrer alten noch wenig modifizierten Stammform«[12] verrät. Die Füße von Eidechsen und Säugetieren, Vögeln und Menschen etwa entsprechen in frühen Entwicklungsstadien alle derselben Grundform. Erwachsene Motten und Fliegen sehen ganz unterschiedlich aus, aber als Larven sind sie sich verblüffend ähnlich. Rankenfüßerlarven wiederum ähneln stark den Larven von Salinenkrebsen. Entsprechend ordnete Darwin die Rankenfüßer schließlich als eigene Unterklasse der Krustentiere ein. Seine Art, die Tierwelt zu systematisieren, ging damit viel tiefer als die seiner Kollegen.

Der Grund war einfach: Sie hatten Systeme gebildet, die statische Fakten wiedergeben wollten, Darwin aber hatte wieder nach einem Bewegungsprinzip gesucht.

Nach den Rankenfüßern machte Darwin sich daran, Tauben zu züchten. Mancher mochte sich darüber gewundert haben: Eigentlich passte diese Tätigkeit zu einem Mann seiner gesellschaftlichen Schicht nicht. Darwin aber schloss sich unverdrossen zwei Taubenzuchtvereinen an und kreuzte Vögel, bis sein Zuhause sich in einen regelrechten Taubenschlag verwandelt hatte. Auch hier hatte er einen Plan. In seinen Grundzügen war der Kausalzusammenhang, den Darwin in der Natur sah, einfach und elegant: Lebewesen, die sich fortpflanzten, variierten (fast) immer in ihren Merkmalen. Diese Variationen konnten sie vererben, und dadurch änderten sich Arten allmählich. Er wusste also, *was* in der Evolution passierte, aber ihm fehlten Belege für das *Wie*. Immerhin war die Idee für das *Wie* schon entstanden, in der gleichen, fieberhaften Atmosphäre seiner jungen Jahre wie der Rest seiner Theorie. Damals hatte Darwin sich gefragt, was der Impuls dafür war, dass Arten sich änderten. Er war sich vage klar darüber, dass es eine Art von Auswahl geben musste, damit bestimmte Merkmale sich weitervererbten und andere nicht – aber er verstand nicht, wie sie funktionierte. Während er darüber grübelte, fiel ihm der *Essay über die Bevölkerung* des britischen Wirtschaftswissenschaftlers und Sozialphilosophen Thomas Robert Malthus in die Hände. Malthus beschreibt darin das Problem, dass die Bevölkerung immer stärker wächst, als Nahrung für sie vorhanden ist. Dies führe dazu, dass es immer Hunger, Krankheit und Verdrängungswettbewerbe gebe. Der Aufsatz brachte Darwins Denkapparat in Bewegung. Bis hierhin hatte er geglaubt, dass Populationen nur bis an den Punkt wuchsen, an dem sie sich mit vorhandenen Ressourcen versorgen konnten – danach würden sie sich stabilisieren. Nun ahnte er, dass Malthus, ohne es zu wissen, ein tieferes natürliches Prinzip beschrieben hatte, dass nicht nur Menschen, sondern *alles* betraf. Aus seinen eigenen Beobachtungen wusste Darwin, dass Tiere mehr Nachkommen zeugen, als die Umwelt kontinuierlich ernähren kann und als sich selbst später fortpflanzen können. Es musste also einen regulierenden Mechanismus geben, der verhinderte, dass eine einzige Art die ganze Welt überschwemmte, eine natürliche Auswahl, die entschied, welche Nachkommen überlebten. Nachdem er Malthus gelesen hatte, kamen auf einmal alle Teile des Puzzles zusammen: Die Natur übte mit ihrem zu knappen Nahrungsangebot, über Raubtiere und sich verändernde Umweltbedingungen einen ständigen Druck auf Lebewesen aus – einen Anpassungsdruck. Evolution passierte, weil diejenigen Lebewesen, die sich den natürlichen Bedingungen am besten anpassen konnten, überlebten und fortpflanzten. Diese natürliche Auslese war der Motor der Evolution. Der Beweis? Domestizierte Pflanzen und Tiere, wie zum Beispiel Tauben. Der Züchter sucht die Tiere aus, die sich am besten für seine Zucht eignen, und sorgt dafür, dass sie sich fortpflanzen. Über diese künstliche Auslese verstärkt er gezielt bestimmte Merkmale immer weiter. In der Wildnis übernimmt die Natur die Rolle des Züchters – auch sie wählt die besten Exemplare aus, also zum Beispiel Tiere, die am leichtesten Nahrung finden oder für Raubtiere schwerer zu erkennen sind. Wenn Darwin also Botentauben, Riesentauben und Möwentauben züchtete, dann war das keine Entspannungstaktik. Er wollte das Gesetz, das er entdeckt hatte, nachvollziehen und seine These unterfüttern. Sie würde zeigen, dass die Natur eine eigene, inhärente Entwicklungslogik hatte, die einen göttlichen Designer überflüssig machte.

Hier lässt sich Darwins dynamisches Denken erneut klar ausmachen: Während andere noch eine romantisch-religiöse Vorstellung von der Natur hatten, in der Vögel sangen und Blumen blühten, um ihren Schöpfer zu preisen, sah Darwin noch die schönste Blüte als zweckdienliche Form. Spezies entwickelten sich in einer koevolutionären Dynamik: Wenn eine Blüte eine besondere Form hatte, musste es in der Natur ein Tier geben, dessen Körper so gebaut war, dass er zu genau dieser Form passte. Das gesamte strotzende, pulsierende Angebot der Natur war das Ergebnis eines natürlichen Prozesses, der aus wenigen Formen über Druck und Reibung Vielfalt gepresst hatte. »Die Natur kann mit einer Fläche verglichen werden, auf welcher zehntausend scharfe, sich einander berührende Keile liegen, welche durch beständige Schläge nach innen getrieben werden«, schrieb Darwin.[13] Die Natur war nicht »friedlich«. Sie war ein brodelnder Kessel, der ununterbrochen Veränderungen kochte.

Alles bleibt anders

Nun haben wir eine Frage an Sie. Bitte antworten Sie so ehrlich wie möglich (keine Sorge, es bleibt unter uns): *Lieben Sie Veränderungen?*

Wenn Ihre Antwort »Nein« lautet, sind Sie nicht allein. Denn, Hand aufs Herz: Die meisten Menschen können Veränderungen nicht ausstehen. Wenn ihr Dasein nicht absolut unerträglich ist, ist der Status quo immer attraktiver, als dass sich die Dinge – auf eine womöglich nicht vorhersagbare Weise – ändern.

Falls Ihre Antwort »Ja« lautet, sind Sie entweder einer der seltenen Menschen, die sehr flexibel, mutig und anpassungsfähig sind – oder Sie sind sich selbst gegenüber nicht ganz ehrlich. Das wäre verständlich. Immerhin leben wir in einer Zeit, in der von uns größtmögliche Flexibilität erwartet wird – sei es in der Beziehung (»Schatz, ich würde gerne mal eine Alternative zu Monogamie ausprobieren«), bei der Kommunikation (»Ich habe schon das OP-Hemd an, aber ich beantworte schnell noch ein paar E-Mails«) oder bei der Arbeit (»Können Sie Ihren Job ab nächster Woche von Kapstadt aus machen?«). Angesichts dieser oder ähnlicher Ansprüche wagt man sich vielleicht manchmal kaum einzugestehen, dass man eigentlich ganz gerne einen stabilen Alltag hat.

Dieser Wunsch ist aber überaus menschlich, ja er sitzt so tief, dass viele sogar lieber in einer unangenehmen Situation – im Job oder in einer Beziehung – bleiben, als dass sie etwas in ihrem Leben ändern. Selbst in lebensbedrohlichen Situationen wehren sich Menschen gegen Veränderungen, auch wenn ihnen klar ist, dass das negative Konsequenzen haben wird. Studien haben gezeigt, dass die meisten Patienten, die schwierige Herzoperationen überstanden haben, ihren Lebensstil selbst dann nicht ändern, wenn man ihnen sagt, dass sie sonst sterben werden. Auch in der Wirtschaft ist dieses Problem mehr als bekannt: Eine der größten Schwierigkeiten, mit denen Führungskräfte kämpfen, ist, dass Angestellte sich gegen neue Initiativen und Arbeitsweisen wehren – selbst dann, wenn diese ihren Arbeitsalltag wahrscheinlich verbessern würden.

Ein Grund dafür liegt darin, wie wir biologisch programmiert sind. Unser System strebt immer danach, in einem Zustand des Gleichgewichts zu bleiben oder dahin zurückzukehren. Dieses Prinzip, Homöostase genannt, gilt für die Körperchemie des Menschen, aber auch für seine Psyche. So wie der Körper daran arbeitet, Kalzium und Blutzucker stabil zu halten, bemüht sich das Gehirn, stets einen seelischen »Normalzustand« zu erhalten. Es mag Strukturen und regelmäßige Abläufe und hält daran sehr erfolgreich und beharrlich fest. Auf Veränderungen, besonders aber auf plötzliche, reagiert es mit Widerstand. Zwar kann sich das Gehirn an neue Bedingungen anpassen (es ist sogar sehr gut darin!), aber grundsätzlich zieht es den Status quo vor.

Hier liegt ein grundsätzliches Missverständnis: Für den Körper ist Homöostase lebenswichtig. Innerhalb einer recht begrenzten Bandbreite kann er Schwankungen vertragen, danach wird die Sache gefährlich – wenn man zum Beispiel Fieber hat, darf die Temperatur nur um wenige Grad nach oben gehen. Wenn der Körper sich also gegen Veränderungen wehrt, ergibt das Sinn. Auf der psychologischen Ebene ist es anders: Hier führt das Verhaften am Status quo zu einem oft unnötigen Widerstand gegen

Veränderungen und Entwicklung. An diesem Punkt könnten wir um einiges flexibler sein. Denn hier bedeutet ein zu starker Fokus auf Homöostase, dass wir geistig stagnieren.

Das ist der Fehler *statischen Denkens*: Es geht davon aus, dass Bewegungen im Leben eine Ausnahme sind und der Normalzustand ruhig. So folgt es immer dem Drang, in einem Gleichgewichtszustand zu verharren oder dahin zurückzukehren. Dies führt dazu, dass wir uns nur ungern und langsam verändern und dass die meisten immer nach etwas suchen, das sich überhaupt niemals ändert. Dieses »etwas« kann Gott sein, aber auch eine geschlossene Ehe oder eine bestimmte Ideologie. Man muss also weder Theologe noch gläubig sein, um diesem Denkmuster zu folgen – es ist geradezu eine typisch menschliche geistige Tendenz. Statisches Denken tendiert dazu, Entwicklungen als Ausnahmen zu sehen und feste Strukturen als Soll-Zustand. Veränderungen sind bedrohlich, denn das Ergebnis ist immer offen. Nicht zufällig ist einer der gravierendsten Vorwürfe, die man in einer Beziehung machen kann: »Du hast dich verändert.«

Bei näherem Hinsehen ist dieser Vorwurf ziemlich absurd, denn es ist klar, dass überhaupt nichts im Leben immer gleich bleibt. Im Gegenteil: Leben *ist*, wie Darwin sehr gut wusste, Bewegung und Entwicklung. Leben *ist* stetige Veränderung. Wie die amerikanische Autorin Alison Bond Shapiro in ihrem Blog auf *Psychology Today* schrieb: »Wie viele Menschen habe ich mir in dem Bestreben nach Homöostase mein Leben als etwas vorgestellt, das sich nicht oder nur sehr langsam verändert, als etwas Dauerhaftes. Ein Schlaganfall hat mir sehr schnell deutlich gemacht, dass Dauerhaftigkeit eine Illusion ist. Wenn man das Vorhandensein von Veränderungen ignoriert, bekommt man dadurch vielleicht temporär ein Gefühl von Stabilität, aber es ist eine Illusion.« Selbst unsere Körper, schreibt Shapiro, verändern sich innerhalb ihrer Grenzen andauernd: »Unsere Körper sind ständig in Bewegung, wachsen, schrumpfen, entwickeln neue Grenzwerte für Homöostase, passen sich neuen Informationen an. Ob wir es sehen oder nicht, dieser Prozess passiert in jedem Moment.« [14]

Selbst in diesem Moment also, in dem Sie vielleicht auf dem Sofa sitzen und dieses Buch lesen, passieren in Ihnen und um Sie herum zahllose dynamische Abläufe, die Sie gar nicht mitbekommen. Wir mögen uns nicht so schnell verändern wie Rankenfüßer, aber wir sind keine statischen Wesen. Einen bewegungslosen Zustand gibt es für ein Lebewesen nicht. Denken Sie nur einmal an eine typische Szene aus einer Krankenhausserie, in der ein Patient stirbt. Aus der munter auf- und abhüpfenden Linie des EKG, die seinen Herzschlag anzeigt, wird plötzlich eine gleichmäßig flache Linie. Dass dieses Symbol als dramatisches Element im Fernsehen so gern verwendet wird, ist kein Zufall. Wir alle wissen, dass Bewegung und Lebendigkeit eins sind.

Natürlich ist das Streben nach mentalem und psychischem Gleichgewicht wichtig. Das grundsätzliche Missverständnis besteht lediglich darin, dass ein ausgeglichener Geisteszustand nur unter friedlichen Umständen möglich ist. Dieser Glaube wird tendenziell stärker, je mehr man sich von einer schnelllebigen Welt und beunruhigenden Nachrichten beeinflussen lässt. Eine typische Reaktion besteht dann darin, Veränderungen im eigenen Leben zu minimieren, indem man alles so organisiert, dass Schwankungen möglichst ausgeschlossen sind. Das hat zwei wichtige Nachteile: Erstens minimiert man so auch die Möglichkeit der eigenen Entwicklung; weil diese immer in Reibung mit neuen Umständen entsteht. Zweitens verliert man die Fähigkeit, auf die Veränderungen, denen wir nicht ausweichen können, adäquat zu reagieren. Das ist besonders in Krisensituationen fatal.

Wenn Sie von einer statischen zu einer dynamischen Denkweise wechseln wollen, sollten Sie sich zuerst von der Vorstellung verabschieden, dass irgendetwas im Leben dauerhaft ist. Versuchen Sie, sich klar darüber zu werden, dass selbst der friedlichste Moment in Ihrem Leben, an den Sie sich vielleicht als Idealzustand erinnern, voller Bewegung war. Sie haben geatmet. Ihr Körper hat geräuschlos, aber intensiv an unzähligen Baustellen gleichzeitig gearbeitet. Und die Welt um Sie herum war ein geschäftiger Wirbel – selbst dann, ja gerade dann, wenn Sie auf einer friedlichen Wiese in den Bergen saßen (was Ihnen in dem Moment auch klargeworden wäre, wenn Sie sich die Wiese etwa aus der Perspektive einer Ameise angesehen hätten). Der Frieden in diesem Moment war nicht ein Resultat dessen, dass die ganze Welt und Sie selbst stehengeblieben sind, sondern dass nichts passiert ist, was Sie in diesem Moment an- oder aufgeregt hätte.

Mit anderen Worten: Man fühlt sich friedlich, wenn man sich mit seiner Umgebung in einem harmonischen Einklang wähnt. Der Trick besteht darin, Harmonie nicht mehr mit Bewegungslosigkeit zu assoziieren. Psychologisch gesehen ist Harmonie einfach die Abwesenheit von Widerstand. Wenn Sie sich also klarmachen, dass das Leben nie dazu gedacht war stehenzubleiben, dass Sie selbst kein statisches Wesen sind, sondern ein Organismus, der auf Veränderung *angelegt* ist – dann brauchen Sie keine Zeit mehr darauf zu verschwenden, sich dagegen zu wehren. Die Evolution gibt nie Ruhe. In der Akzeptanz dieser Tatsache liegt die Option eines anderen Friedens, der übrigens viel stabiler ist als einer, der davon abhängt, dass nichts passiert.

Was Menschen und Bananen gemeinsam haben

Den Namen Darwin kennt heute jeder. Viele denken, er hätte die Evolution gleichsam erfunden. Das stimmt nicht: Vorstellungen über die Entwicklungen von Spezies reichen bis zu den alten Griechen zurück. Der berühmteste Evolutionstheoretiker vor Darwin, der ihn auch beeinflusst hat, war Jean-Bapiste de Lamarck, aber seine Theorien fanden keine breite Akzeptanz. Das Besondere an Darwins Arbeit war, dass er eine zwingende rationale Erklärung dafür bot, wie Evolution stattfinden *musste*, inklusive extrem einleuchtender Beweise. Erst Darwin sorgte dafür, dass die Idee sich durchsetzen konnte, weil er die Evolution nicht nur beschreiben, sondern auch ihren Antrieb – oder zumindest einen sehr wichtigen Antrieb – erklären konnte. Ihm war selbst klar, wie wichtig das Prinzip der natürlichen Auslese für seine Argumentation sein würde, sie war das schlagende Herz seiner Theorie. Sie würde seine Idee von allen anderen Evolutionslehren, die es bereits gab, absetzen.

Als er 1859 endlich sein fünfhundertseitiges Traktat *On the Origin of Species* veröffentlichte, das er noch viel zu kurz geraten fand, bezeichnete er das ganze Werk entsprechend als »ein langes Argument« für die Theorie natürlicher Auslese. Das hörte die Welt nicht gern. Gegen diesen Teil von Darwins Arbeit stemmte sie sich noch Jahrzehnte später (und teilweise noch heute) mit Händen und Füßen, als sie die Evolution an sich wohl oder übel bereits als Fakt akzeptiert hatte. Denn es gab Grenzen: Schlimm genug, dass der Mensch sich wie alle anderen Lebewesen aus anderen Formen entwickelt haben sollte, dass Homo Sapiens keine einer göttlichen Töpferstunde entsprungene Sonderanfertigung war, sondern gewissermaßen Affen als Großeltern hatte. Darwin selbst hatte in jungen Jahren, als er seine Ideen in seinen privaten Notizbüchern skizzierte, zunächst versucht, den Menschen aus der Sache herauszuhalten, dann aber schnell seine Bedenken über Bord geworfen: Der Mensch, schrieb er beherzt, sei keine Ausnahme, sondern Teil des Spiels. Diesen Teil der These also konnten seine Mitmenschen noch schlucken, wenn auch viele beleidigt waren. (Angeblich soll die Frau eines englischen Bischofs, nachdem sie davon gehört hatte, entsetzt gerufen haben: »Lass uns hoffen, dass es nicht wahr ist, aber wenn es wahr ist, lass uns beten, dass das kein Allgemeinwissen werden wird.«)

Die Idee natürlicher Auslese jedoch schien, wie Darwin-Biograph David Quammen schreibt, »zutiefst materialistisch und düster – also sowohl im wörtlichen als auch im übertragenen Sinne entgeisternd«. Die Evolutionstheorie an sich nämlich war gnädig genug, um Gott weiterhin einen gewissen Spielraum zu bieten. Man konnte sich noch recht gut vorstellen, dass ein göttlicher Schöpfer diesen ganzen Prozess angeschoben hatte. In diesem Fall blieb auch für den Menschen weiterhin eine besondere Rolle übrig, denn Gott konnte an irgendeinem Punkt persönlich dafür gesorgt haben, dass der Mensch entstand, mitsamt seiner geistigen Fähigkeiten, die ihn vom Rest der Tierwelt abhoben. Wenn man aber Darwins natürliche Auslese akzeptierte, dann fiel sogar diese letzte Bastion menschlicher Überlegenheit. Dann waren Menschen und Tiere im Prinzip gleich, evolutionäres Material, das sich aufgrund zufälliger Umstände mal zu Spinnen, mal zu Bananen, Wölfen oder Menschen geformt hatte. So wenig Anklang diese Vorstellung bei seinen Zeitgenossen fand, so bitter ernst war es Darwin mit dieser These. Ironischerweise hatte seine Arbeit zwar, obwohl sie im Original *On the Origin of Species* hieß, keine Erklärung für den allerersten Ursprung des Lebens, eben für die »Entstehung« geben können, sondern ›nur‹ die Entwicklungslogik seiner Formenvielfalt beschrieben. Dennoch war Darwin in Bezug auf diese Entwicklung sicher, dass kein Gott seine Finger lenkend im Spiel hatte. Er ging sogar noch weiter: Er hielt es für möglich, dass die Vorstellung, dass es einen Gott gab, auch ein evolutionäres Produkt war – dass diese Idee sich also im Menschen entwickelt hatte, als Instinkt gewissermaßen, als Referenzpunkt für moralische Entscheidungen.

Darwins Materialismus war kompromisslos. Das ging sogar dem Menschen zu weit, der wie Darwin eine eigene Theorie zur natürlichen Auslese entwickelt hatte. Der Biologe Alfred Russel Wallace hatte den Zusammenhang zwischen geologischen Veränderungen der Erde, der geographischen Verbreitung von Tieren und dem Wandel der Arten und darüber hinaus wie Darwin das Selektionsprinzip erkannt. Er war schuld daran, dass Darwin überhaupt mit seinen Theorien an die Öffentlichkeit gehen musste, weil der jüngere Forscher ihm zuvorzukommen drohte. Gut zehn Jahre nach dem Erscheinen *On the Origin of Species* machte Wallace jedoch einen Rückzieher, indem er einen Essay veröffentlichte, in dem er schrieb, dass die natürliche Auslese nicht der Grund dafür sein konnte, dass das menschliche Gehirn sich entwickelt hatte. Er sprach von einer »höheren Intelligenz«, die diesen besonderen Apparat geformt haben müsse. Darwin war niedergeschlagen. Nicht unbedingt, weil er etwas gegen die Vorstellung von Göttlichkeit an sich hatte. »Darwins Theorie wendet sich nicht gegen die *Existenz* eines Gottes – irgendeines Gottes, persönlich oder abstrakt, immanent oder distanziert. Sie wendet sich gegen die angebliche Göttlichkeit des Menschen – die Vorstellung, dass wir, im Gegensatz zu allen anderen Lebensformen, spirituell erhaben sind, von Gott bevorzugt, dass wir eine immaterielle und unsterbliche Essenz haben, besondere Aussichten auf ewiges Leben, dass Gott an uns besondere Erwartungen und wir besondere Rechte und Verantwortlichkeiten auf der Erde haben. An diesem Punkt kollidiert Darwin mit dem Christentum, Judentum, Islam und wahrscheinlich jeder anderen Religion auf dem Planeten«[15], wie Quammen schreibt.

Hierin liegt die letzte Konsequenz von Darwins dynamischem Denken: Darwin schloss den Menschen nicht nur in den Prozess ein, sondern erkannte an, dass dieser alles andere als abgeschlossen war. Er hatte etwas begriffen, mit dem wir heute noch Schwierigkeiten haben: dass wir weder die »Krone der Schöpfung« sind noch in irgendeiner anderen Hinsicht ein fertiges Produkt. Höchstwahrscheinlich kriegt es keiner von uns mehr live mit, aber die Evolution geht weiter, Menschen inklusive, und niemand weiß, was daraus entstehen wird – oder ob es irgendwann einmal vorbei sein wird. Wenn man Darwin heute fragen könnte, würde er wahrscheinlich sagen, dass es nie ein Ende geben wird. Seine Sicht auf die Welt hatte keine Anfangs- und Endpunkte nötig, weil das Entscheidende der Prozess war. Er brauchte auch keinen äußeren Lenker, weil es kein Außen gab. In der Materie steckte alles: Leben, Tod, Entwicklung, Staunen, Neugier, Intelligenz, Gut und Böse. Während andere seine Thesen kalt, unmenschlich, sogar grausam fanden, war eine gottlose Natur für Darwin zutiefst ehrfurchtgebietend: »Es ist wahrlich eine großartige Ansicht, dass der Schöpfer den Keim alles Lebens, das uns umgibt, nur wenigen oder nur einer einzigen Form eingehaucht hat, und dass, während unser Planet den strengsten Gesetzen der Schwerkraft folgend sich im Kreise geschwungen, aus so einfachem Anfange sich eine endlose Reihe der schönsten und wundervollsten Formen entwickelt hat und noch immer entwickelt«[16], schrieb er in *On the Origin of Species*.

Wer drei Milliarden Jahre Evolution, die alle lebenden Formen hervorgebracht hatte, weniger beeindruckend fand als sieben Tage alttestamentarische Schöpfung, verstand etwas ganz Entscheidendes nicht, wusste Darwin.

Wenn Sie eine ganz praktische Komponente dynamischen Denkens ausprobieren wollen, versuchen Sie es einmal mit einer neuen Arbeitsweise: Statisches Denken dreht sich immer um Fixpunkte; wenn es Aufgaben angeht, ist es deswegen stets zielorientiert. Es arbeitet auf den Punkt zu, an dem ein Projekt geschafft ist und endlich Entspannung einsetzen kann, der vermeintliche »Normalzustand«. Natürlich funktioniert das nicht, weil sicher bald schon eine neue Aufgabe ansteht. Diese Denkweise hat außerdem den Nachteil, dass viele Menschen von ihren Aufgaben einfach überwältigt werden – besonders bei größeren Projekten. Das Ziel erscheint riesig – und deshalb unerreichbar.

Ein dynamischer Denker hingegen arbeitet prozessorientiert. Er weiß, dass nicht Ruhe, sondern Bewegung der Normalzustand ist und kann sich deshalb schon *während* der Prozesse viel besser entspannen. Statt das Endziel zu fixieren, konzentriert er sich einfach auf den nächsten Schritt. Auf diese Weise ist er wahrscheinlich sogar effizienter, weil er besser auf jede einzelne Phase seiner Aufgabe eingehen kann, und sich nicht von der großen Wegstrecke zum fixen Ziel irritieren lässt. Versuchen Sie also ruhig einmal, eine Aufgabe prozess- statt zielorientiert anzugehen. Sie werden merken, dass sich Ihre Arbeit ganz entscheidend ändert.

Jiddu Krishnamurti

**Negatives Denken
oder
Ein Eimer voller Löcher**

Es war das Jahr 1908, und der Südinder Jiddu Narianiah, ein kleiner Beamter, stand kurz vor seiner Pensionierung. Ihm wurde klar, dass er mit seiner mageren Rente kaum seine große Familie würde ernähren können. Da er seit 26 Jahren Mitglied der Theosophischen Gesellschaft[1] war, bat er deren charismatische und kluge Präsidentin, Annie Besant, um eine Arbeitsstelle. Er musste etwas Überzeugungsarbeit leisten, aber schließlich stimmte Besant zu und bot ihm an, als Sekretär in der esoterischen Abteilung der Gesellschaft in deren Hauptquartier in Adyar zu arbeiten. Schnell suchte Narianiah sich ein kleines Haus außerhalb des Adyar-Geländes und holte auch seine Familie zu sich, die bis dahin in dem Dorf Mandanapalle gewohnt hatte. In der ungewöhnlichen Umgebung und Atmosphäre der Theosophischen Gesellschaft – eine okkulte Organisation, welche die Rätsel der Natur und die schlummernden Kräfte des Menschen ergründen wollte – sollte sich ein außergewöhnliches Schauspiel entfalten.

Annie Besant war in diesen Tagen aufgrund einer Prophezeiung der Gründerin der Theosophischen Gesellschaft, Madame Blavatsky, davon überzeugt, dass das Erscheinen des Weltlehrers, des nächsten Messias, unmittelbar bevorstand. Der Hellseher Charles Webster Leadbeater sollte ihr bei der Suche helfen. Leadbeater war entschlossen, den Weltlehrer zu finden, und stieß eines Tages zufällig auf die beiden Söhne Narianiahs, die am Strand von

Adyar im Meer badeten. Interessanterweise zog nicht der brillante und aufgeweckte Junge Nityananda seinen Blick auf sich, sondern der ältere Bruder, der vierzehn Jahre alte Krishnamurti, der eine eigenartige Präsenz hatte. Fasziniert beobachtete Leadbeater über einige Tage hinweg die unbestimmte Ausstrahlung des Jungen, der kaum sprach, offenbar wenig Interesse an weltlichen Dingen hatte und der die Welt mit einem Blick betrachtete, der über den Horizont hinaus zu reichen schien. Das waren genau die Eigenschaften, die auch Krishnamurtis Lehrer aufgefallen waren, der deshalb schon vermutet hatte, dass der Junge geistig behindert sei.

Eine blitzartige Eingebung sagte Leadbeater, dass er in diesem dünnen und schlecht ernährten Jungen einen großen Menschen vor sich hatte. Der Engländer nahm die beiden Jungen alsbald unter seine Fittiche und löste sie nach und nach aus dem Einfluss ihres Vaters. Krishnamurti und Nityananda wurden aus ihrem kleinen Zuhause herausgeholt und in den großartigen Gebäuden des Hauptquartiers der theosophischen Bewegung untergebracht. Man führte sie in eine Welt voller erhabener Meister und Eingeweihter ein, in der von früheren, glanzvollen Leben die Rede war. Esoterische Gedankenformen und Symbole prägten so das Umfeld des jungen Krishnamurti. Gleichzeitig sorgte man dafür, dass die beiden Jungen alles Indische ablegten, man erzog sie zu vollkommenen britischen Gentlemen: Sie durften nur noch englisch sprechen, lernten mit Messer und Gabel zu essen und westliche Kleidung zu tragen.

Der junge Krishnamurti bekam alles, was er wollte, vom Orangensaft bis zum Rolls Royce. Niemand durfte auf seinem Stuhl sitzen oder seinen Tennisschläger berühren. Er durfte keinen Alkohol trinken, Fleisch essen oder Menschen treffen, die grob und unkultiviert waren. Seine Spielgefährten waren nur eine Gruppe ausgewählter Jungen. Viele Jahre später fragte der erwachsene Krishnamurti sich, wie es sein konnte, dass ein Junge unter diesen besonderen Umständen, in denen er mit den theosophischen Lehren indoktriniert wurde, unberührt und unbestimmt blieb, als wäre er ohne Charakter oder Persönlichkeit geboren worden. Obwohl er gehorsam war und sich nie wehrte, schien ihm egal zu sein, was passierte. Er war wie ein Gefäß, das ein Loch hatte: Was immer man hineintat, ging einfach durch und nichts blieb zurück. Diese Eigenschaft sollte später dabei eine große Rolle spielen, dass er die theosophischen Prägungen erfolgreich abwerfen konnte.

Schließlich riss man die beiden Jungen ganz aus ihrer Familie und ihrer Heimat und brachte sie nach Europa. Dort verbrachten sie unglückliche Jahre, in denen sie sich einsam und verlassen fühlten. Sie verloren anscheinend das Interesse an den theosophischen Lehren. Als man Krishnamurti fragte, ob es nicht eine große Bürde war, als Inkarnation einer Gottheit gesehen zu werden, machte der jugendliche Krishnamurti sich über die ganze Sache lustig. Der erste deutliche Riss in seinem vollkommenen Gehorsam zeigte sich jedoch erst 1922, als er 27 Jahre alt war: An diesem Punkt erlebte er ein intensives spirituelles Erwachen, das sowohl mystisch erhellend als auch körperlich qualvoll war. Ihm wurde klar, dass er die Wahrheit nicht mehr suchen musste, weil er bereits eins mit ihr war. Voll unbändiger Freude fing er an, eine eigene Sprache innerer Freiheit zu finden, die sich klar von der theosophischen Terminologie löste. Bald entstand noch ein zweiter Riss. Krishnamurti kam zu Ohren, dass Besant und andere Mitglieder der Gesellschaft sich zu den zwölf Aposteln des Weltlehrers erklärt hatten. Eine neue Religion müsse etabliert werden, erklärten sie, und Besant solle an ihrer Spitze stehen. Krishnamurti reagierte auf diese Entwicklungen mit Sorge und Fassungslosigkeit.

Für den tiefsten Einschnitt aber sorgte die Tatsache, dass sein Bruder erst schwer erkrankte und dann starb. Die unsichtbaren Meister der Theosophischen Gesellschaft, denen Krishnamurti immer noch treu gewesen war, hatten ihm versichert, dass Nityananda nichts zustoßen würde. Durch den Tod seines Brudes wurde Krishnamurtis ganze Lebensphilosophie schwer erschüttert. Er gab alle Bezüge zu den Meistern auf und verabschiedete sich von der visuellen Bildwelt der Theosophen, indem er sagte, dass alle Bilder geistige Projektionen seien. Er fühlte, dass eine neue Vision in der Entstehung war, die intensive Trauer rief eine weite, wortlose Wahrnehmung ins Leben.

Diese innere Wandlung zeigte sich in den Reden, die er zu dieser Zeit hielt. Bei seinen Vorträgen vor Tausenden von Menschen sprach er nicht mehr über die orthodoxen theosophischen Lehren, sondern über ein Gefühl der Einheit mit dem Universum. Er schockierte und verblüffte Besant und andere Mitglieder, indem er die Rolle des Lehrers ablehnte und stattdessen seine Zuhörer dazu anhielt, einen Zustand ständiger innerer Umwälzung anzustreben. An diesem Punkt war klar, dass trotz aller Anstrengungen seiner Umgebung weder die Jahre in der theosophischen Gesellschaft noch die Zeit, die er im Herzen der britischen Aristokratie verbracht hatte, das Denken Krishnamurtis erfolgreich geformt hatten. All die Jahre lang hatte sein Geist beobachtet und zugehört und war dabei wie leerstehend geblieben. Nun brach nach einer langen Reifung eine große Energie hervor. Er verlangte von allen anderen, dass sie die Dinge hinterfragen mussten, so wie er es auch getan hatte, sie mussten ihr Wissen abwerfen, um eine neue Wahrnehmung erlangen zu können. Es war eine rebellische Zeit, in der er selbst keine Autoritäten akzeptierte.

Diese frühen Reden bildeten jedoch lediglich die Grundlage für ein unerwartetes Finale, eine dramatische Wende in einer Geschichte, die achtzehn Jahre lang sorgfältig, mit viel Aufwand und unter großen Hoffnungen auf Krishnamurti, inszeniert worden war. Man kann sich kaum die religiöse Erregung und die intensive Gläubigkeit der Masse aus dreitausend Menschen vorstellen, die sich 1928 bei einer großen Veranstaltung sammelten, um ihm zuzuhören. Krishnamurti, den die intensive Hingabe der Zuhörer nicht zu berühren schien, erklärte in seiner Rede mit großer Bestimmtheit, dass die Zuhörer alle Autoritätsgläubigkeit aufgeben mussten, besonders in Bezug auf den Weltlehrer – also ihn selbst als Hoffnungsgestalt. Einige Monate später erklärte er erneut, dass er entschlossen war, den *Order of the Star in the East* aufzulösen, dessen Präsident er war.² In diesem Vortrag legte er eine grundlegende Position dar, die sich sein ganzes Leben lang nicht ändern würde. »Glaube ist eine rein individuelle Angelegenheit«, stellte er klar, »und Sie können und dürfen ihn nicht organisieren. Wenn Sie es tun, dann stirbt er, erstarrt er (...). Wenn eine Organisation zu diesem Zweck gegründet wird, wird sie zu einer Krücke, einer Schwäche, einem Zwang, und sie kann das Individuum nur verkrüppeln und es daran hindern zu wachsen.«³ Er sagte außerdem, dass er keine Anhänger wolle und dass sein einziges Interesse darin bestehe, den Menschen auf eine unbedingte, absolute Weise zu befreien.

Krishnamurtis völlige Abkehr von Autoritätspersonen im Bereich des Denkens ist seitdem Legende geworden, sie unterscheidet ihn von jedem anderen Guru oder jeder anderen religiösen Figur. Nach der Auflösung seines Ordnens begann man, ihn als einen säkularen Philosophen zu betrachten, der allen Formen religiösen Glaubens feindlich gegenüberstand. »Meine Lehre«, schrieb er sofort, nachdem er sich aus der theosophischen Gesellschaft zurückgezogen hatte, »ist weder okkult noch mystisch, denn beide bedeuten für mich Schranken, die dem Menschen bei der Suche nach Wahrheit auferlegt werden.«⁴ Die Gruppe junger Menschen, die sich stets um ihn geschart hatte, löste sich auf, und die internationalen Medien verloren das Interesse am »Weltlehrer«. Über lange Zeit hinweg führte er ein anonymes Leben, ging seinen Weg als entschlossener Einzelgänger. Als er wieder öffentlich zu sprechen begann, gab es weder Lehrer noch Schüler. Stattdessen sprach er vom »Lernen«, einem gemeinsam geteilten Zustand intensiver Neugier und Forschungsfreiheit. Dabei diente er nur als Spiegel, in dem sein Zuhörer sich selbst unverzerrt und frei von Vorurteilen wahrnehmen konnte.

Für die meisten Menschen war dieses neue »Lernen«, das die klassische Lehrer-Schüler-Beziehung ersetzte, bei der ein souveräner, autoritärer Lehrer seinen ahnungslosen und abhängigen

Schülern antwortet, nicht leicht zu akzeptieren. Die meisten Zuhörer konnten nicht verstehen, warum Krishnamurti sich weigerte, formelhaft zu antworten, warum er den Fragenden immer wieder auf seine eigene Selbstreflexion zurückwarf. Dennoch waren viele von seiner besonderen Persönlichkeit tief beeindruckt und von der tiefen Stille, die sein Wesen zu durchdringen schien. Der bekannte amerikanische Schriftsteller Henry Miller schrieb: »Krishnamurti hat auf mehr verzichtet als irgendein anderer Mensch, der mir einfällt, außer Christus (…). In seiner Jugend als der kommende Erlöser verklärt, lehnte er die ihm bereitete Rolle ab, verprellte sämtliche Jünger und lehnte alle Mentoren und Lehrer rigoros ab. Er setzte keinen neuen Glauben und kein neues Dogma in die Welt; er hinterfragte alles, kultivierte den Zweifel und die Beharrlichkeit, befreite sich selbst von jeglicher Illusion und der Verzauberung durch Stolz, Hochmut und jede andere subtile Form der Herrschaft über andere.«[5]

Ein Denken ohne Vergangenheit

Wie aber sah die innere Wandlung Krishnamurtis aus, die zu seinem außergewöhnlichen Verzicht führte? Eine erste Antwort auf diese Frage findet man in einer seiner frühesten Reden aus dem Jahr 1928:

»Ich habe lange gegen alle Dinge rebelliert, gegen die Autorität anderer, die Anweisungen anderer, das Wissen anderer; ich habe nichts als Wahrheit akzeptiert, bis ich die Wahrheit selbst gefunden hatte. Ich habe mich den Ideen anderer nie entgegengestellt, aber ich habe ihre Autorität, ihre Theorien über das Leben, nicht akzeptiert. Bis ich in diesen rebellischen Zustand eingetreten bin, bis ich mit allem unzufrieden geworden war, mit jedem Glaubensbekenntnis, jedem Dogma und jedem Glauben, konnte ich die Wahrheit nicht finden (…). Ich habe lange nach diesem Ziel gestrebt, und habe während meiner Suche viele Menschen beobachtet, die sich in ihren eigenen Begierden verfangen haben, die von der Vergeblichkeit des Lebens erstickt wurden (...). Indem ich die Menschen so beobachtet habe, habe ich gesehen, dass sie Mauern aus Vorurteilen errichtet hatten, Mauern des Glaubens, Mauern leichtgläubigen Denkens, Mauern aus Angst, gegen die sie ankämpfen, aus denen sie zu entkommen versuchen, obwohl sie sie selbst errichtet haben. Indem ich Menschen beobachtet habe, ist mir klar geworden, wie sinnlos ihr Kampf sein musste, wenn sie nicht von den Göttern frei waren, die sie verehrten, von den Interpreten, die sie führten (...). Ich habe auch gegen die Theosophen mit ihrem Jargon, ihren Theorien, ihren Versammlungen und ihren Erklärungen über das Leben rebelliert. Wenn ich zu einer Versammlung kam, sprachen die Dozenten wieder über die gleichen Ideen, die mich nicht befriedigen oder glücklich machen konnten (...). Ich ging in den Straßen umher und betrachtete die Gesichter der Menschen, die wiederum mich betrachtet haben (...). Ich ging ins Theater, sah, wie Menschen sich amüsierten, ihr Unglück zu vergessen suchten, wie sie dachten, dass sie ihre Probleme lösen konnten, indem sie ihre Herzen und ihren Verstand mit oberflächlicher Erregung betäubten (...). Indem ich den einen oder anderen Typus beobachtet habe, sammelte ich indirekt Erfahrungen. In jedem steckte ein schlafender Vulkan aus Unglück und Unzufriedenheit. Ich ging auf der Suche nach Glück von einer Lust zur nächsten, von einem Vernügen zum nächsten, und fand es nicht.«[6]

Dieser Text zeigt sofort Krishnamurtis Denkstruktur auf: Wir haben es hier mit einem Denker zu tun, der bei seiner Suche nach Wahrheit alle möglichen Muster menschlichen Denkens und Verhaltens ruhig beobachtet und sie komplett negiert. Krishnamurtis ›Negation‹ basiert auf der Unzufriedenheit mit jeder vorgeprägten Sicht auf das Leben, mit jeder Form alter und bekannter Denkmuster. Man könnte meinen, dass eine derart umfassende Negativität zu einem stark ausgeprägten Nihilismus geführt haben müsste. Für Krishnamurti aber war sie ein Schlüssel zu vollkommener Freiheit, sie barg die Möglichkeit einer direkten Wahrnehmung des Lebens und seiner Rätsel.

Der menschliche Verstand wird von Konditionierungen geformt: kollektive Glaubensvorstellungen oder Werte, ländertypische Tendenzen und religiöse Symbole beeinflussen das Denken des Menschen von Geburt an und sorgen dafür, dass er automatisch auf Konzepte reagiert, die er schätzen gelernt hat. Die Sprache an sich, mit all ihren Assoziationen und Konnotationen, bedeutet eine starke Konditionierung. Das Wort »Gott« etwa löst vielleicht bei einem Gläubigen heftige Emotionen und bei einem Atheisten Wut aus, erzeugt hat das Wort aber das menschliche Denken. Eben das wird leicht vergessen, man tut so, als wäre ein Wort schon immer da gewesen. Hindus konditionieren ihre Kinder dahingehend, dass sie emotional auf das Wort »Shiva« reagieren, während ein gläubiger Christ stark auf das Wort »Jesus« reagiert. Wenn Eltern und Umgebung einem Menschen beständig vermitteln: »Du bist ein Jude«, identifiziert er sich sehr wahrscheinlich schnell mit dem Jüdischsein, inklusive der Geschichte und Tradition des Judentums.

Jede Prägung, die wir erhalten, verstärken wir durch Nachahmung und Wiederholung. Ein wichtiger Teil von Krishnamurtis negierender Haltung war die Weigerung, sich von jedweder Konditionierung formen zu lassen. Es ist, als würde man sich von allen menschengemachten, nicht ursprünglichen Dingen abwenden, damit, wie er sagte, der Geist wie reines Wasser wurde, wie ein Gebirgsbach, den kein Mensch je berührt hatte. Das Werkzeug, mit dem diese Freiheit von äußeren Formen wie gesellschaftlichen und familären Einflüssen erreicht werden konnte, war für ihn das *negative Denken*: ein Denken, das nichts ansammelt, das sich immer aller Bürden entledigt.

Anfang 1938 hatte Krishnamurti sich mit dem britisch-amerikanischen Autor und Philosophen Aldous Huxley angefreundet. Die beiden trafen sich oft und unternahmen lange Spaziergänge, während derer Huxley den größten Teil der Unterhaltung übernahm und Krishnamurti vor allem zuhörte. Huxley war verblüfft; sein beachtlicher Intellekt hatte Schwierigkeiten, die biegsame Stärke eines Geistes zu verstehen, den eine von Wissen unberührte Wahrnehmung hervorbringt. Huxley lernte, zuzuhören und still zu sein, wenn Krishnamurti von einer Wahrnehmung sprach, die weder von Wissen noch Erinnerungen beschwert war. Bei einem der Spaziergänge sagte Huxley seinem Freund, dass er alles dafür geben würde, um der Wahrheit einmal direkt begegnen zu können. Leider sei sein Geist dazu nicht in der Lage, er sei zu sehr mit Wissen gefüllt. Diese Spaziergänge waren mehr als nur die Zusammenkünfte zweier Denker – in ihrem Dialog tat sich der Abgrund auf, der zwei Formen des Denkens voneinander trennt: das *negative Denken* und das *sammelnde Denken*.

Im Sinne des negativen Denkens kann man die Wahrheit – den tiefen Einblick in die Rätsel des Lebens – nicht erreichen, indem man immer mehr Wissen und Erfahrungen sammelt. Jeder positive Wissensaufbau muss für einen Geist, der Wahrheit sucht, zur Bürde werden. Dieses Denken löscht, einem gigantischen Radiergummi ähnlich, alles frühere Wissen und alle vergangenen Erfahrungen komplett aus. Echte Lebenserkenntnis ist aus dieser Perspektive für das wissensbeladene, erinnerungsbasierte Schritt-für-Schritt-Denken nicht greifbar. Nur ein Denken, das alles verneint und so vollkommen leicht und leer wird, ist wirklich zugänglich und kann die Geheimnisse des Lebens ergründen.

Negatives Denken kann, wenn man unerschütterlich dabei bleibt, zu einem Geisteszustand führen, in dem es keinen Hauch von Wissen mehr gibt. Es weist alles zurück, was der Mensch bei seiner Suche nach vollkommenem Glück oder vollendeter Weisheit gedacht, gesagt oder getan hat. Es tritt mutig aus den altbekannten Pfaden der Menschheit heraus, lässt alle Landkarten hinter sich und macht sich allein auf die Reise. Für Krishnamurti war eine Tradition – wenn man also gewissenhaft den Fußstapfen der Überzeugungen anderer folgte – nichts weiter als Angst vor eigenen Fehlern. Darum vermied er es, traditionelle Begriffe zu benutzen, die bei seinen Zuhörern einen automatischen und komfortablen Wiedererkennungseffekt auslösen würden. Sogar religiösen Einsiedlern sagte er, dass sie niemals wirklich allein seien, weil sie immer ihr Wissen und ihre gewohnten Meditationen bei sich hätten. »Das ist kein echtes Alleinsein«[7], erklärte er ihnen. Alleinsein heiße, dass man die Bürden seiner Konditionierungen abwerfen müsse. »Wenn man seiner Herkunft, seiner Tradition, den Bürden seiner Konditionierungen entsagen will, verlangt das enorme Forschungsbereitschaft.«[8]

Um ein Gefühl für diesen Zustand zu bekommen, können Sie folgendes Gedankenexperiment ausprobieren: Stellen Sie sich einen Moment lang vor, dass es auf dem ganzen Planet Erde keine Menschen mehr gibt und dass alles menschliche Erbe, Wissen und Denken nie existiert hat. Keine Bibliotheken, keine wissenschaftliche Forschung, keine philosophischen Aufsätze und keinerlei religiöse Kontemplation. Milliarden an Büchern sind niemals geschrieben worden, die großen Weisheitstraditionen wurden nie ersonnen. Sie sind der allererste Mensch, der über diesen Planeten läuft. Und ihr Verstand ist der erste, der Fragen nach den Geheimnissen des Lebens stellt. Es gibt nur Sie und dieses Geheimnis, es ist eine direkte Kommunikation, bei der es keinen Mittler gibt, ein völlig unkartiertes Gebiet, dass Sie als Erster erforschen. Lassen Sie das auf sich einwirken: Sie können auf keine bereits existierende Antwort zurückgreifen, sich auf kein bewährtes Wissen und keine vorhandene geistige Formel verlassen. Nur Sie selbst können die Antwort finden. Sie können so die Frische eines Denkens spüren, das sich auf keinerlei Vergangenheit stützt, weil es keine Vergangenheit gibt. Das Denken öffnet sich einem Leben als das totale Unbekannte. Kommt Ihnen das aufregend vor, oder macht es Ihnen Angst?

Das sammelnde Denken greift auf die Vergangenheit zurück, sie ist ein Speicher sofort abrufbaren Wissens. Das negative Denken erlaubt nichts, das auf der Vergangenheit beruht. Es ist wie ein mentaler Reinigungsmechanismus: Wieder und wieder zerstört es das Gestern, um Platz für eine neue Wahrnehmung zu machen. Man kann es auch mit einer Diät vergleichen: Negation macht das Denken mit der Zeit schlanker, leichter und schneller. Sammeln macht es fett, schwer und unbeweglich. Das sammelnde Denken leidet also unter einer Art geistiger Fettleibigkeit: Es nimmt ständig Informationen, Konzepte, Erinnerungen und Erfahrungen in sich auf. Es mag sich deshalb sicher und gefestigt fühlen, aber gleichzeitig stumpft es ab und wird unklar. Das Leben erscheint nie unberührt, der Geist fühlt sich alt und ermattet an. Negatives Denken toleriert geistige Stagnation nicht, den Zustand also, in dem Vergangenheit und Gewohnheiten alles überschatten. Geistige Gewohnheiten, die zu starrem Denken führen können, erkennt es schnell, wirft sie ab und erreicht so wieder einen Zustand geistiger Frische.

Krishnamurti hat selbst erklärt, dass er nie das Gefühl hatte, dass bei ihm mental etwas ›hängen blieb‹ – was sonst jedem Menschen passiert, der täglich Wissen und Erfahrungen ansammelt. Noch hatte er das Gefühl, dass er sich mental ›auskippen‹ musste, dass er also immer wieder aufs Neue sein gesammeltes Wissen wiederholte. Das ist ein sehr auffälliges Merkmal seines Denkens: Noch im Alter von fünfundachtzig Jahren besaß er ein Art innere Jugendlichkeit, die das Ergebnis seiner Denkweise war. »Wenn man älter wird«, warnte er einmal einen Freund, »wird der Geist starrer und arbeitet mechanischer. Es ist dann sehr wichtig, jedes gedankliche und emotionale Muster aufzubrechen – sich jeder gedanklichen Bewegung bewusst zu sein, man muss sie ständig beobachten.«[9]

Die Kunst des unberührten Blicks

Genies sind meistens an einer bestimmten Fragestellung interessiert. Doch Krishnamurtis Denken wandte sich dem Denkvorgang an sich zu: Er wollte sehen, was mit dem Verstand passierte, wenn er sich mit einer bestimmten Frage beschäftigte, wenn er nach Wahrheit suchte. War das Denken im Normalzustand überhaupt wirklich aufnahmefähig, war es zu echten Nachforschungen fähig? War es frei genug, taufrisch wie eine Wiese am Morgen, konnte es seine Prägungen beiseitelassen? Oft ist man so sehr auf ein bestimmtes Forschungsobjekt konzentriert, dass man vergisst, wie einflussreich die geistige Beschaffenheit des Forschenden selbst ist. Krishnamurti wollte ein neues Denken schaffen. Die Wahrnehmung des Menschen musste sich in ihrem Kern grundlegend ändern, und dabei konnte traditionelles Wissen nur hinderlich sein. Man musste eine Art intelligenter Wachsamkeit intensiv kultivieren, einen kompromisslos negierenden Ansatz verfolgen, um das menschliche Denken radikal zu erneuern. Dies war eine sehr nüchterne Lehre, die jegliche Ankerpunkte, Krücken und Rituale vehement verneinte, selbst wenn sie noch so dezent waren. Er lehnte zum Beispiel Meditation ab, weil sie seiner Meinung nach eine Art von hypnotischer Wirkung ausübte. Intelligenz konnte für ihn nie das Ergebnis von Wiederholungen und Prägungen sein. Intelligenz lag in einer bestimmten Qualität des Zuhörens, in der Aufmerksamkeit, die man alltäglichen Phänomenen widmete. Sie war ein großes, umfassendes Erkennen dessen, was die innere und äußere Wirklichkeit des Menschen ausmachte.

Natürlich ist es nicht leicht, die eigene Wirklichkeit ganz ohne Verzerrungen zu sehen. In dem Moment, in dem man den immer weiterlaufenden Strom seiner inneren Gedanken und Gefühle ansieht – und sich darüber klar wird, was dort alles stattfindet, Selbstzentriertheit, Eifersüchte, Konflikte, Ängste, Einsamkeitsgefühle etc. –, flüchtet man sich schnell zu einem idealen Selbstbild, in dem man sich als selbstlos, liebevoll, friedlich und kultiviert sieht. Die Menschen, sagte Krishnamurti, stellen das »so sollte es sein« über das »wie es ist«. Weil sie ihrem Selbstbild so gerne tatsächlich gleichen wollen, kümmern sie sich nicht um ihre seelische Realität und erzeugen dort keinen Wandel. Das ist eine Art von positivem Denken, das Tatsachen vermeiden will – die nackte Tatsache, dass der Mensch sich einsam fühlt und leidet. Moralische Vorstellungen, Religion und Spiritualität haben stark zu diesem Idealbild beigetragen. Sie haben den Heiligen beziehungsweise den rechtschaffenen Menschen auf ein Podest gestellt und zur Nachahmung empfohlen, haben es aber nicht geschafft, in den Kern des menschlichen Wesens vorzudringen und dort eine echte Veränderung zu bewirken. Trotz aller menschlichen Errungenschaften, trotz des enormen Wissens, das wir besitzen, ist die innere Wirklichkeit des Menschen immer noch die gleiche. Krishnamurtis Denken lehnt idealisierte Selbstbilder ab, da Ideale, wie er meinte, einer realistischen Selbstwahrnehmung im Weg stehen – schlimmer noch, sie haben über Tausende Jahre menschlicher Kultur hinweg verhindert, dass der Mensch sich wirklich ändern konnte. Indem wir eine Haltung ständiger Selbstverbesserung kultiviert haben, eine Haltung, bei der man sich langsam von einer selbstsüchtigen Person in einen selbstlosen Menschen verwandeln soll – haben wir effizient vermieden, unserer Selbstzentriertheit überhaupt erst einmal wirklich ins Gesicht zu sehen.

Wieder und wieder stieß Krishnamurti seine Zuhörer auf die harschen Tatsachen des täglichen Lebens: die Leere im Herzen, die Leere, die wir mit ständiger Beschäftigung zu füllen versuchen. Eine echte Religion, sagte er einmal, könne erst dann entstehen, wenn das Denken seine eigenen Mechanismen begriffen habe.

Man könne der Realität des Denkens nur auf die Spur kommen, wenn man alle Reaktionen negiert: also sämtliche Meinungen, Urteile und Schlussfolgerungen. Das heißt, dass man sich zum Beispiel weder rechtfertigen noch selbst verurteilen sollte, wenn man feststellt, dass man eifersüchtig ist – normalerweise ist eins von beidem die automatische Reaktion. Krishnamurti meinte, dass es eine Art von reinem Sehen geben müsse – man müsse die Eifersucht betrachten können, ohne dabei in irgendeiner Weise den Tatsachen entkommen zu wollen: »Beobachte deine Gedanken, lass keinen von ihnen entwischen, egal, wie hässlich oder brutal er ist. Beobachte, ohne auszuwählen, zu bewerten oder zu urteilen.«[10]

Am schwierigsten ist dieses Prinzip bei starken Emotionen wie Wut, Hass oder Lust anzuwenden. Wir haben alle gelernt, dass wir diese Gefühle kontrollieren sollten, Krishnamurti aber meinte, dass Widerstand diesen Gefühlen noch mehr Futter gebe. Seine Lösung für das Problem war überraschend: Man musste diese Zustände erleben, ohne irgendeine geistige Anstrengung zu unternehmen, um sie zu verändern oder zu verbessern. So könnten sie aufblühen und schließlich ein endgültiges Ende finden. Man müsse einen Zustand des Fühlens gestatten, in dem es kein Denken gab – das Gefühl wie eine Welle reiten, ohne es verändern zu wollen, ohne ihm das Etikett »gut« oder »schlecht« zu geben.

Als eine Frau bei Krishnamurti Rat suchte, die drei Fehlgeburten erlitten hatte und nicht mehr schwanger werden konnte, tröstete er sie nicht. Stattdessen ermutigte er sie darin, ihre Sehnsucht zum Vorschein kommen zu lassen: nie wegzusehen, wenn sie andere Frauen mit Kindern auf der Straße sah, sich nicht für die Gefühle zu schämen, die dabei in ihr hochkommen, und die ganze Sache in keiner Weise verkopft zu behandeln. Als sie sagte, dass sie ihre Situation akzeptierte, gab er zurück: »Akzeptanz und Rationalisierungen sind Ausflüchte. Für sie gibt es keinen Platz. Höre auf deine Einsamkeit, deine Frustration, wie du Vergleiche anstellst. Wenn du so zuhörst, passiert etwas: der Schmerz darüber, dass du persönlich keine Mutterschaft erleben kannst, stirbt.«[11]

In dieser Hinsicht war Krishnamurtis Denkart sehr ungewöhnlich: Er war davon überzeugt, dass ein Mensch sich nicht durch einen Umbau und eine Korrektur des eigenen Selbst verändern konnte, wie etwa durch Psychoanalyse oder spirituelle Praxis. Die einzige Handlung, die eine Veränderung mit sich bringen konnte, war das Hinsehen.

Mit der Zeit entwickelte sich aus Krishnamurtis sehr effizienter Methode aus Negation und Erkenntnis eine neue Art, Fragen zu nutzen. Während die meisten Philosophen emsig nach den Antworten auf die größten Fragen des Lebens suchen, nutzte Krishnamurti eine Frage nie, um zu einer endgültigen und für immer befriedigenden Schlussfolgerung zu kommen. Stattdessen stellte er eine fundamentale Frage – wie »Was ist Liebe?«, »Was ist der Tod?« oder »Was ist der Sinn des Lebens?« – und ließ sie nicht los. Indem er dem Denken nicht erlaubte, kathartische Erlösung durch eine Antwort zu finden, entstand eine geistige Spannung. Für ihn war eine Frage dazu gedacht, das Scheitern unserer Denkart aufzuzeigen: die Prägungen, die als Antwort kamen, die automatischen Reaktionen, die Tatsachen des täglichen Lebens, vor denen das Denken flüchten wollte. Die Frage war wie ein riesiger Projektor, der unsere konditionierten Denkprozesse ans Licht brachte.

»Wenn man eine Frage stellt«, schreibt Krishnamurtis Biograph Pupul Jayakar, »ist es normalerweise so, als würde man ein Körnchen Zucker auf den Boden fallen lassen – sofort stürzen sich von allen Seiten die Ameisen darauf. Wird eine Frage gestellt, so weckt das in ähnlicher Weise alle möglichen Reaktionen, die von der Frage angezogen werden.«[12] Wenn man einem beliebigen Menschen die Frage »Glauben Sie an Gott?« stellt, wäre bei den meisten Menschen die sofortige Antwort ein Ja oder Nein. Es ist, als würde man einen Knopf drücken. Auf jede grundlegende Frage hat das triviale Denken eine einfache Antwort, die sich aus dem ableitet, das der Mensch bereits erlebt hat. Krishnamurti verglich unsere Gehirne mit Computern, die man programmiert hat, um Informationen zu speichern: »Unser Gehirn arbeitet genauso. Wir werden seit Jahrtausenden programmiert, und das Gehirn antwortet sofort. Wenn das Gehirn nicht programmiert ist, beobachtet es, schaut es. Kann unser Gehirn also frei von Programmen sein? (…) Ist dein Geist fähig, nicht sofort auf eine Frage zu reagieren? Ist eine verzögernde Reaktion möglich? Kann die Frage vielleicht unbegrenzt gehalten werden?«[13]

Wenn man die Frage geistig stehen lässt, genau wie eine Tasse

Wasser in sich hält, reaktionslos und ohne das Gefühl, eine Antwort finden zu wollen, entsteht aus diesem »Halten« eine Antwort. Wenn man alle möglichen vorhandenen Antworten verneint, befreit man sich von den Prägungen im Denken, und dank dieser Freiheit geht eine neue Tür auf. Die Antwort zeigt sich dann in Form einer unmittelbaren Wahrnehmung, die im Herzen der Frage liegt.

Im Laufe des Jahres 1948 führte die Art, wie Krishnamurti Fragen nutzte, um Denkprozesse zu negieren, zur Entwicklung seines wichtigsten Forschungsmittels: eine einzigartige Dialogform, bei der die Teilnehmer gemeinsam einer grundlegenden Frage nachgingen. Das Gespräch begann mit den ›programmierten‹ Reaktionen auf die Frage und führte bis an den Punkt, an dem das normale Denken aufhörte und eine gemeinsame Erkenntnis entstand. Vorher hatte Krishnamurti noch das traditionelle Frage-Antwort-Format genutzt. Der Dialog manifestierte das endgültige Zerbrechen der Lehrer-Schüler-Beziehung.

Am Anfang waren diese Dialoge noch wirr und zerstreut. Man stellte Krishnamurti eine Frage. Er gab die Frage zurück an den Fragesteller und die Gruppe und forderte sie heraus, durch direkte Wahrnehmung eine neue Antwort zu finden. Er sprach langsam, pausierte dabei oft, beugte sich vor, als hörte er jede Antwort zum ersten Mal. Seinen eigenen Antworten schien er genauso offen und empfänglich zu lauschen wie der Stimme des Fragenden. Indem er sich weigerte, aus einer autoritären Position eine Antwort zu geben, löste er bei den anderen eine Art geistiges Ringen aus. Sie waren daran gewöhnt, von einer Autoritätsperson Lösungen zu erwarten. Für Krishnamurti beendete jede Reaktion auf eine Frage das Ende ihrer Erforschung. Er verlangte, dass man die Frage betrachtete und immer tiefer in sie eindrang. Wenn man dabei pausierte, nachsann, weckte man damit eine geistige Qualität des Zuhörens. Man nutzte einen Teil des Gehirns, in dem Gedanken keine Rolle spielten.

In seinen Dialogen drängte Krishnamurti nach vorn, blockierte, zog sich zurück, preschte wieder vor, bis der Denkprozess langsamer wurde. Dann, plötzlich, erwachte in den Teilnehmern eine innere Wahrnehmung, Frage und Antwort standen auf einmal wie hell ausgeleuchtet da. Und wie von selbst entstand daraus die Antwort. Die Teilnehmer konnten verfolgen, wie ihr Verstand sich bewegte, wie er sich in seinen eigenen Gedanken verfing. Sie konnten sehen, dass er keine wirklich ›neue‹ Antwort hervorbringen konnte. Indem sie die Unzulänglichkeit ihres Denkprozesses begriffen, zerfielen dessen Grenzen. Aber Krishnamurti hörte hier nicht auf, er fragte unerbittlich weiter und ließ nicht zu, dass sich die gesammelte Energie zerstreute. Wenn der Dialog steckenblieb oder die Gruppe sich in steriler Dialektik verlor, machte er einen weiteren Sprung nach vorne, gab den Teilnehmern zu bedenken, dass fundamentale Fragen nie wirklich philosophisch diskutiert werden konnten, sondern immer die Realitäten von Liebe, Tod, Angst und Schmerz berührten.

Krishnamurti war davon überzeugt, dass die Gehirnzellen sich in diesem Zustand völliger Negation, in dem das Denken aufhörte, erneuern konnten. Die Gehirnzellen würden sich umformen, meinte er, wenn ihre automatische Tätigkeit durch den negativen Denkprozess zurückgehalten wurde. Erkenntnis wirkte seiner Meinung nach im menschlichen Gehirn also als erneuernde Kraft.

Ein altersloses Denken

Um Krishnamurtis Sinn für Fragen aufzugreifen, kann man an dieser Stelle ebenfalls eine Frage stellen: Kann das Denken wirklich das ganze Leben lang jung bleiben? Kann man erreichen, dass mentale Kapazitäten nicht immer weiter abgebaut werden, sondern jeden Tag an »Frische« gewinnen? Dass man im Alter geistig federleicht ist, das Gewicht der Vergangenheit überhaupt nicht spürt?

Überlegen Sie einmal, was Ihre erste Reaktion auf diese Fragen ist. Das sammelnde Denken, das seinem Wesen nach immer auf Erinnerungen basiert, wird sagen: Nein. Wie kann das gehen, wo doch jeder Tag unserem Denken neue Schichten hinzufügt, immer noch weitere Erinnerungen, Erfahrungen und Wissen!? Der Punkt ist, dass das sammelnde Denken genau das ausmacht, was uns geistig altern lässt, und deshalb ist es als Antwortgeber auf diese Frage disqualifziert. Damit der Geist jung bleibt, würde Krishnamurti sagen, muss man sich vom sammelnden Denken distanzieren. In dieser Abkehr liegt die Möglichkeit der Erneuerung.

Bedenken Sie einmal, was einen Menschen alt wirken lässt. Sicher geht es hier nicht nur um das tatsächliche Alter, denn es gibt sogar Jugendliche, die eigenartig alt wirken können. Es geht um eine gewisse mentale Steifheit, die Person wirkt starr und ist nicht bereit, irgendetwas zu akzeptieren, was außerhalb ihres engen geistigen Gesichtsfelds passiert. Sie bewegt sich immer nur in ihrem eigenen Kreis, wiederholt die gleichen Denkmuster wie ein geschlossenes System, das seine gewisse Sättigung erreicht hat und nicht mehr gestört werden will. Was zu der berechtigten Frage führt, ob die Person sich wirklich allem Neuen *verweigert* oder ob sie vielleicht gar nichts mehr aufnehmen *kann*, weil sie bereits so ›voll‹ ist, dass selbst der kleinste neue Gedanke zu viel ist – wie ein Mensch, der so viel gegessen hat, dass ihn nicht einmal mehr ein köstliches Dessert verlocken kann.

Wie zuvor schon erwähnt, war eine der herausragendsten Eigenschaften Krishnamurtis, dass er sogar im Alter von fünfundachtzig Jahren noch bereit war, einer bereits vielfach bedachten Frage mit einer Leidenschaft nachzugehen, als wäre es das erste Mal. Eine Frage existierte für ihn immer nur als etwas Neues, im gegenwärtigen Moment. Krishnamurti war ein lebendes Beispiel dafür, dass der Geist jung bleiben konnte. Ist es also möglich, dass sein negatives Denken ein Schlüssel dafür sein könnte, das Gehirn wieder jung werden zu lassen?

Krishnamurti war davon überzeugt, dass der Mensch sich geistig regenerieren konnte. Er sprach darüber schon in der Mitte des 20. Jahrhunderts, und in gewisser Weise nahm er damit spätere Forschungen zur Neuronalen Plastizität voraus. Über den größten Teil des 20. Jahrhunderts hinweg gingen Neurowissenschaftler davon aus, dass die Gehirnstruktur des Menschen nach einer bestimmten Phase in der frühen Kindheit relativ festgelegt war. Diese Vorstellung, dass das Gehirn ein physiologisch statisches Organ war, konnte sich nicht halten, weil es mit der Zeit mehr und mehr Beweise dafür gab, dass viele Bereiche des Gehirns sogar bei Erwachsenen noch formbar bleiben. Die heutige Forschung weiß, dass Erfahrungen sowohl die physische Struktur des Gehirns, als auch seine funktionelle Organisation ändern können. Und wenn sich das Gehirn anhand von Impulsen verändern kann, warum sollte es sich auch nicht aufgrund tiefer Erkenntnisse ändern? [14]

Der berühmte Physiker David Bohm, der viele engagierte Gespräche mit Krishnamurti führte und schließlich seine eigene Dialogform entwickelte, bestätigte die Hypothese des Philosophen: »Es ist bemerkenswert, dass die modernen Untersuchungen des Gehirn- und Nervenystems Krishnamurtis Aussage, dass Einsicht die Gehirnzellen verändern könnte, weitgehend unterstützt«, sagte er. »Man weiß jetzt, dass es im Körper wichtige Stoffe gibt (…), die von einem Moment zum nächsten auf das reagieren, was eine Person weiß, was sie denkt und was all das für sie bedeutet. (…) So werden die Gehirnzellen und ihre Funktion von Wissen und Leidenschaften stark beeinflusst. Es ist also gut möglich, dass eine Einsicht, die in einem Zustand mentaler Energie und der Leidenschaft entsteht, die Gehirnzellen noch stärker beeinflussen kann.«[15]

Krishnamurtis Konzept der ›Einsicht‹ ist einem meditativen Zustand sehr nahe. Man hat in mehreren Studien nachweisen können, dass dieser Zustand Funktionsveränderungen unseres Gehirns bewirken und Aspekte wie Aufmerksamkeit, Angst und sogar die körperliche Selbstheilung positiv beeinflussen kann –

wahrscheinlich, weil sich durch die Meditation die Struktur des Gehirns verändert hat.[16] Dies passt zu Krishnamurtis Vermutung, dass eine gesunde Lebensweise mit dem Gefühl einhergeht, dass es kein Gestern gab und kein Morgen geben wird. Er glaubt, dass seine solche Haltung nicht nur mentalem Abbau entgegenwirken, sondern auch Schäden berichtigen konnte, die durch jahrelange schlechte Nutzung der geistigen Fähigkeiten entstanden waren.

Offenbar ist unser Gehirn flexibel genug, um sich jederzeit ändern zu können. Das sammelnde Denken schafft jedoch die Illusion, dass eine Veränderung sehr schwer sein muss, und vom Standpunkt dieses Denkens aus ist das sogar sehr gut nachvollziehbar. Auf die Vorstellung, dass man den Einfluss der Vergangenheit und reaktive Mechanismen aufgeben kann, reagiert es mit Abwehr und meint, dass das einfach nicht möglich sei. Das sammelnde Denken bildet ein dichtes, sehr festes »Selbstgefühl«. Erinnerungen werden kunstvoll zu einer Geschichte zusammengestellt, die wir uns selbst und anderen gegenüber bei jeder Gelegenheit wiederholen. Durch sie machen wir uns eine Vorstellung von der Wirklichkeit und von uns selbst, und auf Basis dieses begrenzten Erfahrens- und Wissensvorrats handeln wir im Leben. Man könnte sagen, dass wir mit unserer persönlichen Geschichte verheiratet sind, bis dass der Tod uns scheidet. Das Problem bei der Sache ist, dass es sich psychologisch und neurologisch gesehen eben um nicht mehr als eine Geschichte handelt. Darum spricht man in der Psychologie auch vom Narrativ: Der Mensch entwirft aus ausgewählten Erinnerungen und ihren Interpretationen seine persönliche Geschichte.

Wenn wir meinen, uns zu erinnern, ist das eine Täuschung. Wie beim Drehbuch eines schludrigen Schreibers ist unsere Geschichte voller Löcher, die wir mit Spezialeffekten und dramatisierenden Elementen auspolstern. Darüber hinaus passen wir unsere Erinnerungen auch immer wieder an: Jedes Mal, wenn wir uns an eine Sache erinnern, verändern wir sie. Wir können unseren sogenannten Erinnerungen also kaum vertrauen. Die

Psychologin und Gedächtnisexpertin Elizabeth Loftus hat durch umfangreiche Forschung beweisen können, wie formbar das menschliche Gedächtnis ist. Ihre bahnbrechende Arbeit konnte zeigen, dass Menschen falsche Erinnerungen bilden und diese zudem leicht von anderen beeinflusst werden können. Grund dafür ist der »Fehlinformationseffekt«: Erinnerungen weichen mit der Zeit immer mehr vom eigentlichen Erlebten ab, weil weitere Informationen eingegliedert werden. Es gibt mehr und mehr Hinweise darauf, dass das autobiographische Gedächtnis sehr unzuverlässig ist und dass es in diesem Sinne keine echten Erinnerungen gibt, sondern nur Geschichten *über* Erinnerungen.

Natürlich liegt das Problem nicht beim funktionellen Gedächtnis, das uns zum Beispiel in die Lage versetzt, ein Auto fahren zu können, sondern beim psychologischen Gedächtnis: Man registriert einen bestimmten Moment gemeinsam mit einer emotionalen Bedeutung, die wir ihm geben. Diese emotionalen Bedeutungen sammeln wir, sie sorgen dafür, dass wir auf jede neue Situation anhand alter emotionaler Daten reagieren. Gesammeltes Wissen und Erfahrungen können ein schöner Aspekt des Älterwerdens sein, aber wenn sie ganz im Zentrum unserer Wahrnehmung stehen, bleibt nicht viel Raum für irgendetwas jenseits alter Denkweisen. Wir speichern so viele Eindrücke, Zitate und vorformulierte Aussagen ab, dass wir uns in einer bestimmten Position festfahren, aus der wir dann die Welt betrachten. Man kann das sehr gut mit Computern vergleichen: Wenn die Speicherkapazität eines Computers überlastet ist, wird er enervierend langsam; im Geschäft rät man uns dann, zusätzlichen Speicherplatz zu kaufen.

Jedem leuchtet sofort ein, dass man nicht immer weiteressen kann, ohne sich auch immer wieder zu entleeren. Aus irgendeinem Grund halten wir es nicht für nötig, dieses Prinzip auch auf Gedanken anzuwenden. Wir meinen, dass sich in unseren Köpfen keine Abfallprodukte ansammeln. Vielleicht haben wir die Vorstellung, dass unser Gehirn unendlich viel Speicherplatz hat, oder vielleicht liegt es daran, dass gedanklicher Müll unsichtbar ist – wenn Gedanken pink wären und wir allmählich sichtbar von ihnen eingefärbt würden, hätten wir vielleicht eine bessere Vorstellung davon, was wirklich in unseren Köpfen los ist. Das negative Denken muss man sich also wie einen Reinigungsmechanismus für Geist und Gehirn vorstellen. Er entsorgt die unnötigen Bürden der Vergangenheit, die fast schon wie ein eigenständiger Organismus ist, der in unserem Inneren ewig weiterleben möchte.

Wenn wir negatives Denken versuchen, kann uns das vielleicht an einen Punkt bringen, an dem wir etwas von der Unschuld und Frische wiederbekommen, die wir in den Augen von Kindern so sehr bewundern. Das sammelnde Denken ist der Grund dafür, dass wir diese Unschuld verloren haben, es lässt das Leben stets wie gehabt erscheinen, gibt uns das Gefühl, dass es nichts weiter zu tun gibt, als automatisch auf alle Situationen zu reagieren. Aber nicht das Leben ist alt geworden, sondern wir. Ein guter Ausgangspunkt wäre also, einmal den Versuch zu unternehmen, sich ohne die eigene Geschichte zu spüren. Den Teil in uns zu suchen, der kein bisschen gealtert und unberührt geblieben ist. Es kann auch nützlich sein, nicht sofort zu antworten, wenn man uns eine Frage stellt. Man kann probieren, reflexhafte Reaktionen zu erkennen, bevor man handelt, oder die automatischen emotionalen Reaktionen zu bemerken, die bestimmte Wörter bei uns auslösen. Es kann auch sehr verjüngend wirken, morgens einfach einmal das Gefühl der Frische eines neues Tages auf sich wirken zu lassen.

Für die meisten Menschen ist eine verengte Aufmerksamkeit der Normalzustand im täglichen Leben: Sie verlagern ihre Konzentration von einer Sache zur nächsten, von einer Person zu einem Stück Information und von dort zu einer bestimmten Emotion. Krishnamurtis Aufmerksamkeit war größer, umfassender und meist überhaupt nicht selektiv. Er besaß ein Gesamtbewusstsein, das allem und jedem gegenüber sensibel war. Das war möglich, sagte er, weil seine Aufmerksamkeit kein Zentrum hatte, es fehlte ein Ich, das beobachtete und auswählte, worauf es sich konzentrieren wollte.

In seinen Dialogen hörte er nicht nur seinen Gesprächspartnern aufmerksam zu, ohne zu reagieren, sondern auch allem anderen, was um ihn herum passierte: Vögeln, die in den Bäumen sangen, einer Blume, die aus einer Vase fiel. Es kam vor, dass er mitten in einem Gespräch fragte: »Haben Sie diese Blume fallen sehen?« Er nahm die Dinge gleichzeitig wahr, schloss weder innere noch äußere Vorgänge aus, sondern ließ beides ungehindert durch seinen Geist laufen, wobei nichts ausgelassen wurde. Religiöse und spirituelle Praktiken geben oft die Empfehlung, dass man seine Sinne ausschalten und sich von der Welt zurückziehen solle. Für Krishnamurti dagegen bedeutete ein zuhörendes Bewusstsein, dass man die Sinne voll aufblühen ließ, dass man Augen und Ohren weit offen hielt. Als er einmal eine Gruppe Mönche betrachtete, die an ihm vorbeigingen, den Blick auf den Boden vor ihren Füßen gerichtet und ohne die Schönheit der Natur um sich herum zu sehen, sagte er, dass so vielleicht ihr Denken still werden werde, aber dass das eine beschränkte Stille sei. Man müsse seine Aufmerksamkeit so groß werden lassen, dass das ganze Universum darin Platz habe.

Das war der Höhepunkt des negativen Denkens: Indem man Erinnerungen fallen ließ, Reaktionen und die Gewohnheit, alles mit Etiketten zu versehen, durchbrach man die Grenzen des Verstandes. So konnte dann ein Zustand reiner Wahrnehmung entstehen, in der man einem Gedanken mit der gleichen, reaktionslosen Aufmerksamkeit lauschen konnte, wie einem zwitschernden Vogel. Für ihn war diese wache und gleichzeitig stille Aufmerksamkeit eine andere Art von Intelligenz. Es kann sehr erhellend sein, in einer Zeit wie der heutigen, in der man tendenziell reizüberflutet und unkonzentriert ist und sehr schnell reagiert, sich diesem sehr feinfühligen Zustand zu nähern zu versuchen. Stellen Sie sich einen Moment lang vor, wie viele Daten ständig auf uns einströmen – aus Computern, Smartphones etc.

Man ist ständig damit beschäftigt, darauf zu reagieren, manchmal sogar an mehreren Geräten gleichzeitig, dass man sich auf gar nichts mehr richtig konzentriert, mit der Aufmerksamkeit immer nur von einem Informationsbrocken zum nächsten springt. Erst wenn man diese Dinge von Zeit zu Zeit zur Seite legt, entdeckt man die ruhige Aufmerksamkeit, von der Krishnamurti gesprochen hat.

Solange man das Leben und sich selbst durch das sammelnde Denken wahrnimmt, ist die Aufmerksamkeit stumpf und zu stark fokussiert, im Laufe der Zeit beschränkt sie sich nur noch auf einen engen Kreis automatischer Reaktionen und Gedanken. Das negative Denken lässt mehr Platz im Geist, in dem neue Einsichten entstehen können. Es kann jenes erregende Gefühl in uns wecken, das wir vielleicht in unserer Jugend hatten: das Gefühl, dass es so viel zu lernen gibt, über uns selbst und über die Welt. Sowohl in unserem Innern als auch im Außen gibt es riesige unerforschte Gebiete, und nur das sammelnde Denken kann dieses müde Gefühl erzeugen, dass es nichts mehr Neues gibt.

Sie können also Ihre geistige Lebendigkeit testen, indem Sie sich am Ende eines Tages fragen: Haben Sie etwas Neues entdeckt? Haben Sie etwas gelernt, das Sie gestern noch nicht wussten? Wenn man keinen einzigen Tag vergehen lässt, ohne irgendeine Form von Entdeckung zu machen, kann das der Weg zu einem Denken sein, das immer jung bleibt.

Giordano Bruno

Denken im Kontext
oder
Warum in jedem Haar ein Universum steckt

An einem kühlen Tag im Frühjahr 1548 erblickte Filippo Bruno nahe der kleinen süditalienischen Stadt Nola das Licht der Welt. Wenn seine Eltern gewusst hätten, dass ihr Baby ein paar Jahrzehnte später unter dem Namen Giordano die Grenzen des Kosmos durchbrechen würde, hätten sie wahrscheinlich Angst bekommen. Für sie war das Universum noch beruhigend klar geordnet. Es gab noch keine Teleskope, man konnte nur mit bloßem Auge in den Sternenhimmel blicken. Aus dieser Sicht schien klar, dass die Erde unbeweglich im Zentrum des Universums stand. Man glaubte noch weitgehend an das ptolemäische Modell des Kosmos: Der Mond, die Sonne und die fünf mit bloßem Auge sichtbaren Planeten kreisen als leuchtende Globen um die Erde herum, und zwar entlang konzentrisch angeordneter Kreisbahnen (Sphären). Auf der achten Sphäre waren die Fixsterne befestigt. Danach war das Universum zu Ende, jenseits der äußersten Sphäre gab es nur noch Gott und seine Engel. Es war ein Bild, das der Vatikan, das Zentrum des abendländischen Kulturkreises, wie ein Dogma behandelte. Es entsprach der zentralen Rolle der Welt in der Schöpfungsgeschichte und der Idee eines Gottes im Himmelreich, der über alles wachte.

Als der polnische Astronom Nikolaus Kopernikus 1543 in seinem Werk *De revolutionibus orbium coelestium* die Erde aus dem Zentrum des Universums nahm und behauptete, dass sie sich um die Sonne und um sich selbst drehte, bekam dieses Weltbild erste Risse. Aber noch stürzte es nicht in sich zusammen, denn Kopernikus konnte keine genauen Beweise liefern. Zudem ließ er das alte Modell ansonsten intakt, der Raum war immer noch von einer äußersten Sphäre umschlossen. Er war weiterhin endlich, und Gott weilte draußen. Das Universum, in das Bruno hineingeboren wurde, war klein.

Wir leben heute in einem anderen Universum: in einem endlos ausgedehnten Raum, in dem die Erde und die Sonne nichts als winzige Punkte sind, verschwindend unbedeutend. Wir wissen, wie die Erde aussieht, wenn man über ihr im Weltall schwebt, wir benutzen Fotos der Milchstraße als Bildschirmschoner. Dass wir diese Dinge wissen, haben wir einer technischen Entwicklung zu verdanken, die den direkten Blick in den Weltraum möglich gemacht hat, sowie unzähligen Messungen, Forschungen und mathematischen Analysen. Umso erstaunlicher ist es, dass der erwachsene Giordano Bruno schon im 16. Jahrhundert eine Vision des Kosmos entwerfen konnte, die unserem modernen Bild ziemlich nahe kommt.

Bruno zeichnete in seinen Werken ein All, in dem weder Erde noch Sonne im Zentrum stand, sondern unzählige Sonnensysteme einen grenzenlosen Raum füllten. Seine Thesen gingen damit noch über das hinaus, was Brunos viel berühmtere Zeitgenossen, der Italiener Galileo Galilei und der Deutsche Johannes Kepler, über das Universum zu sagen hatten. Beide waren als Mathematiker und Astronomen deutlich besser qualifiziert, sie konnten ab einem bestimmten Punkt sogar Teleskope entwickeln und verwenden – entsprechend haben ihre Ergebnisse in der Wissenschaftsgeschichte ungleich viel höhere Anerkennung bekommen. Bruno dagegen war ein Philosoph und abtrünniger Dominikanermönch, dessen mathematisches Wissen sich in Grenzen hielt und der außerdem notorisch ungeduldig war. Die genaue Beobachtung in Form des Experiments, also das Messen und Wägen natürlicher Phänomene und Größen, zählte nicht zu seinen wissenschaftlichen Vorgehensweisen. Seine Persönlichkeit war dafür, gelinde gesagt, eher ungeeignet, er war »weniger ein Naturwissenschaftler und dafür mehr ein Poet, ein Künstler, der mit Begriffen ›malt‹«.[1] Statt mit Messinstrumenten arbeitete Bruno mit logischen und metaphysischen Argumenten und schrieb seine Ideen in Form von Allegorien, passionierten Theaterdialogen und Gedichten auf. Er beschäftigte sich mit Theologie, Magie, Philosophie und Naturwissenschaften, für ihn war das alles ein Ding, ein Nachdenken über das gleiche Phänomen, das Universum.

Brunos Methodik mochte unwissenschaftlich gewesen sein, seine Inhalte waren aber ausgesprochen fortschrittlich und machten ihn zu einem Vorreiter moderner Astronomie. Sein Vorgehen war oft intuitiv, und sicher ist das ein Grund dafür, dass er bis heute nicht die Anerkennung bekommt, die er eigentlich verdient. Denn seine Leistung ist aus heutiger Sicht unglaublich: Wie konnte es dieser Mann schaffen, die Struktur des Universums allein durch Nachdenken zu erfassen? Um das zu verstehen, muss man sich seine Geschichte ansehen.

Der rebellische Gedächtnis-Star

Das Haus der Familie Bruno stand an den Hängen des Berg Cicala, dreißig Kilometer östlich von Neapel. Seine Familie war nicht besonders wohlhabend, der Vater Soldat und selten zu Hause, die Mutter oft einsam. Filippo war Einzelkind und ein frühreifer Junge. Als einmal eine Schlange in seine Wiege kroch, soll er in vollständigen Sätzen um Hilfe gerufen haben – es waren seine ersten Worte. Noch Jahre später erinnerte das Kind sich so klar und deutlich an diesen Vorfall, dass es seinen Eltern unheimlich war. Auch später zeigte sich, dass Bruno ein ausgezeichnetes Gedächtnis hatte. Es war so gut, dass manche Zeitgenossen ihm magische Kräfte nachsagten.

Der junge Filippo war ein Außenseiter, der viel las, seine Umwelt beobachtete und durch die nach Rosmarin und Lorbeer duftenden Bäume und Sträucher des Monte Cicala strich. Er hatte ein besonderes Verhältnis zu diesem Berg, an den er sich noch Jahre später bei seinen ruhelosen Wanderungen durch Europa wehmütig erinnerte. Wenn er auf den Hängen des Cicala stehend nach Osten blickte, konnte er am Horizont die dunklen Umrisse des Vesuvs sehen. Hier dachte er zum ersten Mal darüber nach, dass seine Welt kein absolutes Zentrum und keine feste Umrandung hatte. »Einst haben mich als Kind, so erinnere ich mich, lieblicher Berg Cicala, deine heiligen Lichter umschmeichelt (...). Auf welchem Gebiet der Erde ich auch bin, ich sehe, daß Westen und Osten von mir gleichen Abstand halten (...) und wohin du auch gehst, gibt es das gleiche Maß. (...) Also wird der Himmel nicht von einem bestimmten Rand begrenzt.«[2]

Im Alter von vierzehn Jahren verließ Bruno seine Heimat. Er sollte nie zurückkehren. Dennoch blieb sie ihm sein ganzes Leben lang so teuer, dass er sich in seinen Werken oft als »der Nolaner« bezeichnete und seine Lehre als die »nolanische Philosophie«. In Neapel, der Hauptstadt des damals spanisch beherrschten Königreichs, begann der Teenager seine umfangreiche Ausbildung. Er lernte Grammatik, Rhetorik, Poetik und Logik. Mit siebzehn Jahren trat er in den Dominikanerorden ein und nahm den Namen Giordano an. Eine ungewöhnliche Entscheidung, denn Bruno besaß zu diesem Zeitpunkt bereits einen gut ausgereiften, rebellischen Geist, der eigentlich gar nicht zu den starren Regeln und Vorschriften des Klosterlebens passte. Wenn er weiter lernen wollte, hatte er jedoch kaum eine andere Wahl – seine Eltern hätten das Studium nicht finanzieren können. Und lernen wollte er unbedingt. Nur das Kloster konnte ihm geben, was er wollte: Zutritt zu der großen Bibliothek mit ihren kostbaren Büchern, die schon Thomas von Aquin genutzt hatte, der auch ein Dominikaner gewesen war. Außerdem, sagte Bruno später, als er schon längst vor der Inquisition auf der Flucht war, taten die Stille und Konzentration des mönchischen Lebens dem freien Intellekt gut.

Dass er es nicht beim stillen Lesen und Denken beließ, sondern seine Gedanken auch laut äußerte, konnte nicht lange gutgehen. Schnell wurde seinen Vorgesetzten klar, dass dieser junge Mann aus Nola kein besonders gehorsamer Mönch war. Zwar stürzte er sich mit Eifer in seine Studien, lernte Latein, Griechisch und Hebräisch und las sich ein enormes philosophisches und literarisches Wissen an. Doch schon bald nach dem Einzug in San Domenico Maggiore lag dem Prior des Klosters eine Anzeige gegen den Mönch Giordano vor, weil der sich gegen den Marienkult geäußert und sämtliche Heiligenbilder von den Wänden seiner Zelle genommen hatte. Zum Glück war Bruno an diesem Punkt schon ein guter Rhetoriker und konnte sich noch einmal aus der Sache herausreden. Vielleicht legte der Vorsteher des Klosters die Anzeige sogar gerne zu den Akten, weil Bruno sich zu einem Star des Klosters entwickelte. Immer mehr zeigte sich, dass er ein phänomenales Erinnerungsvermögen hatte. Seine sowieso schon große natürliche Begabung perfektionierte er mit Hilfe einer selbst entwickelten Gedächtniskunst. Sein Ruhm drang sogar bis zu Papst Pius V., der ihn daraufhin nach Rom einlud. Der Nolaner enttäuschte nicht: Bei der Audienz rezitierte er den Psalm 86 auf Hebräisch – und zwar vorwärts und rückwärts. Anschließend erklärte er dem Papst seine Technik.

Die Gedächtniskunst an sich, auch »künstliches Gedächtnis« genannt, war dem Papst und seinen Kardinälen keineswegs unbekannt. Sie gehörte zum Standardprogramm an höheren Schulen, und die Dominikaner in Neapel hatten es in dieser Kunst besonders weit gebracht. Thomas von Aquin hatte seine eigenen Gedanken mit Hilfe dieser Kunst so gut sortiert, dass er vier Bücher gleichzeitig diktieren konnte. Aber Bruno reichte das überlieferte System nicht. Er besaß von Natur aus eine Denkstruktur, die er mit der Gedächtniskunst systematisierte und sie dadurch stark verbesserte. Wenig bescheiden behauptete er, der Unterschied zwischen der alten Methode und seiner Version sei so groß wie der zwischen der Druckerpresse und primitiven Schnitzereien auf Baumrinde.

Der Mönch besaß mehrere Systeme, über die er auch geschrieben hat, aber wie ein moderner Marketing-Experte hat er dabei nur gerade so viel verraten, dass seine Leser neugierig wurden. Man brauchte Bruno selbst, um die Kunst wirklich zu lernen; und ohne seine Erklärungen stehen wir heute ziemlich hilflos da. Klar ist, dass er sich aus zwei Hauptquellen bediente: Da war einmal die Gedächtniskunst der Römer, dank derer römische Anwälte stundenlange Plädoyers halten konnten, ohne Notizen zu brauchen. Dafür bauten sie innerlich visuelle Konstruktionen, die sie vor ihrem geistigen Auge auftauchen lassen konnten: Ein Gebäude mit Räumen und verschiedenen Gegenständen und Statuen, die jeweils stellvertretend für bestimmte Ideen oder Teile einer Rede standen. Wenn sie ihre Rede dann hielten, konnten sie durch ihr mentales Gebäude gehen und ihre Ideen abrufen. Heutige Gedächtniskünstler benutzen diese Methode immer noch, meist in einer vereinfachten Variante, bei der sie sich zum Beispiel an lange Zahlenreihen erinnern, indem sie die einzelnen Ziffern mit bestimmten Bildern verknüpfen und daraus einen chronologischen Erzählstrang bilden, den sie dann innerlich nacherzählen.

Die zweite Methode, von der Bruno sich inspirieren ließ, stammte von einem katalanischen Mystiker namens Raimond Lull. Der kreierte seine eigene Variante der alten Gedächtniskunst, eine Art Denkmaschine. Dafür ersetzte Llull die römischen Gebäude durch konzentrische Kreise, wobei jeder Kreis in Abschnitte unterteilt war, der Buchstaben und Begriffe enthielt. Indem man die Kreise drehte, erhielt man immer wieder neue Kombinationen und Ideen. Giordano Bruno verwendete für seine Gedächtniskunst sowohl Llulls Kreise als auch die römische Technik symbolischer Bilder. Sein System, das äußerst komplex war, bestand aus konzentrischen Kreisen, auf denen verschlüsselte Informationen in Form von Buchstaben, Bildern und Symbolen abgelegt wurden. So wurden etwa Worte als Bilder ins Gedächtnis eingespeist, indem man die einzelnen Silben mit Symbolen versah und sie dann miteinander zu einem Bild verknüpfte: Das Wort »Numero« (Nummer) wurde zum Beispiel als Bild des mythologischen Apis-Stiers abgespeichert, der auf einem Teppich liegt. Die Silben, Bilder, Situationen etc. wurden dann auf den imaginierten Gedächtnisscheiben abgelegt, von denen jede in Dutzende Fächer unterteilt war. »Eine Rede, die man auf diese Weise abgespeichert hatte, konnte die Bevölkerung einer kleinen Stadt enthalten«[3], schreibt die Bruno-Biographin Ingrid D. Rowland. Natürlich kann man sich fragen, ob der Aufwand dieser komplexen mentalen Akrobatik, so beeindruckend sie sein mag, das Ergebnis rechtfertigt. Das natürliche Gedächtnis funktioniert viel simpler als das »künstliche« Gedächtnis: Man erinnert sich einfach an die Dinge selbst, nicht an komplex aufeinander bezogene Symbol- und Buchstabenmuster. Und wäre es Bruno bei seinem System wirklich nur darum gegangen, Informationen auswendig zu lernen, hätte er wohl kaum ein eigenes Kapitel in diesem Buch bekommen. Aber natürlich steckt in seiner Kunst noch viel mehr. Sie ist ein Hinweis darauf, wie Brunos Denken funktionierte und wie er es letztlich schaffen konnte, die Unendlichkeit des Universums zu begreifen.

Bruno nutzte seine Kunst als ständiges mentales Training. Für ihn war das normale Gedächtnis eine primitive Funktion, die Gedächtniskunst dagegen eine menschliche und seelische Weiterentwicklung, vergleichbar mit der Fähigkeit, aufrecht gehen zu können oder lesen zu lernen. Das künstliche Gedächtnis war eine Art, die Welt zu sehen und ihre Eindrücke systematisch zu verarbeiten. Über seine Sinne empfing der Mensch ständig Informationen über die Welt, die ohne erkennbaren Sinn und Ordnung in ihn hineinströmten. Der Verstand war es, der Ordnung und Harmonie schaffen und erkennen konnte. Gedächtniskunst bedeutete, diese Fähigkeit des Verstandes bewusst zu nutzen. Es ging darum, mittels der eigenen Vorstellungskraft die grundlegende Ordnung der Welt zu reflektieren, »gleichsam durch innere Schrift darzustellen, was die Natur äußerlich gleichsam durch äußere Schrift darstellt«[4], wie der Philosoph Georg Wilhelm Friedrich Hegel in einem Aufsatz über Bruno schrieb. Man konnte das harmonische Grundprinzip der Natur also durch die Ordnung des Geistes nachempfinden. Für Bruno waren die Informationen, die er aus der Welt bekam, daher nicht nur verstreute und zusammenhanglose Fragmente. Jedes Ding stand in Bezug zu anderen, gehörte in eine größere Rubrik, die wiederum selbst in eine größere Kategorie eingeschlossen war – wie die konzentrischen Kreise, auf denen der Gedächtniskünstler seine Daten ablegte. Die einzelnen Teile standen nicht zufällig neben- und übereinander, sondern waren durch eine innere Logik miteinander verbunden: »Wie eine Hand in Verbindung mit einem Arm, ein Fuß mit einem Bein oder ein Auge mit einem Kopf leichter erkennbar ist, als wenn sie getrennt sind«[5], erklärte Bruno. Mehr noch, alle Dinge, konkrete wie abstrakte, konnten im Gesamtbild zu einem einzigen großen Kreis mit unendlich vielen inneren Kreisen gefasst werden. Die scheinbar komplizierte mentale Architektur seiner Gedächtniskunst erschien im »Licht« des Verstandes insgesamt als eine intelligente Einfachheit und sinnvolle Ordnung. Mit diesem Argument widersprach Bruno Kritikern, die seine Gedächtniskunst zu kompliziert fanden. »Während die Dinge, die in der Natur vorkommen, sich unterscheiden, widersprechen, vielfältig sind, sind sie [im Licht] gleich, harmonisch und einfach«[6], schrieb Bruno. Und riet seinen Lesern: »Versuche daher, wenn es in deinen Kräften steht, die Erscheinungen, die du wahrnimmst, zu bestimmen, zu harmonisieren und zu vereinen, und du wirst deine Fähigkeiten nicht erschöpfen und deinen Verstand nicht verstören.«[7]

Der menschliche Geist, wusste Bruno, konnte unendlich viele Informationen aufnehmen, wenn er sie in der richtigen Ordnung wahrnahm. Die konzentrischen Gedächtnisscheiben repräsentierten dieses Prinzip visuell in seiner Vorstellungskraft. Die endlosen Kombinationsmöglichkeiten, die sich daraus ergaben, verschafften Bruno einen sehr realen Begriff von Unendlichkeit. Das Unermessliche gehörte zu seinem täglichen Erleben, es war ein ganz natürlicher Teil dessen, wie er die Welt sah: Er war ein *kontextualisierender* Denker.

Das normale Denken funktioniert anders – es ist fragmentiert und verliert sich in kleinteiligen, begrenzten Fakten. Die innere Logik und die Verknüpfungen, die Bruno überall sah, sind diesem *fragmentierten Denken* fremd. Sie können diese Tendenz sicher leicht bei sich selbst feststellen, wenn Sie einmal aus dem Fenster schauen: Wahrscheinlich sehen Sie Menschen, Autos, Bäume, Licht, Hunde und Papierfetzen als zusammenhangslose Einzelteile. Wenn Sie sich auf ein bestimmtes Detail konzentrieren, verengt sich ihre Wahrnehmung wie der Fokus einer Kamera, der immer nur in einem bestimmten Bereich scharf sein kann. In dem Moment, in dem aber das Detail in den Fokus rückt, verliert es den Kontext zum Rest des Bilds. Sie können auch mental herauszoomen und das Gesamtbild sehen, dabei werden Sie aber wiederum den Blick für die Details verlieren. Daran ist im Prinzip nichts falsch, so funktioniert ganz praktisch unsere visuelle Wahrnehmung. Der Unterschied zwischen *fragmentiertem* und *kontextualisierendem* Denken besteht in der Art und Weise, wie der Verstand die Bilder interpretiert. Fragmentiertes Denken lässt sich von der visuellen Wahrnehmung täuschen: Wenn es ein Detail ohne Kontext *sieht*, weil es sich darauf konzentriert, dann *denkt* es dieses Detail auch ohne Kontext. Weil es nur Fragmente sieht, meint es, dass die Wirklichkeit fragmentiert ist. Für Bruno dagegen repräsentierte das Detail immer das Ganze – und das Ganze war wiederum ein Detail. Egal wie groß es war, es musste immer noch etwas Größeres geben, welches das Kleinere einschloss. Die zahllosen Einzelheiten, aus denen das Leben besteht, verwirrten ihn nicht, sondern gaben ihm einen Begriff unendlicher Weite. Diese Wahrnehmung trainierte er ständig durch seine Gedächtniskunst, und vielleicht hat sie sogar seine visuelle Wahrnehmung beeinflusst.

Auf einer ganz praktischen Ebene funktionierte sein künstliches Gedächtnis so gut, dass er es zu seinem Hauptberuf machte, als sein Klosterleben ein jähes Ende fand: Nachdem er zehn Jahre geschafft hatte, keinen größeren Ärger auf sich zu ziehen, geriet er, wahrscheinlich aufgrund einiger ketzerisch klingender Äußerungen in einem Gespräch mit einem älteren Mönch, ins Visier des Provinzials Fra Domenico Vita. Während Bruno in Rom weilte, ließ Fra Vita die Zelle von Bruder Giordano durchsuchen. Als man dort nichts Ungehöriges fand, durchsuchte man auch noch die Latrine. Und wurde fündig: Bruno hatte eine Schrift von Erasmus von Rotterdam hineingeworfen, die auf dem Index verbotener Bücher der Inquisition stand. Damit geriet Giordano Bruno unter den Verdacht der Ketzerei, seine Karriere als Dominikanermönch war beendet. Nach Neapel konnte er aus Furcht vor Strafe nicht zurückkehren, mit der Inquisition war nicht zu spaßen. Er verließ den Orden und wanderte für den Rest seines Lebens durch Europa.

Ein Universum ohne Mitte und ohne Grenzen

Als Bruno dreißig Jahre alt war, hatte er eine Vision, die fortan sein Leben bestimmen würde. Oft wird behauptet, dass er sie im Traum erlebt hat. Er soll geträumt haben, dass er in einer Welt und unter einem Himmel erwachte, die dem herrschenden Bild des Universums seiner Zeit entsprachen. Der Sternenhimmel über ihm legte sich als fester Kreis um die Welt. Einen Moment lang hatte er Angst. Dann aber nahm er seinen Mut zusammen. »Ich breitete zuversichtliche Flügel in den Raum aus und stieg in die Unendlichkeit auf, ließ weit hinter mir, was andere mit Anstrengung aus der Ferne sahen. Hier gab es kein Oben oder Unten, keinen Rand und kein Zentrum. Ich sah, dass die Sonne nur ein weiterer Stern war und dass die Sterne andere Sonnen waren, jede von anderen Erden begleitet, die wie unsere eigene war.«[8]

Später probierte Bruno noch oft, diesen Moment, in dem ihm die Unendlichkeit des Universums klar wurde, in Worte zu fassen. Jedes Mal wurde daraus ein poetischer Erguss. Die Erfahrung verweigerte sich offenbar nüchternen Beschreibungen, und ohnehin war Bruno ein ekstatischer Typ. Er war aber auch sehr scharfsinnig und schaffte es, seine intuitive Eingebung im Nachhinein logisch zu begründen. Allerdings hatte nicht philosophische Logik zu seiner Einsicht geführt, sondern die gleiche Denkart, die auch seine Gedächtniskunst hervorgebracht hatte. Die ständige Beschäftigung mit seiner *Ars Memoriae* hatte ihm einen intuitiven Durchbruch verschafft: Er hatte mit der Architektur seiner Vorstellungskraft die Architektur des Raums erfasst. Durch die Ordnung seiner Gedanken bildete er ein allgemeingültiges Grundprinzip ab, das er in der Welt erkannt hatte. Er wusste: Alles, was wir wahrnehmen – egal, ob es ein Gegenstand ist, ein Tier oder eine Idee –, existiert sowohl als individuelle Sache, als auch als Teil eines größeren Ganzen. Wäre Bruno heute am Leben, würde er in seiner Philosophie dafür vielleicht den Begriff des *Holons* verwenden. Dieser wurde von dem Schriftsteller Arthur Koestler geprägt: Ein Holon existiert als selbstständige Einheit, ist aber gleichzeitig Teil eines größeren Ganzen. Ein einfaches Beispiel ist eine Körperzelle. Sie funktioniert als eigenständige Einheit, ist im selben Augenblick aber auch Teil eines größeren Organismus, der aus unzähligen Zellen besteht – dem Körper. Die Zelle selbst wird wiederum aus kleineren Einheiten gebildet – DNA, RNS, Mitochondrien etc.

Man kann dieses Bild aber auch auf der Makroebene aufziehen: Auch unser Sonnensystem kann man als Element für sich betrachten. Es ist aber gleichzeitig Teil der viel größeren Milchstraße, und die wiederum ist nichts weiter als ein Teil von unzählig vielen Galaxien im Universum. Jeder Aspekt unserer Wirklichkeit lässt sich so als individuelle Komponente und als Teil von etwas Größerem sehen. Anscheinend hatte Bruno von Natur aus die Fähigkeit, alle Eindrücke in diesen Kontext einzuordnen; er besaß eine simultane Wahrnehmung des Teils und des Ganzen. Wenn er also einen – abstrakten oder konkreten – Gegenstand betrachtete, wusste er, dass er es nie mit einem zusammenhanglosen Einzelteil zu tun hatte. Die großen Dinge bestanden aus den kleinen, und die kleinen aus den noch kleineren.

Brunos kontextualisierendes Denken lässt sich gut an einem Text ersehen, den er über den Alltag in seiner Heimatstadt Nola schrieb: »(Merkur) will, daß zu derselben Zeit in dem Gemüsegarten, der sich am Fuße des Berges Cicala auf dem Besitztum Gioan Brunos befindet, dreißig Gamanderpflanzen zur vollen Entwickelung kommen, siebzehn welk zur Erde sinken und fünfzehn von den Würmern angefressen werden sollen; daß Nasta, die Frau Albenzios, beim Kräuseln der Haare an den Schläfen sich, weil das Eisen zu heiß ist, siebenundfünfzig Haare versenge, ohne sich jedoch den Kopf zu verbrennen (…); daß aus dem Miste von Albenzios Rindern zweihundertundfünfzig Mistkäfer hervorkriechen, von denen vierzehn von Albenzios Füßen zermalmt und totgetreten, sechsundzwanzig durch Übergießen getötet werden, zweiundzwanzig sich in ein Loch retten, achtzig sich auf die Wanderschaft durch das Gehöft begeben, zweiundvierzig sich, um weiterzuleben, unter den an der Türe liegenden Baumstamm flüchten, sechzehn ihre Mistkugeln hinwälzen, wohin es ihnen am meisten behagt, der Rest auf gut Glück auseinanderrennt.«[9]

Die Welt, die Bruno sah, bestand aus unzähligen Einzelheiten, die alle gleich wichtig waren. Jedes Haar, das in einem Lockenstab verbrennt, verdiente Aufmerksamkeit. Die Unendlichkeit steckte in allem.

Im Gegensatz zu uns hat Bruno zu Lebzeiten nie ein Bild eines Sonnensystems sehen können. Aber wenn er nachts in den Himmel aufsah, wusste er, dass jeder Stern aus Teilen bestehen musste, die wiederum aus Teilen bestanden, und dass auch dieser Stern selbst Teil eines größeren Ganzen sein musste. So bekam

Bruno allmählich eine Ahnung von der Grenzenlosigkeit und davon, dass die Kugelschalen, die das Universum der alten Weltbilder umschlossen, ganz sicher keine endgültigen Grenzen sein konnten. »Aus den Wahrnehmungen unseres Gesichtssinns also müssen wir auf die Unendlichkeit schließen, da kein Ding vorkommt, das nicht an ein anderes grenzt und unsere Augen nichts wahrnehmen, was durch sich selbst begrenzt würde.«[10]

Bruno muss dieses Nachdenken zu ekstatischen Zuständen geführt haben. »Man kann mit Recht sagen, dass Bruno von Raum betrunken war, oder, um seine eigene Metapher zu benutzen, dass er sich fühlte, als wäre er aus dem Gefängnis freigelassen worden.«[11] Wenn man sich die Umstände klarmacht, unter denen er seine Einsichten hatte, kann man das gut verstehen. Wir sind heute zumindest auf einer intellektuellen Ebene daran gewöhnt, dass der Weltraum, in dem wir leben, keine erkennbaren Grenzen hat, aber man muss sich vorstellen, was dieses Wissen für einen Menschen bedeutete, der in einer Zeit lebte, in der überhaupt nichts grenzenlos war (abgesehen vielleicht von der Macht Gottes). Das Universum des 16. Jahrhunderts war genauso hierarchisch strukturiert wie die menschliche Gesellschaft. Das ptolemäische Weltbild war wie ein Käfig, aus dem es kein Entkommen gab. Kein Wunder also, dass Bruno außer sich war. Durch das, was er sah, wurde das Denken in Hierarchien pulverisiert. Ein unendlicher Raum, in dem die Erde nicht das Zentrum, sondern einer von unzähligen Himmelskörpern war, bedeutete nicht nur eine theoretische Umdeutung des alten Weltbilds, sondern es stellte die Rolle des Menschen und seinen Bezug zum Göttlichen grundsätzlich infrage.

1583 ging Bruno, nach Stationen in Genf, Toulouse und Paris, nach London, wo er sich dank einer Empfehlung Heinrichs III. beim französischen Botschafter einquartieren konnte. Von dort aus knüpfte er Kontakte nach Oxford. Er hoffte wohl auf eine feste Anstellung, bereits in Paris hatte er als Professor gelehrt. Seine Vorlesung in Oxford allerdings geriet zum Desaster. Es kamen einige Dinge zusammen: Zum einen verteidigte Bruno vor seinem Oxforder Publikum Kopernikus' Weltbild, was an sich schon kontrovers war. Zum anderen hatte Bruno es mit einem ziemlich arroganten englischen Publikum zu tun, das sich über die kleine Gestalt des Italieners, seinen starken Akzent und seine dramatischen Gesten lustig machte. Man hörte ihm nicht zu und störte seine Rede. Manche Zuhörer warfen ihm sogar vor, dass er einen anderen Autor plagiiert habe. Bruno musste gedemütigt ins Haus seines Gastgebers zurückkehren. Es war ein harter persönlicher Schlag, aber seiner Arbeit tat die Schlappe gut: Mundtot gemacht, stürzte er sich ins Schreiben. Dabei goss er nicht nur seinen Zorn über die Engländer in wütende Verse, sondern arbeitete vor allem seine philosophischen Ideen klarer aus. In den Jahren nach dem Oxford-Desaster, von 1584 bis 1591, schrieb er seine wichtigsten Werke, unter anderem die Schrift *Über das Unendliche, das Universum und die Welten*, und arbeitete sein Bild des Universums mit philosophischen Argumenten aus. Sein kontextualisierendes Denken führte dazu, dass er beim Nachdenken über die Welt und den Kosmos weiter gehen konnte, als es irgendjemand vor ihm getan hatte und es noch viele nach ihm taten. Nachdem er bereits die Grenzen des Universums hatte zusammenstürzen lassen, widmete er sich nun einem weiteren Punkt und schaffte auch noch dessen Zentrum ab.

Kopernikus hatte etwas Unerhörtes getan, als er das Zentrum der Schöpfung austauschte und statt der Erde die Sonne in den Mittelpunkt rückte. Sein heliozentrisches System hätte ein Erdbeben in den Köpfen seiner Mitmenschen verursachen müssen, aber noch waren die meisten nicht bereit, es zu akzeptieren, und diejenigen, die es taten, begriffen das ganze Ausmaß der Konsequenzen nicht. Sogar Kopernikus selbst hatte nicht erfasst, dass in seiner Theorie noch viel mehr steckte, als er beschrieben hatte – oder zumindest hatte er nicht gewagt, das öffentlich zu äußern. Stattdessen hatte der polnische Astronom versucht, seine neue Erkenntnis in das alte, weithin akzeptierte Weltbild einzuordnen.

Nun stand also nicht mehr die Erde unbeweglich im kosmischen Zentrum, sondern die Sonne war der Mittelpunkt, und die Erde stand nicht mehr still, sondern drehte sich um die eigene Achse und um die Sonne. Die alte Ordnung blieb dennoch weitgehend bestehen, denn die Vorstellung von Kugelschalen bzw. Sphären, auf deren äußerster sich die Fixsterne befinden, erhielt er aufrecht.

Bruno war ein Philosoph, deshalb dachte er nicht in Modellen und Messungen. Für ihn konnte das Leben durch Berechnungen nie wirklich erfasst werden, er nahm sie lediglich als Anhaltspunkte, um von da aus spekulativ auf die Wirklichkeit zu schließen. Deshalb akzeptierte Bruno nicht nur als einer der wenigen Menschen seiner Zeit Kopernikus' System, er verstand auch, was dieser Schritt bedeutete. Man konnte nicht einfach den Mittelpunkt der Schöpfung verändern und dann so tun, als handelte es sich um eine kleine Korrektur in einem ansonsten stimmigen Modell. Wenn man das Zentrum änderte, musste sich alles ändern. Wenn die Erde nicht der Mittelpunkt des Raumes war, warum sollte die Sonne der Mittelpunkt sein? Warum sollte es überhaupt einen Mittelpunkt geben? Wie er als Kind schon erkannt hatte, als er auf dem Monte Cicala in die Ferne blickte, war die Erfahrung eines Mittelpunkts immer relativ. Wenn man das Universum verstehen wollte, konnte man es nicht aus einer relativen Perspektive betrachten, man musste in die Totale gehen. Also tat Bruno etwas, das sogar Kopernikus erschreckt hätte: Er schaffte das Zentrum ganz ab: »Im Unendlichen [ist] der Umkreis nirgendwo und der Mittelpunkt überall.«[12]

Das Prinzip von Kopernikus' Heliozentrismus dehnte Bruno nun auf alle Sterne aus: Es gab nicht ein einziges Zentrum im Universum, um das sich alle anderen Himmelskörper bewegten, sondern jeder Stern im Universum war eine Sonne und Teil eines eigenen Sonnensystems. Auch die Entdeckung, dass die Erde sich um sich selbst und um die Sonne dreht, zog Bruno weiter auf und erklärte, dass sich auch die Sonne um sich selbst drehen müsse –

womit er, wie wir heute wissen, richtig lag. Brunos Bild des Universums war damit völlig anders als das ptolemäische Weltbild. Statt eines statischen, klar begrenzten, erdzentrierten Modells, in dem die Fixsterne an den Rand des Universums genagelt waren, war Brunos Kosmos grenzenlos, ohne Zentrum und voller Bewegung. Er behauptete, dass das Universum aus unzähligen Sternen zusammengesetzt sei und die Sterne selbst, so wie überhaupt die gesamte Materie, aus unzählbaren Atomen. Es gab nicht eine, sondern unendlich viele Welten. Das gleiche Prinzip galt auch für das Leben auf der Erde: Es bestand aus unendlich vielen Teilen und Details. Alles, was statisch und solide aussah, bestand in Wirklichkeit aus zahllosen Teilen. Wenn man versuchte, sich das kleinstmögliche dieser Elemente vorzustellen, landete man gedanklich in der Unendlichkeit, denn alles, was sich messen ließ, musste immer noch aus kleineren Teilen zusammengesetzt sein.

Bruno war nicht der erste Mensch, der behauptete, dass das Universum keine Grenzen habe, der von Atomen oder von zahllosen Welten sprach, er war auch nicht der erste, der anerkannte, dass die Erde nicht im Zentrum stand. Aber erst Brunos kontextualisierendes Denken schaffte es, diese Fragmente zu einem aus heutiger Sicht sehr modernen kosmischen Gesamtbild zu fügen.

Der egozentrische Kosmos

Etwas ist seltsam an der Art, wie wir die Welt erleben. Was wir über die Rolle dieses Planeten im Universum wissen, passt nicht zu der Art, wie wir uns hier fühlen. Stellen Sie sich vor, dass Sie abends am Meer spazieren gehen. Sie blicken auf das Wasser hinaus, die Wellen reichen bis zum Horizont, und es scheint, als käme danach nichts mehr, nur noch Wasser. Ihre Vorfahren dachten deswegen, dass die Erde flach sei und dass das Firmament auf dem Wasser schwimme. Als Spaziergänger von heute wissen Sie aber natürlich, dass dieser Eindruck täuscht: Die Wasseroberfläche ist gekrümmt, weil sie der Rundung der Erde folgt. Wenn bei Ihrem Spaziergang die Dämmerung einsetzt, erleben Sie noch eine weitere Sinnestäuschung, denn Sie können der Sonne dabei zusehen, wie sie als glühende Scheibe am Horizont herabsinkt und dann scheinbar unter die Wasseroberfläche fällt. Wir nennen das einen Sonnenuntergang.

Ist es nicht eigenartig, dass wir dieses Wort immer noch benutzen? Es ist ein Überbleibsel aus einer Zeit, in der wir dachten, dass die Erde der Mittelpunkt des Universums sei. Natürlich ist uns heute klar, dass die Sonne nicht wirklich untergeht; sie verschwindet aus unserem Blickfeld, weil die Erde sich dreht und somit auch wir als Beobachter, die auf ihr stehen. Wir wissen das – aber es fühlt sich trotzdem nicht so an. Wie der Kosmologe Brian Swimme in seinem Buch *The Hidden Heart of The Kosmos* schreibt, erleben die meisten von uns, die einen Sonnenuntergang betrachten, dabei immer noch das Gleiche, was Menschen im Mittelalter und in der Steinzeit erlebt haben. Es »ist genau das, was jeder Primat zu jeder Zeit erlebt hat, seit das Leben der Primaten vor siebzig Millionen Jahren begonnen hat«[13], schreibt Swimme. Das sind also siebzig Millionen Jahre, in denen unsere grundlegende Erfahrung dessen, was dieser glühende Ball am Horizont macht, sich nicht wirklich verändert hat. Wenn wir erleben, wie sich die Erde von der Sonne wegdreht und der Himmel sich rötet, haben wir noch immer das Gefühl, dass wir an einem festen Punkt stehen und die Sonne sich um uns bewegt. Unsere alltägliche Wahrnehmung ist über vierhundert Jahre nach Kopernikus noch immer in der *Erfahrung* eines geozentrischen Weltbilds verhaftet. In gewisser Hinsicht sind wir damit nicht wesentlich weiter als Giordano Brunos Zeitgenossen, die sich gegen ein heliozentrisches Weltbild und erst recht gegen ein unendliches Universum wehrten. Wir haben beides in der Theorie akzeptiert, denn wir besitzen viel mehr gesicherte Informationen über den Kosmos als früher und dazu auch die technischen Möglichkeiten, um tatsächlich weit über den Horizont hinauszusehen und zu gehen. Wir können Bilder aus dem Weltraum sehen. Aber all das hat nicht zu einer wirklich neuen Sicht auf das Leben geführt, zu einem Bewusstsein, das den Alltag aller Menschen bestimmen würde. Es herrscht im Prinzip die gleiche Denkart vor, die heute noch die Sonne untergehen lässt, die sich schon im 16. Jahrhundert gegen ein heliozentrisches Universum und gegen eine bewegliche Erde gewehrt hat.

Wenn man also heute einen beliebigen Menschen auf der Straße ansprechen und fragen würde, was er über das Universum denkt, wäre die Antwort wahrscheinlich »Das interessiert mich nicht« oder »Das spielt in meinem Leben keine Rolle«. Das scheint normal und vernünftig – wie soll man sich mit einer enormen, unbegreiflichen Sache wie dem Universum beschäftigen, wenn schon das eigene Leben schwierig genug ist? Gleichzeitig ist diese Antwort aber auch völlig absurd. In ihr steckt die Vorstellung, dass die Erde in irgendeiner Weise abgetrennt vom Rest des Universums existiert. Es ist wieder eine Frage der Sinneswahrnehmung: Wir sehen den Weltraum nicht, wenn wir morgens aus dem Haus gehen, Brötchen holen, zur Arbeit fahren. Wir sehen das Leben auf der Erde. Für Bruno dagegen gab es die Trennung zwischen Erde und Weltraum genauso wenig wie die zwischen einem einzelnen Menschen und dem Kosmos. »In jedem Menschen betrachtet sich eine Welt, in jedem Individuum ein Universum«[14], schrieb er. Und natürlich hat er damit vollkommen recht, wenn man das Gesamtbild bedenkt. Es ist eine Tatsache, dass die Idee eines vollkommen individuellen Lebens eine Fiktion ist – jeder Mensch ist in unzählige Zusammenhänge eingebunden. »Kosmos« ist in diesem Sinne nur ein Wort für den größtmöglichen (und sehr realen) Kontext.

Ist es nicht interessant, dass wir in einer Zeit leben, in der jede ernstzunehmende Wahrheit einer wissenschaftlichen Überprüfung standhalten muss – aber trotzdem nehmen wir die Wissenschaft nicht ernst genug, um echte Konsequenzen aus dem zu ziehen, was sie über unsere Rolle im Universum herausgefunden hat? Deshalb sind auch die Maßstäbe verzerrt, in denen wir über das Leben und die Welt nachdenken, unsere persönliche Wahrnehmung und die Tatsachen klaffen weit auseinander: Wenn wir abends am Strand stehen und den Himmel brennen sehen, ist dieser Sonnenuntergang ein persönliches Erlebnis. Wir vergessen die Tatsache, dass wir Zeugen einer unerhörten Bewegung in einem unfassbaren Raum sind, dass wir selbst in diesem Moment wie frei im Raum stehen, auf einem rotierenden Ball im Nichts. Wir vergessen, dass weder Erde noch Sonne der Mittelpunkt des Universums sind. Unsere reale Grunderfahrung ist immer noch, dass unser eigenes Ich der Mittelpunkt aller Existenz ist. Natürlich teilen wir diese Vorstellung mit jedem der Milliarden anderen Menschen auf diesem Planeten. Aber auch dieses Wissen hält uns nicht davon ab, unsere eigene Rolle als zentral zu empfinden. Alles, was wir sehen, existiert nur in Bezug auf uns. Die Welt ist eine Bühne, auf der wir die Hauptrolle haben, alle anderen Menschen spielen uns zu oder lockern als Statisten den Hintergrund auf.

Ein typischer Moment, der diese Haltung entlarvt, ist eine Nachrichtensendung, in der über eine Katastrophe berichtet wird: In Deutschland wird der Sprecher immer sagen, wie viele der Opfer Deutsche waren. Dieses Detail sorgt dafür, dass die Nachricht einen ganz anderen, persönlicheren Effekt auf den deutschen Zuschauer hat – ungeachtet der Tatsache, dass er alle Opfer gleich wenig kannte, die deutschen genauso wenig wie die französischen oder chinesischen. In dem Moment aber, in dem ein Opfer deutsch ist, entsteht der Bezug zu dem Universum, als dessen Zentrum der Zuschauer sich empfindet. Man kann das egozentrisch oder narzisstisch nennen, aber damit würde man eine moralische Bewertung treffen, die gar nicht nötig ist. Jenseits aller Wertungen zeigen die nackten Tatsachen, dass im Leben jedes Zentrum relativ ist. Rational lässt sich das ohne weiteres begreifen. Aber deswegen die eigene Perspektive zu ändern, ist nicht ganz so einfach.

Wir denken fragmentiert und zentralistisch, und deshalb können wir uns eine Existenz, in der es kein absolutes Zentrum gibt, einfach nicht vorstellen. Vielleicht wollen wir das auch nicht, denn diese Überlegung bringt ja noch eine ganz andere Frage mit sich: Was macht ein Leben, in dem es kein Zentrum gibt, mit unserem Selbstverständnis als Individuen? Vieles spricht dafür, dass wir auch deswegen an zentralistischem Denken festhalten, weil wir nicht wissen, wo wir sonst Halt finden können. Es ist der Moment, den Douglas Adams in seinem Roman *Das Restaurant am Ende des Universums* beschreibt: Die furchtbarste Strafe, die es dort geben kann, ist der »Durchblicksstrudel«: »Wenn man in den Strudel gesteckt wird, erhält man schlicht und einfach einen flüchtigen Einblick in die ganze unvorstellbare Unendlichkeit der Schöpfung, und irgendwo darin sieht man einen winzig kleinen Pfeil, der auf einen mikroskopisch kleinen Punkt gerichtet ist, und darauf steht: ›Da bist du.‹«[15]

Eine der wichtigsten Eigenschaften Giordano Brunos war die Tatsache, dass ihm der »Durchblicksstrudel« keine Angst machte. Er konnte in einem Universum ohne Mittelpunkte und äußere Grenzen leben, weil er sie nicht brauchte, um sich sicher zu fühlen. Statt eines fixen Zentrums hatte er einen umfassenden Kontext. Deshalb schreckte er nicht vor den Implikationen zurück, die er in Kopernikus' Entdeckung sah. Außerdem besaß er ein tiefes Misstrauen gegenüber der Aussagekraft mathematischer Berechnungen und astronomischer Modelle wie auch generell gegenüber den Naturwissenschaften. Er zweifelte nicht an der Notwendigkeit von Berechnungen und Modellen, aber er glaubte nicht, dass ihre Urheber immer in der Lage waren, die Bedeutung ihrer eigenen Theorien oder Entdeckungen zu begreifen. Genau das war sein Vorwurf: »Er war der Meinung, dass Kopernikus mathematische Konzepte mit materieller Realität verwechselte.«[16] Ihre Bedeutung zu verstehen, das war die Aufgabe des Philosophen, nicht des Wissenschaftlers. Genau das ist der Punkt, an dem das normale Denken heute noch immer scheitert: Es sieht Forschungsergebnisse noch immer ohne den Kontext zum eigenen Leben. Deshalb geht die Sonne für uns immer noch »unter«.

Bruno hat in seiner Philosophie genau das getan, was Brian Swimme fordert: Er hat das neue Weltbild, das Kopernikus vorgestellt hat, nicht im Bereich abstrakter Theorien belassen, sondern als Realität des täglichen Lebens akzeptiert. Swimme plädiert für die Entwicklung eines Bewusstseins, das unser Wissen über den Kosmos nicht nur theoretisch einbezieht, sondern es so integriert, dass dabei eine neue, realistischere Perspektive entsteht. »Es reicht nicht, einfach immer weitere Fakten und neues Wissen über das Universum zu erwerben. Etwas viel tieferes und schwierigeres ist nötig (…). Die Wissenschaft erschließt Wahrheiten, die nicht Teil unseres genetischen Erbes sind, deshalb erscheinen sie oft seltsam und unnatürlich. Aber so lange diese Wahrheiten als Abstraktionen außen vor gelassen werden, führen wir notwendig ein zwiespältiges Dasein. Hier ist ein Wandlungsprozess nötig, in dem man lernt, die Welt in einer Weise zu sehen und zu spüren, die mit dem übereinstimmt, was wirklich passiert. Ein solcher Wandel würde es möglich machen, die zwiespältige moderne Verfasstheit zu transzendieren, bei der man die Welt auf eine bestimmte Weise erlebt und gleichzeitig weiß, dass die Wahrheit über die Welt eine andere ist.«[17]

Selbst wenn man keinerlei Interesse an Astronomie und Kosmologie hat, kann es nicht schaden, sich klarzumachen, dass unsere direkte Erfahrung der Welt eine Sinnestäuschung ist. Wenn man sich nur auf das verlässt, was man unmittelbar optisch wahrnimmt, lebt man in einem Weltbild, das dem der Steinzeit entspricht. Wie Bruno können wir aber unser Wissen über den Kosmos nutzen, um das Leben tatsächlich anders zu erfahren. »Die unzureichende Sinneswahrnehmung widerlegt die Unendlichkeit nicht«[18], schrieb Bruno. Diese Perspektive hat den angenehmen Nebeneffekt, dass sie sehr befreiend wirken kann:

Es ist ziemlich anstrengend, immer das Zentrum der Welt zu sein. Man könnte sagen, dass Brunos Sichtweise nicht egozentrisch, sondern kosmozentrisch war.

Wie man einen kosmischen Wal reitet

Giordano Brunos Leben nahm ein gewaltsames Ende. Im Jahr 1600 wurde er auf dem Platz Campo de' Fiori in Rom durch die Inquisition hingerichtet – er wurde verbrannt. Die katholische Kirche hatte gemerkt, dass Brunos Denkart nicht zu dem Welt- und Gottesbild passte, das sie selbst vermitteln wollte, außerdem hatte Bruno sich abfällig über ihre Lehren geäußert. Auf dem Weg zum Scheiterhaufen soll man Bruno die Zunge festgebunden haben, damit er nicht zum Volk sprechen konnte. »Er war ein ungemein halsstarriger Ketzer, der aus seiner eigenen Eingebung verschiedene Dogmen gegen unseren Glauben fabrizierte«, hieß es zwei Tage später in der römischen Flugschrift *Avvisi di Roma*. »Der Elende war so hartnäckig, dass er gewillt war, dafür zu sterben.« Tatsächlich hatte man Bruno Gelegenheit gegeben, seine Lehren zu widerrufen. Nach fast acht Jahren Haft unter schrecklichen Bedingungen war er körperlich gebrochen. Dennoch hielt er an seinen Aussagen fest. Er hatte wohl geahnt, dass es früher oder später so kommen musste. In einem früheren Gedicht verglich er sich mit Ikarus:

»Wehe, wehe! Die Buße folgt auf allzu kühnes Wagen / Den Sturz nicht fürcht' ich, ruf' ich, aus der Höhe / Auf, durch's Gewölb empor! Und stirb zufrieden / Ward dir ein ruhmreich edler Tod beschieden!« [19]

Sein ganzes Leben lang hatte Bruno über den Kosmos selbst und die Bedeutung wissenschaftlicher Erkenntnisse über den Kosmos nachgedacht. Seine Vorstellung des Weltraums, in dem es unendlich viele andere Welten geben konnte, war für die katholische Kirche Ketzerei. Sie war eine durch und durch zentralistisch denkende Institution, und alles, was sie lehrte, entsprach dieser Perspektive: Die zentrale Rolle der Erde in der Schöpfungsgeschichte, die besondere Rolle des Menschen, die Allmacht eines einzigen Gottes, der im Jenseits existierte. Schon als Mönch hatte Bruno Schwierigkeiten mit diesen Lehren gehabt, später, als wandernder Philosoph, warf er sie genauso entschieden ab wie seinen Dominikanerhabit. Dass Bruno den katholischen Glauben ablehnte, folgte für ihn zwangsläufig aus der Art und Weise, wie er das Universum verstand: Wenn unsere Erde, wie er meinte, nur eine von unendlich vielen anderen Welten war, wäre die gesamte christliche Geschichte von Schöpfung, Vertreibung aus dem Paradies und Erlösung, wenn es sie überhaupt gab, nur eine von unzähligen Geschichten im Universum. Einen personalisierten Gott als Wesen außerhalb der Schöpfung, einen »unbewegten Beweger«, wie Aristoteles ihn genannt hatte, konnte es nicht geben. Zwischen Pflanzen, Tieren und Menschen gab es nur einen graduellen, keinen qualitativen Unterschied. Auch den Heiligen und sogar Jesus Christus sprach Bruno ihre besonderen Rollen ab.

Während andere, wie Johannes Kepler, sorgfältig zwischen einem unendlichen Gott und seiner endlichen Schöpfung unterschieden, gab es für Bruno nur den unendlichen Weltraum. Es konnte also keinen Sohn Gottes geben, der vom Himmel auf die Erde gesandt wurde, denn es gab kein jenseitiges Himmelreich. Einen Wesensunterschied zwischen Gott und der Welt gab es nicht. Schopenhauer hat diese Haltung als ›höflichen Atheismus‹ bezeichnet. Aber Bruno war weder besonders höflich – oft spottete er in beißender Satire über die Dummheit seiner Mitmenschen und der Kirche –, noch war er Atheist. Wenn er in den letzten Jahren seines Lebens dafür plädierte, die Metaphysik ganz abzuschaffen, trat er nicht für ein rein materielles oder mechanistisches Universum ein. Der Dualismus von Materie und Geist, Instinkt und Vernunft, existierte für Bruno einfach nicht. Gott war für ihn das, was man später als die Naturgesetze bezeichnen würde: Gott »ist nicht der Gegenstand eines numerischen Gesetzes, eines Gesetzes einer Messung oder einer Ordnung. Er selbst ist Gesetz, Zahl, Maß, Grenze ohne Schranke, Ende ohne Ende, Handlung ohne Form«[20], erklärte er in seiner Schrift *Über das Unermessliche und Unzählbare*. Sein Universum kam also ohne ein übernatürliches Wesen aus.

In gewisser Weise griff Bruno damit bereits Nietzsche vor, der Jahrhunderte später den Tod Gottes verkünden würde. Zwar glaubte Bruno an ein göttliches Prinzip, das sich in allem, Geist wie Materie, zeigte. Aber von der Vorstellung eines externen Gottes hatte er sich gründlich verabschiedet, er war zutiefst antireligiös. Und wie Nietzsche begriff Bruno, dass das Ende des externen Gottes eine neue Verantwortung für den Menschen bedeuten musste. Wenn man alle Möglichkeit auf Hilfe von außen, durch eine externe Macht, aufgibt, kann man die Welt nicht sich selbst überlassen. Bruno sah »das Gute« als eine göttliche Qualität, die das Universum durchdrang, die aber nicht in den Gang der Welt eingreifen würde. Wenn der Mensch das Gute in der Welt sehen wollte, musste er selbst tätig werden.

Hier wird eine tiefere Ebene von Brunos kontextualisiertem Denken deutlich: Ein Weltraum, in dem jedes Haar und jeder Käfer genauso wichtig waren wie Menschen und Planeten, bedeutete gewissermaßen eine ethische Norm: die Akzeptanz aller anderen Komponenten des Universums und eine Achtung davor. In seinem Werk *Die Vertreibung der triumphierenden Bestie* beschrieb Bruno ein gesellschaftliches Ideal, in dem das Wohl des Einzelnen genauso ernst genommen wird wie das Gemeinwohl. Wenn der Einzelne nicht bloß mehr das Zentrum seines eigenen, persönlichen Universums war, sondern auch seinen Zusammenhang in jede Richtung begriff, auf der Mikro- wie auf der Makroebene, musste klar sein, dass kein Mensch abgetrennt von allem anderen leben konnte. Ein Leben, das nur dem eigenen Interesse folgte, war damit nicht »falsch« im moralischen Sinne, sondern einfach unrealistisch. Nur fragmentiertes Denken kann die Idee des Individuums, das völlig kontextlos existiert, ernst nehmen.

Und nur fragmentiertes Denken kann auch heute, im 21. Jahrhundert, noch ernsthaft auf »Rettung von außen« hoffen.

In gewisser Weise sind wir in dieser Hinsicht noch ziemlich primitiv und Brunos gläubigen Zeitgenossen nicht unähnlich, auch wenn wir natürlich meinen, dass wir unendlich viel fortschrittlicher sind. Die Hoffnung auf Rettung von außen aufzugeben ist kein kleiner Schritt, und wenn wir ehrlich sind, halten wir noch ziemlich hartnäckig daran fest. Selbst wenn man heutzutage nicht auf einen irgendwo außerhalb des Weltalls sitzenden Gott hofft, der die Dinge lenkt, gibt es für die meisten von uns immer eine Macht im Außen, von der man meint, dass sie die Dinge schon irgendwie regeln wird – die Wissenschaft, zum Beispiel. Darin steckt natürlich eine gewisse Ironie: Der rationale Mensch rühmt sich damit, dass er nicht auf die tröstende Sicherheit angewiesen ist, die religiöse Menschen suchen. Letztlich aber könnte man sagen, dass der Glaube daran, dass Forscher alle Probleme lösen werden, ebenfalls zutiefst irrational ist.

Wenn Sie den Kosmos einmal nicht nur als theoretische Vorstellung, sondern als praktische Realität erleben wollen, probieren Sie einmal dieses Gedankenexperiment aus, das der Kosmologe Brian Swimme entwickelt hat: Prägen Sie sich dafür grob ein Modell des Sonnensystems ein und gehen Sie dann an einem Abend aus dem Haus, es sollte eine halbe Stunde vor Sonnenuntergang sein. Konzentrieren Sie sich auf den Planeten Venus, der zu diesem Zeitpunkt tief am Horizont stehen sollte (Venus ist oft der strahlendste Stern am Firmament und deshalb leicht zu erkennen). Während Sie Venus anschauen, halten Sie vor Ihrem inneren Auge auch das Modell des Sonnensystems fest. Machen Sie sich mit Hilfe des Modells klar, mit was für Entfernungen Sie es zu tun haben: Venus steht der Sonne mit 108 200 000 Kilometern Entfernung am nächsten, dann kommt die Erde, sie ist 149 600 000 Kilometer von der Sonne entfernt. Jupiter schließlich ist 778 500 000 Kilometer von ihr weg. »Einfach nur, indem Sie sich auf Ihr Erleben konzentrieren und es durch das theoretische

Modell des Sonnensystems betrachten, passiert etwas Wunderbares: Sie fühlen auf eine erfahrbare, vorstellbare und unmittelbare Weise, wie sich die Erde langsam von der Sonne wegdreht. Sie bekommen ein Gefühl für die Bahn, auf der sich die Planeten bewegen, und fangen sogar an, die riesige Entfernung zu Venus zu begreifen. Sie werden auch, vielleicht zum ersten Mal in Ihrem Leben, die enorme Größe der Erde erleben, während sie von der Sonne wegrollt. Möglicherweise durchläuft Sie ein überraschtes Schaudern, und Sie erkennen, dass Sie auf dem Rücken einer Art kosmischen Wals stehen, dessen große Masse sich langsam über die Oberfläche eines unsichtbaren Ozeans wälzt.«[21]

Epilog

Wir haben uns jetzt also mit dem Denken zehn genialer Köpfe beschäftigt. Dabei haben wir uns darum bemüht, für jeden dieser Menschen eine ihm eigene, besondere mentale Strategie herauszuarbeiten: Das, was das Denken genau dieser Figur einmalig gemacht hat. Einige Schätze haben wir dabei heben können, zum Beispiel das *paradoxe,* das *organische Denken* oder das *entlarvende Denken.*

Jede einzelne dieser Entdeckungsreisen in die intellektuellen Gefilde unserer Protagonisten hat uns eine ganz eigene Welt gezeigt. Trotzdem taucht jetzt, am Ende dieses Buchs, noch eine wichtige Frage auf: Wie sehr unterscheiden sich diese Denkarten eigentlich *wirklich* voneinander? Reden wir hier tatsächlich von zehn völlig einzigartigen Denkweisen – oder besteht vielleicht zwischen allen eine Art Verbindung? Könnte es vielleicht sein, dass es eine gemeinsame Grundlage gibt?

Und wo wir schon dabei sind, könnten wir gleich noch eine mutigere Frage stellen: Kann man vielleicht sogar von einer einzigen fundamentalen Denkstruktur sprechen, die Durchbrüche in Wissenschaft und Philosophie ermöglicht? Wenn das stimmt, wären die Unterschiede, die wir gefunden haben, nichts weiter als Nuancen, quasi besondere Zutaten für das gleiche Rezept. Es gäbe dann keinen grundsätzlichen, klaren Unterschied zwischen dem Verstand des einen Genies und dem des anderen.

Die Antwort auf beide Fragen, sogar auf die zweite, wildere Vermutung, ist für uns am Ende dieses Buchs ein klares Ja.

Je genauer wir uns die mentalen Prozesse unserer Protagonisten angesehen haben, desto schwieriger war es für uns, klare Schranken zwischen ihnen zu ziehen. Sie schienen ständig ineinanderzulaufen, sich auf eine Weise vermischen zu wollen, die uns oft verblüfft hat. Manchmal mussten wir fast künstliche Grenzen zwischen diesen Verstandesterritorien schaffen, mussten uns oft zurückhalten, um nicht ständig Verweise auf die anderen Kapitel einzubauen (»Wie man im Einstein-Kapitel sehen konnte, zeigt auch McClintock hier ...« – oder ähnlich). Ja, mancher Leser hat genau das vielleicht schon die ganze Zeit vermutet: Nietzsche und Darwin, Bruno und Einstein, McClintock und Sokrates sind nur so lange ganz klar voneinander zu trennen, wie man ihre individuellen Biographien und Entdeckungen von außen betrachtet. Aber wenn man hineinzoomt und sich ihr Denken von innen ansieht, wenn man also wirklich in ihre mentale Welt einsteigt, so merkt man bald, dass man kaum mehr sagen kann, wer eigentlich wer ist.

Lassen Sie uns, um diesen Punkt deutlich zu machen, ein kleines Experiment machen. Nach dem Lesen dieses Buchs dürften Sie von jedem Protagonisten einen recht klaren Eindruck bekommen haben. Versuchen Sie, die folgenden Aussagen einem der Protagonisten zuzuordnen:

»*Sie sind ein gescheiter Junge/ein gescheites Mädchen. Aber Sie haben einen großen Fehler: Sie lassen sich nichts sagen!*«

»*Die besondere Rolle der Beobachtung liefert den Schlüssel zu seinem/ihrem Verständnis (...). Er/Sie selbst kann nicht genau angeben, woher er/sie ›weiß‹, was er/sie weiß.*«

»*Er/Sie beeindruckte seine/ihre Schulkameraden dadurch, wie er/sie sich aufführte: Während diese in den Schulpausen und beim Essen schwatzten und tratschten, lief er/sie, die Hände auf dem*

Rücken verschränkt (...) in einsame Gedanken vertieft, über den Schulhof.«

[Die richtige Zuordnung steht am Ende dieses Kapitels.]

Sie sehen: Diese drei Aussagen könnten fast für jedes Genie auf unserer Liste gelten. Und das sind nur wenige Beispiele, wir könnten noch viele weitere anführen. Auch wenn diese Entdeckung uns ein bisschen in Verlegenheit bringt, hat sie sich bei näherem Hinsehen als Gewinn herausgestellt. Denn wir können jetzt mit Sicherheit einige Konstanten und Eigenschaften benennen, die sich bei allen unseren Denkern gleichen. Man kann sich das wie einen Bauplan vorstellen, ein mentales Design, das Entdeckungen in Philosophie und Wissenschaft begünstigt. Wir wollen hier, zum Ende des Buchs, auf diese gemeinsamen Eigenschaften eingehen, die für geniale Denker charakteristisch sind. Jedes Merkmal, das wir im Folgenden beschreiben, trifft auf mindestens sieben der zehn Protagonisten dieses Buches zu, und natürlich auch auf viele Denker, die es nicht auf unsere Liste geschafft haben.

Ein Außenseiter – und Beobachter

Das ist das wohl offensichtlichste Merkmal bei jeder unserer Figuren: eine stark ausgeprägte Individualität. Damit ist nicht einfach nur eine willensstarke und unabhängig denkende Person gemeint. Es waren Menschen, die sich seit ihrer Kindheit vom Denken der Massen distanziert haben, sogar von den Gedanken ihrer Freunde und geistig Gleichgesinnten. Sie waren im wahrsten Sinne des Wortes einsame Wölfe und hatten nie das Gefühl, dass sie einer bestimmten Struktur oder einem festen Rahmen angehörten. Sie dachten allein und verließen sich nie auf Teamwork oder Gruppenmeinungen. Vor allen geistigen Räumen, die bereits stark besetzt waren, scheuten sie zurück, sie wollten ungestörte, weltferne Beobachter bleiben. Schon in ihrer Kindheit waren sie oft allein, dachten intensiv nach und hatten wenig Interesse an Gesellschaft. Oft bezeichnete man sie deswegen als emotionslos oder unmenschlich.

Das Gefühl, dass sie nirgends dazugehörten, zeigte sich oft darin, dass sie sich nicht sonderlich mit ihrer Herkunft, mit ihrer Religion oder Nationalität identifizierten. Die meisten unserer Protagonisten sahen sich keiner spezifischen Gruppe zugehörig, sie empfanden sich eher als Weltbürger.

Sie waren Rebellen, fühlten sich Konventionen und Autoritäten nicht besonders verpflichtet. Die einzige Verpflichtung, die sie annahmen, lag im radikal freien Denken. Das war ihr höchster Wert. Sie meinten außerdem, alles auf ihre eigene Weise machen zu müssen, zum Beispiel, indem sie immer ihren eigenen kreativen Lösungsweg gehen wollten. Unerträglich fanden sie es nur, wenn man sie in ihrem Denken einschränken wollte. Anderen erschienen sie oft prätentiös und waghalsig. Diese Eigenschaften machten es ihnen natürlich möglich, an einem Forschungsziel auch dann festzuhalten, wenn andere ihre Chancen auf Erfolg niedrig bewerteten – sie waren druckresistent.

Man könnte sie aufgrund dieses Merkmals, dieser extrem ausgeprägten Individualität, als »ewige Beobachter« bezeichnen. Sie nahmen geistig scheinbar nicht ganz teil an der Welt und den alltäglichen Erfahrungen ihrer Mitmenschen, sie blieben »draußen«. So gesehen waren sie in vieler Hinsicht wie Fremde, blieben es sogar für Menschen, die ihnen nahestanden. Diese Ferne ermöglichte ihnen den objektiven, umfassenden Blick, mit dem sie Muster erkennen konnten, die einem ganz und gar in der Welt involvierten Menschen entgehen.

Kein Festhalten am Bekannten – und intellektuelle Experimentierfreude

Unsere Protagonisten hatten ein zwiespältiges Verhältnis zu konventionellem, überliefertem Wissen in ihrem Fachgebiet. Sie waren einerseits außerordentlich gebildet und hatten große Mengen nützlicher Informationen abgespeichert. Andererseits hielten sie an etablierten Fakten nicht in einer Weise fest, die sie bei der eigenen Arbeit behindert hätte.

Rein mechanisches Lernen war ihnen ein Gräuel, oft rebellierten sie dagegen. Jeden Lernprozess, der ihr Denken in eine bestimmte, feste Form pressen sollte, lehnten sie ab. Sie machten sich das bereits vorhandene Wissen zu eigen, nutzten es aber nur als Plattform für ihr eigenes innovatives Denken, also nicht als Referenz- oder sicheren Haltepunkt.

Man kann sagen, dass sich unsere großen Denker den Wissenstraditionen in ihrem Fachbereich nicht verpflichtet gefühlt haben. Auch hier standen sie wieder außerhalb, etablierte Paradigmen waren für sie kein Muss. Das war ein weiterer Aspekt ihrer Ungebundenheit: Die Freiheit, sich von der Vergangenheit losmachen zu können, wenn es sein musste. Sie konnten so Annahmen verwerfen, bei denen andere nie auch nur auf die Idee gekommen wären, sie anzuzweifeln.

Sie waren mit den vorhandenen »Wahrheiten« unzufrieden und rebellierten nicht nur gegen Wissenstraditionen. Sie legten eine erstaunliche, manchmal schockierende Fähigkeit an den Tag, Annahmen und sogar Doktrinen für falsch zu erklären, die sie selbst aufgestellt hatten und für die sie von anderen bereits gepriesen worden waren. Sie fühlten sich der Wahrheit so sehr verpflichtet, dass sie ihre eigenen Forschungen einfach fallen lassen konnten, selbst wenn sie schon jahrelang daran gearbeitet hatten.

Da sie sich auf dem, was sie bereits wussten, nicht ausruhten, konnten sie selbst in höchst unsichere, unkartierte Bereiche des

Verstandes und des Lebens vordringen. Sie unternahmen gewagte Gedankenexperimente, bis sie an einen Punkt kamen, an dem sie den Boden unter den Füßen verloren und im freien Fall ins Ungewisse stürzten.

Sie wurden von Experimenten und Phantasie angetrieben. Damit flogen sie hoch, weit weg von dem sicheren Fundament, das allgemein anerkannte Annahmen und Erkenntnisse bietet. Oft stießen sie dabei intuitiv auf abwegige Prinzipien, die sie erst später, wenn sie wieder festen Boden unter den Füßen hatten, logisch und linear zu beweisen suchten. Sie waren in einem Top-down-Denken verankert, das also gewissermaßen von oben nach unten geht: Erst kommt die Vision, und später folgen Beobachtungen und Beweise.

Da sie sich nicht auf eine feste Weltsicht stützten, konnten sie die Dinge immer wieder mit einem frischen Blick ansehen. Was andere als selbstverständlich hinnahmen, betrachteten sie mit einem fast kindlichen Blick, mit Neugier und voller Staunen. So wurden sie auf Details aufmerksam – die andere zwar auch im Sichtfeld hatten, aber übersahen – und erkannten deren revolutionäres Potenzial. Dieser Blick ist es auch, der sie bis dahin unbekannte Muster sehen ließ, die das gewöhnliche Denken automatisch ausblendete oder nicht sehen wollte, weil sie nicht zum etablierten Wissen passten.

Schnelles und transverbales Denken

Hier kommt zum bereits beschriebenen Außenseiter-Denken ein weiterer Aspekt hinzu: Unsere Protaginisten standen mit ihrer Denkart nicht nur außerhalb sozialer Strukturen und konventionellen Wissens, sondern auch außerhalb der Sprache im gewohnten Sinne. Unsere Genies scheinen oft nicht in Worten gedacht zu haben, wenn sie zu ihren Erkenntnissen kamen. Sie berichteten davon, dass sie erst die Erkenntnis hatten und sie dann in normaler Sprache formuliert haben. Dem verbalen Denken ging meistens eine andere geistige Aktivität visionärer oder sinnlicher Art voraus. Man könnte sagen, dass sie zunächst einen anderen Teil oder eine andere Fähigkeit ihres Verstandes genutzt haben, um sich dem Objekt ihrer Untersuchung zu nähern. Man kann außerdem sagen, dass diese Art der Wahrnehmung mit stufenweisen, linearen Überlegungen, wie wir sie normalerweise anstellen, wenig zu tun hat.

Ein Großteil dieser Denker ging sogar so weit, diese Prozesse als etwas »Unbewusstes« zu bezeichnen, als fänden sie in ihnen selbst unbekannten Verstandesgebieten statt und würden dann plötzlich als Erkenntnisse auftauchen. Auch bei diesen unbewussten Prozessen entwickelte sich eine Überlegung schrittweise und allmählich, aber das Ergebnis, das bewusst wahrgenommen wurde, kam nicht als einfache intellektuelle Erkenntnis, sondern wie ein plötzlicher Rausch, der körperlich, emotional und geistig zu spüren war. Dann folgt das verbale Denken, das die Einsicht einordnete und gewissermaßen erdete.

Diese Art des Denkens führt dazu, dass andere solche Menschen als extreme Schnelldenker wahrnehmen. Es kann schwierig sein, mit ihnen Schritt zu halten, weil sie Probleme und Lösungen ganz unmittelbar zu sehen scheinen und sofort in das Herz einer Sache vorstoßen.

Ein unpersönliches, verallgemeinerndes und vereinheitlichendes Denken

Große Denker beschäftigten sich kaum mit den Kleinigkeiten des Alltags. Der Titel von Hannah Arendts Buch *Vom Leben des Geistes* ist sehr bezeichnend: Sie fand es viel faszinierender, in ihrem Geist herumzustochern, als ihr reales, physikalisches Dasein zu betrachten. Ihr Leben fand im Geiste statt, für sie war das ein Ort der Fülle.

Sie orientieren sich nach den größten, unpersönlichen und individuellen Fragen des Lebens. Ein großer Denker, Siddhartha Gautama, im allgemeinen Sprachgebrauch als Buddha bekannt, ist dafür ein gutes Beispiel. Er fragte sich vor 2600 Jahren nicht einfach nur: »Wie kann ich glücklich werden?«, sondern ging gleich zu einer größeren Frage über: »Was ist der Ursprung menschlichen Leidens?« So wird bei großen Denkern jede Frage generalisiert, bis sie die ganze Menschheit einschließt oder sogar alles, was überhaupt existiert. Das war für diesen Denker völlig natürlich und mühelos, sie sahen das Leben nie als rein persönliches Ereignis, sondern interessierten sich für das Leben an sich.

Anders als viele andere Wissenschaftler und Entdecker waren sie nicht einfach nur Spezialisten. Sie vergruben sich also nicht bloß in einem bestimmten Forschungsgebiet. Ihr Ziel war es, das Leben wie aus der Vogelperspektive zu betrachten, einen Gesamtüberblick zu bekommen. Man könnte von einem höher entwickelten Denken sprechen. Der Kontext ihrer Überlegungen war damit ein ganz anderer als bei einem Menschen, der vor allem über sein eigenes Leben sinniert.

Sie grübelten über universelle Fragen, die das Denken der meisten Menschen kaum beschäftigen – Fragen nach den Gesetzen und grundlegenden Prinzipien des Universums. Sie wollten allgemeingültige Muster identifizieren, nicht nur Fragmente. Das verbindet etwa einen Sigmund Freud, der die menschliche Psyche in ihrer Ganzheit verstehen wollte, mit einem Albert Einstein, der versucht hat, eine Weltformel zu finden. Es ging immer um ein *Gesamtbild*.

Sie hatten einen überaus starken inneren Drang, Dinge zusammenzuführen, bis nicht nur ein einzelnes Element verstanden war, sondern das gesamte System. Zwei große Denker, die es nicht auf unsere Liste geschafft haben, der Physiker Stephen Hawking und der Philosoph Ken Wilber, haben das, jeder für seinen eigenen Bereich, als »Theorie von allem« bezeichnet – ein System, das alles erklärt.

Grenzenlose Begeisterung

Im Leben unserer großen Denker gab es nur einen Meister, dem sie wirklich gehorcht haben: ihrer eigenen Leidenschaft für eine Sache. Hier waren sie wirklich engagiert, hier machten sie unermüdlich weiter, ihr eigentliches Leben lief quasi nebenher, wie unbeachtet. Sie konnten gar nicht anders, als sich mit ihrem Thema zu beschäftigen, sie hätten damit auch weitergemacht, wenn sie daran nichts verdient hätten. Einige von ihnen, darunter McClintock und Nietzsche, gerieten in ihrem Leben tatsächlich immer wieder in finanzielle Bedrängnis, auch Sokrates beschränkte sich auf einen sehr kargen Lebensstil (er war bekannt dafür, dass er ohne Schuhe herumlief). Wie Marie Curie es beschrieben hat, sind diese Menschen so mit ihren Fragen beschäftigt, dass sie wie in einem Traumzustand leben, der alles andere ausblendet. Sie lieben einfach das, was sie tun, sie leben und atmen dafür.

Von der Schlüsselfrage, die sie umtrieb, konnten sie nicht ablassen. Manchmal scheint es fast, als hätte die Frage ein Eigenleben gehabt, als sei *sie* diejenige gewesen, die ihre Denker nicht losließ. Das konnte jahrelang so weitergehen, über Jahrzehnte sogar, vierundzwanzig Stunden am Tag, sogar wenn am Ende nichts dabei herauskam – wie man an Einsteins Beispiel sehen kann, der seinen größten Ehrgeiz nicht erfüllen konnte, weil er es nicht schaffte, seine einheitliche Feldtheorie aufzustellen. Nur der Tod kann einen solchen Menschen von seiner Lebensfrage trennen.

Ihre Leidenschaft sorgte dafür, dass sie ein unglaubliches Durchhaltevermögen hatten. Sie verblüfften ihre Umgebung damit, dass sie selbst unter schlimmsten Bedingungen, todkrank, aufgewühlt oder gar im Krieg, unerbittlich weitergrübelten. Sie überwanden jedes Hindernis, das sich durch äußere Umstände ergab, wenn sie eine mentale Aufgabe bewältigen wollten, blieben dabei geistig immer hellwach, wie ein Windlicht im Sturm. Todessehnsucht bekamen sie erst dann, wenn sie geistig ermüdeten. Egal, ob Freud oder Nietzsche: Quelle ihrer erstaunlichen Selbstdisziplin war ihr brennender Verständniswunsch.

Das trifft übrigens auch auf ihre Gefühlswelt zu, die sie oft als »bloß persönliche Angelegenheit« abtaten. Egal, wie sehr sie emotional leiden mochten, ihr intellektuelles Leben schränkte das nicht ein. Der suchende Intellekt gab den Ton an, nicht Gefühle, diese schoben sie oft einfach beiseite, um besser nachdenken zu können.

Eine intime Beziehung zur Natur und zum Universum

Die Psychoanalytikerin Phyllis Greenacre, die sich lange mit dem Phänomen künstlerischer Kreativität beschäftigt hat, konnte Folgendes feststellen: Extrem hochbegabte Personen werden in der Kindheit häufig von besonders intensiven Gefühlen, Vorstellungen oder Erinnerungen überwältigt, sie haben eine Art von »Liebesaffäre mit der Welt«. Ihre besondere Sensibilität führt dazu, dass sie mit der Natur eine Verbindung eingehen, die wie eine Beziehung zu anderen Menschen ist – oder diese sogar ersetzt. Das passt zu unseren Beobachtungen: Wir haben sehr deutlich sehen können, dass unsere Protagonisten eine sehr intensive, geradezu intime Beziehung zur Natur, ja dem Universum an sich hatten, die viel stärker war, als ihre Beziehungen zu anderen Menschen.

Bei sechs unserer zehn Figuren tauchten außerdem sehr deutlich mystische Beschreibungen auf, die mit dem Erkenntnisprozess einhergingen, ihn vielleicht sogar einleiteten. Alle sechs sahen das Leben als einheitliches Phänomen, als etwas Ganzes, und sie hatten das Gefühl, dass ihre Antworten aus dieser Ganzheit kamen. Es war jedoch immer eine sehr individuelle Erfahrung, die nichts mit vorhandenen mystischen oder religiösen Strukturen zu tun hatte. Einstein nannte es sehr treffend ein »kosmisch-religiöses Gefühl«.

Ein letzter eigentümlicher Aspekt ist, dass sechs der zehn Figuren eindeutig das Gefühl hatten, eine regelrechte Mission im Leben zu haben, dass ihre Arbeit also einen bestimmten größeren Sinn hatte. Erstaunlicherweise gab es einen bestimmten Punkt in ihrem Leben, an dem sie erklärten, dass sie ihre Aufgabe erfüllt hatten. Dieses Gefühl scheint sie unermüdlich angetrieben zu haben, als hätten sie erst dann in Ruhe sterben können, nachdem sie ihre Aufgabe erfüllt hatten.

»Genial« Denken im Alltag

Hier kommt die Frage, mit der wir angefangen haben, zurück ins Spiel: Können wir von den Denkarten dieser Genies lernen, oder sind sie zu einzigartig? Sind es Phänomene, die sich nicht kopieren lassen, die man nur bewundern kann?

Wir haben ja am Anfang bereits verraten, dass wir auf diese Frage eine positive Antwort geben, wobei zwei wichtige Einschränkungen nicht unerwähnt bleiben sollen: Erstens waren diese Menschen extreme Beispiele für eine Leidenschaft und einen inneren Antrieb, die wir nicht einfach übernehmen können, vielleicht auch gar nicht übernehmen wollen. Zweitens gehört zu diesen Denkern als entscheidender Charakterzug eine totale geistige Freiheit und Autonomie. Ein solcher Freigeist lässt sich nicht einschränken, er geht immer weiter auf seinem Weg. Auch diese Eigenschaft lässt sich nicht einfach kopieren.

Trotzdem wollen wir unsere eingangs getroffene Behauptung noch einmal stärker betonen. Wenn klar wird, dass wir hier eigentlich nicht von spezifischen und besonderen Denkapparaten reden, sondern vielmehr von einer allgemeinen *Denkweise*, die sich bei unseren Genies in verschiedenen Nuancen ausgeprägt hat – dann kann man diese Art des Denkens als ein Entwicklungspotenzial sehen. Vielleicht kann sich unser aller Denken, ja unser Gehirn, dahin entwickeln. Vielleicht sind große Denker Vorboten dieser Entwicklung – Leonard Shlain, Leonardo da Vincis neurologisch interessierter Biograph, war überzeugt davon.

Mag sein, dass das eine ziemlich steile These ist. Aber können wir von Genies nicht mindestens lernen, dass man den Mut haben sollte, Gedankenexperimente anzustellen oder seinen wildesten Phantasien freien Lauf zu lassen? Wenn man selbst zunächst versucht, sein Denken absichtlich den oben genannten Punkten anzupassen, dann gewöhnt sich der Verstand vielleicht daran, macht sich diese Eigenschaft ganz natürlich zu eigen. Man legt quasi neue Pfade in seinem Verstand und Gehirn an. Das ist gar nicht unrealistisch, denn mittlerweile ist es eine bekannte Tatsache, dass das menschliche Gehirn plastisch ist und sich seiner Benutzung entsprechend anpasst.

Sie könnten sich zum Beispiel angewöhnen, immer mal wieder eine distanzierte Beobachterhaltung einzunehmen, sich einer vorschnellen Wertung zu enthalten, die Dinge also wie ein Außenseiter zu betrachten. Sie können anfangen, alltägliche Dinge anzuschauen, als hätten Sie sie nicht schon hundertmal gesehen – wie Hannah Arendt, die einmal voller Staunen ein Gedicht über ihre eigene Hand geschrieben hat. Trauen Sie sich, jede feste Denkgewohnheit und Überzeugung, die Sie haben, immer mal wieder vorübergehend infrage zu stellen, wie Leonardo da Vinci die anderen möglichen Perspektiven einzunehmen. Ein hervorragendes mentales Training ist es auch, hin und wieder über universelle Fragestellungen nachzudenken, also über den Horizont des eigenen Lebens hinauszublicken. Man überlässt diesen Blick gern den Philosophen, weil sie im täglichen Leben mit Ärgernissen im Beruf oder quengelnden Kindern keine Rolle zu spielen scheinen, aber das ist ein Irrtum: Wenn man lernt, die eigene Perspektive größer aufzuziehen, macht das den Alltag sogar leichter, weil kleine Dinge keine überbordende Bedeutung bekommen und der Kontext klarer wird, in dem das eigene Leben steht. Man hat, im wahrsten Sinne, mehr Weitblick. Sie können auch eine der großen Fragen des Lebens, auf die niemand eine endgültige Antwort weiß, einfach einmal über längere Zeit mit sich herumtragen. Ganz sicher können Sie sich außerdem antrainieren, mehr Gedankenexperimente zu wagen, Ihre Phantasie viel mehr zu nutzen, um »herumzuspinnen«. Gelegentlich sollten Sie bekannte und scheinbar gesicherte Fakten ignorieren, um Fragen einmal ganz neu angehen zu können. Vielleicht entwickeln Sie sogar eine eigene »Liebesaffäre mit der Welt«, mit der Natur oder gar dem ganzen Kosmos, wenn Sie sich wie Einstein Zeit nehmen, um sich richtig in das Nachsinnen darüber zu versenken.

Am wichtigsten ist aber, dass Sie sich all diese Dinge selbst zutrauen, dass Sie sich durch nichts von dem Wissen abbringen lassen, dass ein neues Denken möglich ist. Denn eins sollte man sich ganz sicher von Genies abgucken: das Gefühl, dass die eigenen Gedanken sich völlig frei in jede Richtung bewegen können.

[Mit den Aussagen von S. 264/265 wurden folgende Personen beschrieben (in dieser Reihenfolge): Albert Einstein, Barbara McClintock, Hannah Arendt.]

Nachweise

Die deutsche Übersetzung von Zitaten aus fremdsprachiger Literatur stammt, wenn nicht anders angegeben, von Theresa Bäuerlein.

Albert Einstein. Denken ohne Worte – oder: Wie der blinde Käfer sehen lernte

1 Marian Diamond, On the brain of a scientist, in: Experimental Neurology 88 (1985).
2 Walter Isaacson, Einstein. His life and his universe, New York u.a. 2007, S. 548.
3 Boris G. Kuznecov, Einstein. Leben, Tod, Unsterblichkeit, Berlin 1977.
4 Jeremy Bernstein, Secrets of the Old One. Einstein, 1905, New York 2006, S. 157.
5 Jukka Maalampi, Die Weltlinie – Albert Einstein und die moderne Physik, Berlin u.a. 2008, S. 168.
6 Hans Roos/ Armin Hermann (Hrsg.), Max Planck. Vorträge, Reden, Erinnerungen. Berlin u.a. 2001, S. 69.
7 Henri Poincaré, Empfehlungsschreiben für Einstein, Nov. 1911, in: Carl Seelig, Albert Einstein. A Documentary Biography. London 1956, S. 135.
8 Isaacson 2007, S. 42.
9 Brian Greene, The fabric of the cosmos. Space, time, and the texture of reality, New York 2004, S. 74.
10 Ebd., S. 157.
11 Ebd., S. 586.
12 Rudolf Langthaler/ Kurt Appel (Hrsg): Dawkins' Gotteswahn. 15 kritische Antworten auf seine atheistische Mission, Wien u.a. 2010, S. 225.

13 Frank Steiner (Hrsg.): Albert Einstein. Genie, Visionär und Legende. Berlin u. a. 2005, S. 183.
14 Michele und Robert Root-Bernstein, Einstein on Creative Thinking, https://www.psychologytoday.com/blog/imagine/201 003/einstein-creative-thinking-music-and-the-intuitive-art-scientific-imagination (letzter Zugriff 31. 3. 2015).
15 Ebd.
16 Zitiert nach Franz Xaver Veit, Die Entdeckung des Atoms, in: Die Zeit, 4. Oktober 1985.
17 Albert Einstein, Das Gemeinsame am künstlerischen und wissenschaftlichen Erleben, in: Menschen. Zeitschrift neuer Kunst, Band 4 (1921), S. 19.
18 Jürgen Kriz/ Helmut E. Lück/ Horst Heidbrink, Wissenschafts- und Erkenntnistheorie. Eine Einführung für Psychologen und Humanwissenschaftler, Berlin u. a. 2013, S. 182.
19 Jacques Hadamard, An Essay on the Psychology of Invention in the Mathematical Field, Princeton 1945, S. 148.
20 Root-Bernstein.
21 Isaacson 2007, S. 389
22 Root-Bernstein.
23 Brian Swimme, The Hidden Heart of the Cosmos, Maryknoll NY 1999, S. 109.

Friedrich Nietzsche. Denken, das nicht bequem sein will – oder: Durch die stürmische See der Zweifel

1 Friedrich Nietzsche, Brief an Georg Brandes, 4. Januar 1889, http://www.nietzschesource.org/#eKGWB/BVN-1889,1243 (letzter Zugriff 24. 6. 2015).
2 Friedrich Nietzsche, Brief an Heinrich Köselitz, 14. August 1881, http://www.nietzschesource.org/#eKGWB/BVN-1881,136 (letzter Zugriff 24. 6. 2015).
3 Reginald J. Hollingdale, Nietzsche. The man and his philosophy, Cambridge 1999, S. 195.
4 Ebd., S. 243.
5 Friedrich Nietzsche, Ecce Homo. Warum ich ein Schicksal bin, http://www.nietzschesource.org/#eKGWB/EH-Schicksal-1 (letzter Zugriff 24. 6. 2015).
6 Friedrich Nietzsche, Unzeitgemäße Betrachtungen. Schopenhauer als

Erzieher § 4, http://www.nietzschesource.org/#eKGWB/SE-4 (letzter Zugriff 24.6.2015).

7 Friedrich Nietzsche, Brief an Georg Brandes, 4. Januar 1889, http://www.nietzschesource.org/#eKGWB/BVN-1889,1243 (letzter Zugriff 24.6.2015).

8 Friedrich Nietzsche, Fatum und Geschichte. Gedanken. Absatz 5, http://www.f-nietzsche.de/werke.htm#t2Fatum (letzter Zugriff 24.6.2015).

9 Friedrich Nietzsche, Brief an Elisabeth Nietzsche, 11. Juni 1865, http://gutenberg.spiegel.de/buch/nietzsches-briefe-6702/7 (letzter Zugriff 15.6.2015).

10 Friedrich Nietzsche, Ohne Heimat, Gedicht (1859), https://archive.org/stream/gesammeltewerke20niet/gesammeltewerke20niet_djvu.txt (letzter Zugriff 15. 6.2015).

11 Friedrich Nietzsche, Nachgelassene Fragmente, Sommer 1883, http://www.nietzschesource.org/#eKGWB/NF-1883,12[1] (letzter Zugriff 24.6.2015).

12 Friedrich Nietzsche, Jenseits von Gut und Böse, Erstes Hauptstück: Von den Vorurtheilen der Philosophen Absatz 39, http://www.nietzschesource.org/#eKGWB/JGB-39 (letzter Zugriff 24.6.2015).

13 Friedrich Nietzsche, Unzeitgemäße Betrachtungen. Schopenhauer als Erzieher § 4, http://www.nietzschesource.org/#eKGWB/SE-4 (letzter Zugriff 24.6.2015).

14 Friedrich Nietzsche, Ecce Homo. Menschliches, Allzumenschliches, http://www.nietzschesource.org/#eKGWB/EH-MA-1 (letzter Zugriff 24.6.2015).

15 Ernest Jones, The Life and Work of Sigmund Freud, New York 1981, S. 344.

16 Friedrich Nietzsche, Menschliches, Allzumenschliches, http://www.nietzschesource.org/#eKGWB/MA-37 (letzter Zugriff 24.6.2015).

17 Friedrich Nietzsche, Die Geburt der Tragödie § 3, http://www.nietzschesource.org/#eKGWB/GT-3 (letzter Zugriff 24.6.2015).

18 Friedrich Nietzsche, Ecce Homo. Warum ich ein Schicksal bin, http://www.nietzschesource.org/#eKGWB/FW-1253 (letzter Zugriff 24.6.2015).

19 Friedrich Nietzsche, Götzen-Dämmerung, § 8: Aus der Kriegsschule des Lebens, http://www.nietzschesource.org/#eKGWB/GD-Sprueche-83 (letzter Zugriff 24.6.2015).

20 Ecce Homo, http://www.nietzschesource.org/#eKGWB/NF-1888,24[1] (letzter Zugriff 24.6.2015).

21 Die fröhliche Wissenschaft. http://www.nietzschesource.org/#-eKGWB/FW-341 (letzter Zugriff 24.6.2015).
22 Ecce homo. Also sprach Zarathustra. http://www.nietzschesource.org/#eKGWB (letzter Zugriff 24.6.2015).
23 Die fröhliche Wissenschaft § 62 http://www.nietzschesource.org/#-eKGWB/FW-62 (letzter Zugriff 24.6.2015).

Barbara McClintock. Organisches Denken – oder: Das Maiskorn, das anders war als die anderen

1 Zitiert nach Lotte Auerbach, Privates Interview, 10. April 1981.
2 Evelyn Fox Keller, A Feeling for the Organism. The life and work of Barbara McClintock, New York 1983, S. 25.
3 Evelyn Fox Keller, Barbara McClintock. Die Entdeckerin der springenden Gene, Basel 1995, S. 52.
4 Keller 1983, S. 70.
5 Keller 1995, S. 81.
6 Ebd.
7 Ebd., S. 82.
8 Ebd., S. 125.
9 Ebd., S. 124.
10 Ebd., S. 124.
11 Ebd.
12 Ebd., S. 126.
13 Ebd., S. 127.
14 Ebd., S. 131
15 Keller 1983, S. 125.
16 Keller 1995, S. 131.
17 Keller 1983, S. 179.
18 Bernd Martens, Explorative Analysen zeitlicher Verläufe, Berlin 1991, S. 183.
19 Keller 1995, S. 203 f.
20 Ebd., S. 208; Nathaniel C. Comfort: The Tangled Field. Barbara McClintock's Search for the Patterns of Genetic Control, Cambridge 2003.

Sigmund Freud. Der Ausgräber – oder:
Das Geheimnis des verbrannten Puddings

1 Josef Rattner/ Gerhard Danzer: Psychoanalyse heute. Zum 150. Geburtstag von Sigmund Freud. Würzburg 2006, S. 23.
2 Sigmund Freud, Brief an Stefan Zweig, in: Stefan Zweig, Briefwechsel mit Hermann Bahr, Sigmund Freud, Rainer Maria Rilke, Arthur Schnitzler, Frankfurt am Main 1987, S. 172.
3 Ken Corbett, Boyhoods, Rethinking Masculinities, New Haven u. a. 2009. S. 40.
4 Peter Gay, Freud. Eine Biographie für unsere Zeit, Frankfurt a. M. 2004, S. 70.
5 Ebd., S. 198.
6 Andrea Lassalle: Bruchstücke und Portrait: Hysterie-Lektüren mit Freud und Cixous, Würzburg 2005, S. 71.
7 Gay 2004, S. 300.
8 Annette Meyhöfer, Eine Wissenschaft des Träumens. Sigmund Freud und seine Zeit, München 2009, S. 159.
9 Gay 2004, S. 97.
10 Joseph Wortis, Fragments of an Analysis with Freud, New York 1954, S. 163.
11 Gay 2004, S. 164.
12 Ebd., S. 165.
13 Ebd., S. 156. – Weitere Quellen: Sigmund Freud, Studienausgabe, Frankfurt a. M. 1969 ff.; Louis Breger, Freud. Darkness in the Midst of Vision, New York 2000.

Leonardo da Vinci. Denken aus jeder Perspektive – oder:
Das Leben als unvollendetes Kunstwerk

1 Leonard Shlain, Leonardo's Brain. Understanding Leonardo's Creative Genius, Lanham 2014, S. 43.
2 Kenneth Clark/ Martin Kemp, Leonardo da Vinci, London 1989, S. 191.
3 Carlo Predretti, Leonardo Da Vinci on Painting. A Lost Book (Libro A), Berkeley u. a. 1964, S. 134.
4 Michael Ladwein, Leonardo Da Vinci. The Last Supper: A Cosmic Drama and an Act of Redemption, Forest Row 2006, S. 31.
5 Peter D'Epiro/ Mary Desmond Pinkowish, Sprezzatura, 50 Ways Italian Genius Shaped the World, New York 2001, S. 170.

6 Tobias Hürter, Ich bin zwei, http://www.zeit.de/2013/25/gehirn-haelften-doppelnatur (letzter Zugriff 25.6.2015).
7 Shlain 2014, S. 25.
8 H. Anna Suh (Hrsg.), Leonardo's Notebooks, New York 2005. – Weitere Literatur: Michael J. Geln, How to think like Leonardo da Vinci. Seven Steps to Genius Every Day, London 2009; Charles Nicholl, Leonardo da Vinci. Die Biographie, Frankfurt a. M. 2009; Ian McGilchrist, The Master and his Emissary. The Divided Brain and the Making of the Western World, New Haven 2012.

Sokrates. Der philosophische Liebhaber – oder: Keine Angst vor dem Nichts

1 G. L. F. Tafel/ C. N. von Osiander/ Gustav Schwab (Hrsg.), Griechische Prosaiker in neuen Übersetzungen. Zweihundertzweiunddreißigstes Bändchen, Stuttgart 1853, S. 180.
2 Paul Johnson, Socrates. A Man for Our Times, New York 2011, S. 97.
3 Ebd., S. 10.
4 Lutz Geldsetzer, Philosophie der Kunst oder die sogenannte Ästhetik, http://www.phil-fak.uni-duesseldorf.de/fileadmin/Redaktion/Institute/Philosophie/Geldsetzer/philosophie%20der%20kunst%20I.pdf (letzter Zugriff: 25.6.2015).
5 Sanderson Beck, The Socratic Problem, http://www.san.beck.org/SocraticProblem.html (letzter Zugriff: 25.6.2015).
6 Bettany Hughes, The Hemlock Cup. Socrates, Athens and the Search for the Good Life, New York 2011, S. 23.
7 http://gutenberg.spiegel.de/buch/apologie-des-sokrates-4887/5
8 Marcus Tullius Cicero/ Joseph von Preysing, Daß ein tugendhafter Mann zum glückseligen Leben in sich selbst alles finde, München 1781, S. 18.
9 http://gutenberg.spiegel.de/buch/platons-werke-2430/27
10 http://gutenberg.spiegel.de/buch/platons-werke-2430/94
11 Ekkehard Martens, Ich denke, also bin ich. Grundtexte der Philosophie, München 2000, S. 30.
12 Friedrich Nietzsche, Menschliches Allzumenschliches, http://www.nietzschesource.org/#eKGWB/WS-55 (letzter Zugriff: 25.6.2015).
13 Zitiert nach Brigitte Theophila Schur, Von hier nach dort. Der Philosophiebegriff bei Platon, Göttingen 2013, S. 125.
14 http://gutenberg.spiegel.de/buch/platons-werke-2430/94

15 Ebd.
16 G. L. F. Tafel/ C. N. von Osiander/ Gustav Schwab (Hrsg.), Griechische Prosaiker in neuen Übersetzungen. Zweihundertzweiunddreißigstes Bändchen, Stuttgart 1853, S. 117.
17 Julius Bernhard Engelmann, Sokrates und seine Zeit, Frankfurt a. M. 1812, S. 117.
18 http://zeno.org/Philosophie/M/Platon/Das+Gastmahl
19 Ebd.

Hannah Arendt. Aktives Denken – oder: Eichmann als Metapher

1 Hannah Arendt, Martin Heidegger ist achtzig Jahre alt, in: Günther Neske/ Emil Kettering (Hrsg.), Antwort. Martin Heidegger im Gespräch, Pfullingen 1988, S. 232 f.
2 Liliane Weissberg, Affinität wider Willen? Hannah Arendt, Theodor W. Adorno und die Frankfurter Schule, Frankfurt a. M. 2011, S. 200.
3 Hannah Arendt, Martin Heidegger ist achtzig Jahre alt, in: Dies., Menschen in finsteren Zeiten, hrsg. v. Ursula Ludz, München 1989, S. 171.
4 Hannah Arendt, Das Selbst als Sein und Nichts: Heidegger, in: Dies., Was ist Existenz-Philosophie?, Frankfurt a. M. 1990, S. 37.
5 Edmund Husserl, Husserliana Bd. XIX/1, S. 10.
6 Matthias Paukert, In Bezug auf Weltanschauungen und Ideologien bindungslos, http://www.uni-heidelberg.de/presse/unispiegel/us06–05/inb.html (letzter Zugriff 15. 6. 2015).
7 Hannah Arendt, Rahel Varnhagen, München 1985, S. 21.
8 Ebd.
9 Ebd., S. 31.
10 Hannah Arendt, Ich will verstehen. Selbstauskünfte zu Leben und Werk, hrsg. v. Ursula Ludz, München 1963, S. 29.
11 Hannah Arendt, We Refugees, in: Marc Robinson, Altogether Elsewhere. Writers on Exile, Boston 1994, S. 114.
12 Elisabeth Young-Bruehl, For Love of the World, New Haven ²2004, S. 30.
13 Zitiert nach Torsten Meyer u. a. (Hrsg.), Kontrolle und Selbstkontrolle, Wiesbaden 2011, S. 24.
14 Zitiert nach Siegbert Wolf, Hannah Arendt. Einführungen in ihr Werk, Frankfurt a. M. 1991.

15 Ebd.
16 Elisabeth Young-Bruehl, Hannah Arendt. Leben, Werk und Zeit, Frankfurt a. M. 1982, S. 465.
17 Dana R. Villa/ Joke H. Hermsen (Hrsg.), The Judge and the Spectator. Hannah Arendt's Political Philosophy, Leuven 1999, S. 9.
18 Elisabeth Young-Bruehl, Hannah Arendt. Leben, Werk und Zeit, Frankfurt a. M. ³2013, S. 151.

Charles Darwin. Dynamisches Denken – oder: Eine Kraft wie hunderttausend Keile

1 Der vollständige Titel der Erstausgabe lautete: *On the Origin of Species by Means of Natural Selection, or the Preservation of Favoured Races in the Struggle for Life.*
2 David Quammen, The Reluctant Mr. Darwin. An Intimate Portrait of Charles Darwin and the Making of His Theory of Evolution (Great Discoveries), New York 2006, S. 20.
3 The Autobiography of Charles Darwin. From the Life and Letters of Charles Darwin edited by his son Francis Darwin, http://www.gutenberg.org/files/2010/2010-h/2010-h.htm (letzter Zugriff 15. 6. 2015).
4 Heike Le Ker, Darwins Selektionstheorie. Der zaudernde Evoluzzer, http://www.spiegel.de/wissenschaft/mensch/darwins-selektionstheorie-der-zaudernde-evoluzzer-a-601504.html (letzter Zugriff 14. 6. 2015).
5 Charles Darwin: The Origin of Species and The Voyage of the Beagle, New York u. a. 2003, S. 385.
6 Darwin Correspondence Project. The correspondence of Charles Darwin, Volume 1: 1821–1836, https://www.darwinproject.ac.uk/correspondence-volume-1 (letzter Zugriff 10. 6. 2015).
7 Eve-Marie Engels, Charles Darwin, München 2007, S. 54.
8 Ebd. – Diese Idee hat übrigens bis heute viele Anhänger, man nennt das Prinzip »Intelligent Design«.
9 Darwin Correspondence Project. The correspondence of Charles Darwin, Volume 2: 1837–1843, https://www.darwinproject.ac.uk/correspondence-volume-2 (letzter Zugriff 16. 6. 2015).
10 Quammen 2006, S. 103.
11 Ebd., S. 193.
12 Charles Darwin, Über die Entstehung der Arten, 14. Kapitel: Gegenseitige Verwandtschaft organischer Wesen; Morphologie; Embryolo-

gie; Rudimentäre Organe, http://www.textlog.de/25167.html (letzter Zugriff 14.6.2015).
13 Charles Darwin, Über das Variieren organischer Wesen im Naturzustande; über die natürlichen Mittel der Zuchtwahl; über den Vergleich zwischen domestizierten Rassen und echten Arten, http://www.textlog.de/23081.html (letzter Zugriff 29.6.2015).
14 Alison Bonds Shapiro, Getting out of the Way. The Balance between Homeostasis and Growth, https://www.psychologytoday.com/blog/healing-possibility/201103/getting-out-the-way-the-balance-between-homeostasis-and-growth (letzter Zugriff 16.6.2015).
15 Quammen 2006, S. 209.
16 Charles Darwin, Über die Entstehung der Arten, 15. Kapitel: Allgemeine Wiederholung und Schluss, http://www.textlog.de/25171.html (letzter Zugriff 29.6.2015).

Jiddu Krishnamurti. Negatives Denken – oder: Ein Eimer voller Löcher

1 Die Theosophische Gesellschaft wurde von der Russin Helena Petrovna Blavatsky (1831–1891) gegründet. Sie kombinierte östliche okkulte Lehren und westliche Philosophie. 1882 wurde das Hauptquartier der Gesellschaft in Adyar, Madras, in Südindien gegründet.
2 Der *Orden des Sterns des Ostens* war eine Organisation, die von der Theosophischen Gesellschaft in Adyar von 1911 bis 1927 betrieben wurde. Ihre Aufgabe sollte es sein, die Welt auf die Ankunft einer Art Messias vorzubereiten, den sogenannten Weltlehrer oder Maitreya, der natürlich in der Person Jiddu Krishnamurtis erscheinen sollte.
3 Pupul Jayakar, J. Krishnamurti. A Biography, New Delhi 1986, S. 78.
4 Ebd., S. 93.
5 Ebd.
6 Warayuth Sriwarakue, Cultural Traditions and Contemporary Challenges in Southeast Asia. Hindu and Buddhist, Washington 2005, S. 83.
7 Jayakar 1986, S. 221.
8 Ebd.
9 Ebd., S. 246.
10 Ebd., S. 11.
11 Ebd., S. 234.
12 http://www.jkrishnamurti.de/LdG07-5.355.0.html (letzter Zugriff 15.6.2015).

13 Ebd.
14 Warren H. Chaney, A Workbook for the Dynamic Mind, Las Vegas 2006, S. 44.
15 Mary Lutyens, The Life and Death of Krishnamurti, London 1990, S. 170.
16 Antoine Lutz u. a., Long-term meditators self-induce high-amplitude gamma synchrony during mental practice, http://www.pnas.org/content/101/46/16369.full (letzter Zugriff 29. 6. 2015); Richard J. Davidson/ Antoine Lutz, Buddha's Brain. Neuroplasticity and Meditation, in: *IEEE Signal Processing Magazine*, http://www.investigatinghealthyminds.org/pdfs/davidsonBuddhaIEEE.pdf (letzter Zugriff 29. 6. 2015).

Giordano Bruno. Denken im Kontext – oder: Warum in jedem Haar ein Universum steckt

1 Wolfgang Wildgen, Das kosmische Gedächtnis. Kosmologie, Semiotik und Gedächtnistheorie im Werk von Giordano Bruno, Frankfurt a. M. u. a. 1998, S. 10.
2 Zitiert nach Paul Richard Blum, Giordano Bruno, München 1999, S. 9.
3 Ingrid D. Rowland, Giordano Bruno: Philosopher/Heretic, Chicago 2009, S. 124.
4 D. Karl Ludwig Michelet (Hrsg.), Georg Wilhelm Friedrich Hegel's Vorlesungen über die Geschichte der Philosophie. Dritter Band, Berlin 1836, S. 16.
5 Rowland 2009, S. 125.
6 Ebd. S. 127.
7 Ebd.
8 Zitat aus der Fernsehdokumentation *Cosmos. A Spacetime Odyssey* (Folge 1, 2014).
9 Giordano Bruno, Die Vertreibung der triumphierenden Bestie.
10 Harro Heuser, Unendlichkeiten. Nachrichten aus dem Grand Canyon des Geistes, Wiesbaden 2008, S. 175.
11 Vwadek P. Marciniak, Towards a History of consciousness. Space, Time, and Death, New York u. a. 2006, S. 192.
12 Giordano Bruno, Das Unermeßliche und Unzählbare. I. und II. Buch (De immenso et innumerabilis), übersetzt von Erika Rojas, Meißenberg 1999, S. 112.
13 Brian Swimme, The Hidden Heart of the Cosmos. Humanity and the New Story, Maryknoll ²2000, S. 23.

14 Zitiert nach Fred B. Stern, Giordano Bruno: Vision einer Weltsicht, Meisenheim am Glan 1977.
15 Douglas Adams, Das Restaurant am Ende des Universums (Per Anhalter durch die Galaxis, Band 2), München 1998, S. 76.
16 Hillary Gatti, Giordano Bruno and Renaissance Science, Ithaca (NY) u. a. 1999, S. 83.
17 Swimme 2000, S. 24.
18 Giordano Bruno, Zwiegespräche vom unendlichen All und den Welten. Verdeutscht und erläutert von Ludwig Kuhlenbeck, Berlin 1895, S. 10.
19 Zitiert nach Ludwig Kuhlenbeck, Bruno, der Märtyrer der neuen Weltanschauung. Sein Leben, seine Lehre und sein Tod auf dem Scheiterhaufen, Leipzig 1899.
20 Zitiert nach Frances A. Yates, Gedächtnis und Erinnern. Mnemonik von Aristoteles bis Shakespeare, Weinheim 1991.
21 Swimme 2000, S. 27.